设计的力量

THE POWER OF DESIGN

中国设计大家谈

SERIES INTERVIEWS FOCUS ON "CHINA DESIGN"

1

工业设计 | 毕设探索

创新驱动设计 | 设计机构

李杰 / 主编

人民美術出版社
北京

图书在版编目（CIP）数据

设计的力量：中国设计大家谈. 1 / 李杰主编. --
北京：人民美术出版社, 2023.6
ISBN 978-7-102-08974-4

Ⅰ. ①设… Ⅱ. ①李… Ⅲ. ①设计师—访问记—中国
—现代 Ⅳ. ①K825.72

中国版本图书馆CIP数据核字(2022)第127780号

设计的力量——中国设计大家谈 1

SHEJI DE LILIANG——ZHONGGUO SHEJI DAJIA TAN 1

编辑出版 人民美术出版社
（北京市朝阳区东三环南路甲3号　邮编：100022）
http://www.renmei.com.cn
发行部：（010）67517799
网购部：（010）67517743

主　　编 李　杰
责任编辑 教富斌
装帧设计 翟英东
责任校对 王梽戎
责任印制 胡雨竹
制　　版 朝花制版中心
印　　刷 雅迪云印（天津）科技有限公司
经　　销 全国新华书店

开　本：710mm×1000mm　1/16
印　张：25
字　数：250千
版　次：2023年6月　第1版
印　次：2023年6月　第1次印刷
印　数：0001—2000册
ISBN 978-7-102-08974-4
定　价：128.00元

前 言

习近平总书记指出“人民有信仰，国家有力量，民族有希望”。信仰是指导我们不畏艰险、奋勇前行的一股强大力量，是设计行业面临百年未有之大变局而坚定信心、努力成长的动力源泉。面对错综复杂的国内外政治经济形势，中国正在加快形成以国内大循环为主体、国内国际双循环相互促进的新发展格局。设计是中国消费升级和产业发展的现实选择，具有高附加值的特点，又有低能耗、低污染、低排放的绿色经济属性，是提高经济发展质量和人民群众幸福生活的重要内驱力，在激活经济发展内生动力、促进国内消费市场转型升级的过程中将发挥重要作用。在此背景下，我们精心策划了“中国设计·大家谈”专栏并汇编成书，以期会聚设计行业领军人物、直面设计行业发展问题，展示设计行业优秀设计人才和设计思想，助力设计行业供给侧结构性改革。

有信仰，有力量

“中国设计·大家谈”的缘起是设计行业媒体人助力中国设计行业发展的坚定信仰。一直以来，秉持“设计创造价值，设计改变生活”的情怀和信仰，致力于通过设计类专业媒体的力量，成长为促进设计行业高质量发展的一股民间力量，《设计》杂志努力建平台、聚智慧、拢资源，以期通过平台的力量助力设计产业高质量发展。众所周知，伴随着改革开放和中国经济的飞速发展，中国设计一日千里，逐渐开始拥有文化的自觉和设计的自信。但是，我们也看到设计在更好地解决人与物、物与物、人与人之间关系的问题上，在设计服务国家重大战略上，在设计教育的探索和推广上，在设计价值的定位和实现上等方面依然面临着诸多问题。如何能够让设计帮助解决社会矛盾问题，帮助社会朝善意、良性、友好型的状态去发展，设计在这其中可以大有作为。我们不禁要思考，在“中华民族伟大复兴”的进程中，在构建“人类命运共同体”的背景下，当如何贡献设计行业的“中国方案”呢？

自身的思考和能力毕竟有限，为此，我们依托自身的平台价值，精心策划了“中国设计·大家谈”专栏，邀请几百位设计领军人物，会聚国内外一流专家团队，从各自产、学、研领域出发，多维度、多视角畅谈中国设计，传播具有导向作用的学术思想和创新模式，为行业实践提供经验总结以及最新学术课题研究成果，记录历史，见证发展。

中国的设计行业积蓄了几十年的力量蓄势待发，借助“中国设计·大家谈”的平台，设计行业的专家学者畅所欲言，对中国设计的问题与未来进行了清晰的刻画和畅想。在专家学者与设计从业人员、设计管理人员等行业大家的支持之下，栏目所涉及领域不断拓宽，包含且不限于工业设计、毕业设计、创新设计、可持续设计、交互设计、视觉设计、室内设计、设计教育、包豪斯与中国设计、设计思维、设计组织、设计与文化、服务设计、设计与科技、设计机构、数字媒体艺术、中日设计交流、设计扶贫、设计与艺术等多个专题；被访专家不仅包含中央美术学院、中国美术学院，南京艺术学等艺术专业学院，还包含清华大学、北京大学、同济大学等综合类院校，其中有校长、副校长、院长、副院长、院士、教授、博士生导师等。此外，全国人大代表、全国政协委员、广东省工业设计协会、浙江省工业设计协会、北京光华设计发展基金会等的相关领导，小米、联想、中车、长虹、上汽、京东方、曲美、京东、科大讯飞等一些著名企业的设计负责人及设计工作室的创始人等也接受了采访，并对“中国设计·大家谈”的栏目给予了高度认可和评价。他们既就目前设计领域的问题和困难畅所欲言，也就如何提升中国设计行业理论水平和研究能力、促进设计行业改革开放提出了较多创新性的观点。信仰与信仰相互碰撞之后爆发的力量是可怕而伟大的，“中国设计·大家谈”以优良的研讨氛围和学术价值，逐渐成长为助力设计产业高质量发展的一股重要力量。

有信仰，有希望

设计为解决问题而生。在互联网、大数据、人工智能、区块链等新技术的推动下，设计作为具有极强创新性和前瞻性的思维视角，能够极大地反作用于社会生产力向着更加合理、更加高效的方向转化，为转变消费方式、促进供给侧结构性改革提供了强大的支撑作用。清华大学美术学院柳冠中教授认为“设计是生产关系的调整，是作为一种协调各种社会关系的思维方式和方法论”。因此，紧跟时代发展的步伐，把握社会进步的脉搏，培育创新设计的思维方式，普及设计应用的根本遵循，丰富设计实践的认知规律，既是设计教育的职责，也是设计行业能继续服务改革开放、服务社会经济转型升级的根基。如北京服装学院兰翠芹教授所说，“我们已经无法厘清设计的边界，设计师的角色越来越向社会变革的推动者转化”，设计师需要以社会主义核心价值观为情怀，不忘初心、牢记使命，依托于中国社会快速转型和社会生产方式转变的时代背景，从实践中来、到实践中去，注重在社会文化建设中发挥重要的作用。正如江南大学张凌浩教授也曾谈到，“设计要更多关注聚焦社会问题，如老龄化、健康、扶贫等。”立足社会问题和发展问题，才是设计解决人与物、物与物、人与人之间关系问题的内生动力。

教育筑百年之基，设计教育是“中国设计·大家谈”栏目非常重视的板块。高校师生作为社会主义现代化建设的中流砥柱，作为推动中国设计在新世纪走向全球的中坚力量，更要在设计行业不断开拓新的空间，整合各类商业模式，不断丰富技术、成本、工艺、材料、金融和管理等设计生态系统。正如同济大学娄永琪教授在接受我们采访时说，“和中国问题、中国情境、中国文化、中国价值、中国思路、中国做法及中国作为相关的设计都属于中国设计的范畴”，“但凡人们对美好生活有所向往，设计就有用武之地”，中国应该成为“以设计思考人类未来发展”的思想和人才高地，中国的设计师，尤其是高校师生应该放眼长远、乐于成长，更应该有此担当和情怀！

坚定信仰，继续成长

一直以来，设计都被认为是一种技能，而如果将设计看作一种社会治理手段并产生“设计兴邦”的认识则需要更为宏大的视野，这本身也是一种社会价值观的重构。中国是一个政府主导型社会，设计价值观的重塑需要“从上至下”的努力，这将是一个长期的过程，需要持久的投入和努力，但社会的发展并不会因此停滞、等待。只有具备忧国忧民的情怀与实现中华民族伟大复兴的坚定信仰，才能一心一意谋发展而无惧时代变迁和环境变动。例如一场新冠肺炎疫情，暴露出中国公共卫生领域的设计短板；一次次没有硝烟的单向制裁，展示了抢占文化、舆论、资本和科技战略高地的重要性。如果没有信仰，面对突如其来的变化将手足无措。作为产品、服务、文化和资本载体，重视并发挥设计的价值，助力“两个一百年”奋斗目标的实现，是每一个设计从业人员的社会责任，也考验着设计行业服务社会经济发展的智慧和能力。

服务大局、坚定成长一直是我们的信仰。今天，“中国设计·大家谈”授权人民美术出版社分四册出版，为我们一段时间的工作画上了一个句号。众所周知，在这个风云多变的时代中，纸媒的发展虽然日渐式微，然而设计行业依然需要一个以社会主义核心价值观为指引、以设计服务社会经济发展大局为使命的敢说、敢做、敢创新的平台，《设计》杂志将坚持端正的态度，以一个设计行业专业媒体平台为自身定位，坚定信仰，获取成长。《设计》杂志将继续以国家产业政策为指导，沟通设计界和产业界的迫切需求，展示设计精英和设计教育界的新思维和新作品，促进社会公众设计意识的提升，并参与国际设计交流，推广中国设计之国际影响，以更好地为中国优秀设计和创意工作者提供创新工作的决策支持，为创新型企业提供有效务实的智慧援助，为中国设计未来的发展出谋划策。未来，我们将不忘初心、牢记使命、勇于担当，继续为设计师的成长、为设计产业的壮大、为设计行业的发展奉献力量。

主编　李杰

序

中国设计·大家谈

《设计》杂志策划了“中国设计·大家谈”系列访谈，这一批文章的集结体现了我国改革开放以来，设计界老中青三代学者对设计的实践与思考，是中国设计行业的一次集体发声。栏目一经推出，获得了广大读者的好评。为此，人民美术出版社今年将“中国设计·大家谈”汇编出版，书名为《设计的力量——中国设计大家谈》，这套访谈录分为四册出版，囊括了设计行业内一百多位专家学者的深度访谈，可以说是对中国目前在设计产业、设计教育、设计政策、设计文化等方面发展状态的一次整体性反应和反思。我们将此书奉献给广大读者，以期得到社会对我国设计事业发展的了解、重视，促使设计在社会发展、民族振兴中发挥更大的作用，在践行“中国方案”的伟大进程中贡献更多力量。

我们的世界仍是人造的世界，人类在日常生活中，在有意无意之间改造着这个世界。既然注定如此，那么我们应当努力将世界最美好的精神铸入生活之中，铸入这个由人类不断改造的世界。社会的发展是新旧事物交织融合的过程，新事物的发展总要经历一个由不完善到完善的阶段。如同一棵幼芽，新事物的发展需要阳光雨露，需要修剪枝叶。在这个过程中，新事物与现有的社会发展状况不断碰撞、磨合，必定要经历曲折，新事物既要适应社会，又要能够有所突破、有所创新。人类社会就是在这样的矛盾中曲折前进。如果随意提出一个思想，社会原有的机制就能容忍，那么这思想绝对不会是新的。我们的设计事业也是一样，不能因为出现摇摆和挫折就退缩不前，必须认准方向，坚持不懈，调整步伐，力争朝夕地走在社会转型的前列。

设计是以人类总体文明对工业文化、商业文化和技术文化的修正，也是平衡人类社会可持续发展与人类欲望的杠杆。在我国经济转型升级的关键时刻，我们要警惕商业黑洞和科技光环的诱惑误导我们对“物质文明与精神文明”的理解。“中华民族伟大复兴的中国梦”并非13亿人的“物欲”的总合，设计不应当沉溺于“无病呻吟”“抖机灵”式的“创新”陷阱之中，要提倡设计之本，为人民服务，以国家急迫需要为重。我们要淬炼磨砺出能担当“社会设计师”的责任和素质的中国设计师，创造公平、合理、健康的生活方式。

商业、技术与设计都植根于人类社会的土壤，都从使用者的生活需求那里汲取思路。这三者均围绕“人类的可持续生存”这一核心，而设计在这三者之中与核心最为接近。商业、技术都掌握着相应的话语权，设计当然应该也是一样。设计不能只是简单地服务于技术或者商业，不能只是为了“功利”，更要对合理、健康、适可而止的潜在需求进行挖掘，思考并展示自身的价值与能量。当技术、商业、设计三者的博弈不可避免时，如果设计没有自己的主张，将何以立身？

人类历史中的弯路、错误已证明了忽视设计的教训，坚守理想，跨界合作，定义并引领“需求”是设计的操守。设计必须有理想和野心去驾驭“商业”这匹烈马，而不应安于躺在“商业”的怀里被哺育。只有这样，人类才有可持续的未来。虽然设计仍是新兴的行业，羽翼未丰，但绝不应该在商业面前一味妥协，从宙斯那儿偷来的天火不该在设计师心中熄灭！中国设计人才的培育需要有人默默地耕耘，土壤改良好了，设计的根才能深深扎入中国产业的土壤中。坚持下去才能根深叶茂，开花结果！

设计不应该只是商业和技术的工具。它虽然不是生产力，却是解放生产力的“生产关系”。商业、科技与设计都可以被视为社会的支柱，但相比较而言，商业与科技都是参天大树，设计却只是一株幼苗。几千年的设计文明几乎都是为权贵服务，空有光鲜的外表，距离大众的生活甚远。人类历史发展至今，设计应当具有用“人类总体文化”修正工业文明的胸怀与能力。

光有“商品”是不够的。就好比一条河流，或者你热爱河流两岸的丰收或荒芜，或者你热爱在河流上航行的漂泊，但这些都是景色，是“物欲”。你应该体会到河流是生活，有其诞生与死亡，必须透过景色观看到其本质，同时看到它经历的幸运与面临的困境。你不仅要热爱河流两岸，还要热爱正在流逝的河流自身、热爱河水的生和死、热爱它的养育，还要带着爱意忍受洪水的破坏。热爱宇宙，如同热爱一座神殿和一种秩序。

我们必须克服设计的“世纪病”，克服我们对表象和修辞的热爱，克服设计中对“炫耀”“时尚”“风格”的追求、对视觉和器官感觉的刺激、对细节的琐碎的描绘，克服所有这些“病态”的爱好。设计不仅仅是视觉的，也不只是一种语言。它是安静的、单纯的，如同润物细无声的春雨，是一场生存方式的革命。设计“传达”的“传”仅仅是技能，而“目的”是“达”，是要为大多数民众谋福祉。

比尔·盖茨曾感叹：“现代社会拥有无与伦比的创新精神，而斯坦福大学正处在创新的核心。斯坦福孕育了许许多多的新公司、各行各业的教授、创新的软件和药品。这里的人们对未来充满渴望。可是与此同时，当你去问美国人是否觉得将来会比现在更好，很多人的回答都是否定的，他们觉得在未来，机会越来越少，不平等现象将越来越严重。”他也不得不承认：“要体验人类社会中真正的问题，而不只是看到调研得到的‘数据’。如果创新仅凭市场驱动，我们都不关注不公正现象，那么我们的重大发明将令世界的两极分化更加严重。无论我们掌握多少科学秘密，都解决不了世界上最棘手的问题，我们只是在玩智力游戏。”人类进步的每一个里程碑都是对自我认知水平的否定，也是在不同角度上以不同程度对祖先、权威、功利、已有的“名”“利”的否定或重新解释。人类的优点和缺点都是想改造周围的一切，塑造和正在塑造第二自然。随着时代发展频率的加快，越往前走，动量越大，可能遇到的“陷阱”就越多，习俗的惯性、眼前功利的诱惑也就越大。要避免受到“蛇和苹果”的蛊惑，学会科学地思考，历史地、系统地、辩证地对自然、对自身进行认识，自觉地从正反双向反馈审视已有的成果和观念。

有一次，英国设计委员会主席来中国讲课。课后有人问：“中国的工业设计怎么搞？”对方说：“那是你们的事，不是我的事”，他之后又加了一句“中国现在遇到的问题和发展阶段与西方不同，你们的设计要是把中国的问题解决了，你们就是世界一流！”在任何国家，市场经济都无法代替国家战略。每个国家政府都有相关的引导性和扶持性政策。很多发达国家通过设立“设计中心”代理和支持政府战略的企业，企业则可以自由选择“市场机制”去生存和竞争。但是，并没有哪个国家的市场经济是完全与国家利益无关的。在市场经济环境下，政府一旦放权，职能就必须转变，方向也就必须更精准，中国的设计当然也是一样。书生意气不可取，中国设计只能靠中国设计师。走自己的路解决了自己的问题，我们就是一流!

对于未来的中国，什么最重要？人才培养。我们要培养什么样的人才？在学校里面教什么？是教知识还是教技巧？教能力还是教模式？教“时尚”的东西还是教最基础的科学的观念和思维方法？在这一系列争论当中，对“基础”的认识又会有争论。什么叫“基础”？过去的“基础”就是基本功，而实际上那是远远不够的，只是表达“基础”的形式而已。对“基础”的认识，是对“目标”而言的。盖一个土坯窝棚，要挖地二十厘米，素土夯实，砌三行砖，就可以盖土房了，这是一种基础；盖厂房要挖到冻土层以下，再做基础。那么造大桥呢？做超高层建筑呢？做充气建筑呢？造飞机、宇航飞船呢？它们的基础是什么？“基础”的含义在衍变、在发展。这就必须在目标需求的比较中思考，然后我们就会发现：除了目标系统变化外，起决定作用的因素是目标所处的“外因”发生了变化，对“基础”认识的评价自然就不一样了。

知识经济时代对人才的需求，对“基础”的要求已不同以往了。我们必须清醒地认识到这一点，仅靠技巧、技术是不成的，需要有人文科学的基础和方法使技术人才去关心、研究与人文相关的知识，这正是过去科技人才最欠缺的领域。会写一手好毛笔字、会电脑、会做计算，那不叫基础，那仅仅是技能基础的一小部分。更重要的是获得组织知识的能力，也就是要学会掌握科学的方法为明确的目标系统服务的基础能力。而这正是中国传统文化精神的再现——“事理学”的系统方法论。

设计是一门综合性、交叉性、集成性的学科。理科——发现并解释真理，工科——解构、建构的技术，文科——是非与道德的判断，艺术——品鉴自然、人生、社会的途径。这些知识都是人类认识的成果，而“设计”则是要做“事”，就好像上述四根支柱是为了支撑“平台”，设计就是为了搭建要做“事”的这个平台，以实现“设计”这个目的，它整合了上述所有因素，去“创造人类更健康更合理的生存方式”，也是人类未来不被毁灭的智慧所在!

“事理学”是我通过挖掘中国的文化精髓衍生出来的，是典型的、富有中国特色的“设计方法论”。古人云：“人法地，地法天，天法道，道法自然；师法造化，优胜劣汰，物竞天择，实事求是，适可而止”；《三字经》的头几句“人之初，性本善，性相近，习相远”；孟母三迁的故事和俗语“近朱者赤，近墨者黑”，意指时代、环境、语境等外部因素对造物、育人潜移默化的作用。

自然界或社会的变化是无穷无尽的，任何物种或人造物若不能适应这“外因”的变化，就只能被淘汰。而为了顺应“外因”，“内因”的改变就成了唯一的选择。这就是所谓的“物竞天择”。物种在进化过程中不断思考如何以“进化”或“突变”来提升适应能力。适应能力弱的物种会被淘汰，适应能力强的物种才会存活下来。所谓“内因”从来不是主要动力。不管身处哪个行业，颠覆不是从内部出现的，通常是外部推动所致。医药界的创新和发展，并不是医药界推动的；搜索引擎的创新，也不是从搜索开始的。一些一蹴而就的现象和技术，只是看上去很突然，但它其实已经在默默存在、酝酿了很多年。比如VR（虚拟现实）已经25岁了，只是因为没有满足成为产品的底线要求——“外因”，所以无法进入大众的视线。

任何事物若不能适应“外因”的变化，就只能被淘汰。为了顺应“外因”，改变“内因”——“改良”“迭代”“颠覆性创新”就成了唯一的选择。遵循“物竞天择”，依靠“进化”或“突变”来提升适应能力。“衣食住行用交流”是人类生存离不开的几件事，但所谓“万变不离其宗，以不变应万变”，这几件事情进行的方式与载体却在不断发展变化。“传统”来自祖先的创造，认识、研究这个“实事”也就是研究认识外因（人、时间流、空间域、条件），再去组织内因（原理、结构、材料、工艺和形式），“求是”的思维过程就是在观察、分析、归纳、联想、创造、评价的基础上探索创新（再格式化），这就是设计的“思维逻辑”。

蔡元培先生早年创办“北大”时就提出“美育救国”的概念，他希望那种沉淀下来的中华民族文化能够在“精神”上充实国民的心灵。很遗憾，随着物质生活的丰富，美的修养并没有随之积累下来。现代社会，几乎人人都浮躁，拼命追求物质，没有时间去感知周围事物的美好。“忙”这个汉字很有意思，其实拆开来看就是心灵的死亡，即使再有钱，物质再丰富，心灵的死亡只会带来更大的空虚。

在市场经济社会中，我们应当如何保持一种对美的敏感和追求？美是一种判断，一种选择。在几乎人人都在强调物质欲望的时刻，美反而变得更加重要和难得。美的教育并不一定来自美术馆或者音乐会。如果我们能将美落实到“衣食住行”日常生活中最常见的四件“俗事”上，反而最为有意义，最能够帮助我们打开自己的心扉。

人类正面临着未来“生存方式”的转型，变革正在酝酿，经济、设计、文化、教育都将发生观念性的革命。显然，我们不能只是沉溺于对祖先生活方式的缅怀中，并美其名曰发扬“传统文化”。“文化”与“文明”的区别何在？“文化”是地域性、空间性的产物，而“文明”则是时间性、时代性、历史性的概念。跟不上文明进程的民族将被时代列车无情地抛弃。我们无意否定任何潮流，但也更应该关注和思考一下“潮流”的源头和流向；否则，“两岸猿声啼不住，轻舟已过万重山”！

每每关注世界的激烈竞争，就会感到芒刺在背，设计如何能够无动于衷？“研究型”“协同型”“生长型”的设计将是未来设计的立足之本，设计必须发展成人类未来不被毁灭、除科学和艺术之外的良知、智慧和能力；否则，设计只会沦为金钱和权力的附庸。中国的设计界朋友们，让我们一起为之坚持不懈，创出一条通往中国梦的“设计方案”！

柳冠中

《设计》杂志总编、清华大学美术学院教授

目　录
CATALOGUE

工业设计篇

毕设探索篇

创新驱动设计篇

设计机构篇

工业设计篇

从设计产业到产业设计

改革开放40多年来，随着经济发展、科技进步，中国社会正处于从中国制造向中国创造转变、从要素驱动向创新驱动转变的阶段。这一转变不仅要求我国在制造与科技上向成为工业设计强国、自主创新设计强国迈进，也是一个从传统文化价值社会向现代知识经济强国和科技文明社会转变的过程。对此，工业设计要先行，从消费文化向产业方式转变，从而对中国社会发展产生巨大促动力。

从设计技巧走向设计产业化

何谓设计？设计的目的并不是美化，更不是以追求时尚为目的，而是生产关系的调整，是作为一种协调各种社会关系的思维方式和方法论。工业设计诞生于大生产的工业革命中，与生俱来就是为了协调“产品—制造、商品—流通、用品—使用、废品—回收”之间的矛盾，工业设计作为“生产关系”的角色，必须能在这四个子系统之间进行整合创新。工业设计作为“意识形态”所发挥的反作用大大促进了社会生产力向合理、健康的目标发展。

我们引进了“工业”，在满足我国大量需求基础上，对工业制成品的上下游产业链的“产业化”——需求研究、设计开发和市场机制、环境保护等方面不够重视，致使基础研究、设计创新和知识产权严重缺失。

经过改革开放40年的发展，我国工业设计在实现产业化上经历了四个基本阶段。

一是工业设计推广化阶段，也是以“促进工业设计职业化”为中心的阶段。近40年来，职业设计师主导着工业设计发展，如雨后春笋般出现的设计机构，成为工业设计的主力军，其主要从业方式是“打游击”式的外观造型美化。“工业设计职业资格认证”“工业设计机构资质认证”“示范基地”“设计服务人才从业能力培训及资格认定”等实施，将促使这支庞大的设计生力军尽快与国际设计水平比肩。

二是工业设计规模化、结构化阶段。步入 21 世纪，我国工业设计的发展已体现在我国制造业转型升级的规模化、结构化之中，工业设计进入以“构建工业设计行业结构”为中心的阶段。这一阶段，“企业发展需求”成为主导工业设计产业链的基础，制造业是工业设计的主战场。较为典型的是，设计公司从单纯“输血式”转型为进入与企业、行业主战场的“捆绑式”合作，协同打“阵地战”，共同研究开发“原创性”的产品设计和建立“行业型品牌战略”，这已开始成为我国工业设计的结构性业态。据中国工业设计协会不完全统计，截至撰稿前，全国设有工业设计中心的制造企业超过 6000 家；规模以上工业设计专业公司约 8000 家；全国设计创意类园区突破 1000 家，以工业设计为主题的园区超过 50 家；全国各地的工业设计行业协会 63 个，其中省级以上工业设计协会 16 个；工信部认定的国家级工业设计中心 110 家，22 个省市认定的省级工业设计中心超过 1300 家；全国各地举办的设计周 / 节已有 23 个……我国工业设计已开始进入到制造业的全产业链中。

三是市场化阶段。近年来以“工业设计拉动为核心的产业创新”的阶段初显端倪。在市场化阶段中，“社会发展需求”主导工业设计产业发展，“政产学研商”为主力军的“大资本、大设计、大孵化”的服务型社会产业链——“研究设计开发营销服务”一体化的新型设计产业链机制形成。体验设计、服务经济的产业结构创新、可持续发展的需求定义的“社会设计概念”将在这一阶段萌发。信息时代、知识经济下的设计将重点探索“物品、过程、服务”中的“方式创新”——谋“事”，其研究具有广泛性和纵深性两个维度上的意义。工业设计将更多以整合性、集成性的“产业链”概念加以定义，“新产业”将是“主战场”。

从创新节点到全产业链创新的发展趋势看，数字化快速成型、智能开源设计以及互联网对制造、销售、人才、投资等生产资料的公共分配改变了以往制造企业主导的传统产业链模式，设计师和设计服务机构突出的创意和集成能力得以直接转化为面向市场的产业项目，每天都有设计创新者成为明星企业家，设计机构和设计师成为创新创业的重要力量。无论是设计产业，还是产业设计，这样的趋势已经成为一股巨大的社会前进推动力量，这是时代的必然。

从企业角度来看，越来越多的企业认识到任何天才般的灵感都不能改变一个企业，更不能为企业带来持续永久的光明。设计只有上升到企业创新管理的顶层架构，成为企业自身的创新体系，才能发挥出最大作用和力量。工业设计不仅是灵感和图纸，而且是全流程协同创新，是策略和过程，是企业整体对社会共同目标的追求和实施行动。

从设计公司的创新创业来看，越来越多的设计公司，正全力以赴整合上下游产业链资源，从材料到元器件、从技术到制造工艺、从需求到营售、从投资到管理、从产值到价值，这种全产业链的整合创新方式，在优秀龙头设计公司的开拓引领下，正成为日益成熟的主流设计创新模式，尤其在设计产业化趋势下，变得尤为重要。

四是战略化阶段。这一阶段“国家发展需求”将主导工业设计产业发展。21 世纪以来，新一轮科技革命和产业变革正在孕育兴起，全球科技创新呈现出新的发展态势和特征。这场变革是信息技术与制造业的深度融合。我国正在规划工业设计产业在国家层面上战略布局中的角色，在历次发布的政策中制定了中国工业设计的发展战略，包括了目标、路线、组织、策略、方法和工具以及规划了设计教育、职业培训和人才梯队建设的规划：2006 年，国家政策首次正式提出发展工业设计，“鼓励发展专业化的工业设计”；2007 年，时任国务院总理温家宝在中国工业设计协会呈送的报告上批示“要高度重视工业设计”，这一批示成为中央政府部门加速制定工业设计产业政策的重要节点；2010 年 3 月，《政府工作报告》中首次把“工业设计”列入需要重点发展的 7 个服务业种类之一；2010 年 8 月，中华人民共和国工业和信息化部等 11 个国务院部门联合发布《关于促进工业设计发展的若干指导意见》，首次从国家政策的角度明确了工业设计的产业地位，确定了我国工业设计现阶段的概念定义，勾画了工业设计的产业架构和行业体系，规划了到 2015 年国家工业设计产业发展的总体目标和任务，有力地开启了我国工业设计产业加速发展的进程；2011 年发布的《中华人民共和国国民经济和社会发展第十二个五年规划纲要》提出："加快发展研发设计业，促进工业设计从外观设计向高端综合设计服务转变。"这一导向的提出，为我国工业设计发展指明了方向；2014 年，国务院发布《关于推进文化创意和设计服务与相关产业融合发展的若干意见》《关于加快发展生产性服务业促进产业结构调整升级的指导意见》，再次从国家层面强调，进一步推动工业设计和相关产业融合发展，发挥工业设计对转方式、调结构、促发展的重要作用；2015 年，《中国制造 2025》和国家"十三五"规划纲要在实施制造强国战略、全面提升制造业创新能力和工业基础能力、支持战略性新兴产业发展、加快推动服务业优质高效发展等内容中多次提出工业设计的重要性，充分体现了工业设计在国民经济创新发展中的重要作用；2018 年 7 月，国家工业和信息化部为落实国家"十三五"规划纲要提出的建立国家工业设计研究院，印发了"关于《国家工业设计研究院创建工作指南》的通知"，正式启动国家工业设计研究院创建工作，鼓励建立省级工业设计研究院，工业和信息化部将在省级工业设计研究院中通过指导、培育和选拔，开展国家级工业设计研究院认定工作。这一系列的国家政策标志着我国工业设计的国家战略已开始与我国制造业深度融合。

从设计产业到产业设计

改革开放 40 年来，中国的工业设计从起步到产业化，成绩斐然。同样应该清晰地认识到，中国还不是真正意义上的制造大国，而是加工型大国。所谓"制"意味着规范、标准、工艺、设备及流水线，"制"是人家的，"造"是我们的。以螺丝钉为例，截至撰稿前，我国能生产的国标最小型号为 M3，而 M1 螺丝钉现在还需要进口。事实上国内到处都有螺丝钉厂，而日本全国仅一家螺丝钉厂，所以人家能做得精益求精。这种在生产上追求"小而全"的特点，可视之为"小生产社会观念"，不懂得在产业链的上下游互补合作、工业化社会的分工合作，其最大特征就是"我的优势是你不懂，你的优势是我不懂，这样才会有合作"。

过去我们都是沿着欧美方式走。如今，全球正掀起新一轮科技革命，发达国家的"再工业化"以及新兴市场国家成为承接产业转移新阵地是中国制造业面临的双重挑战。为加快推进我国制造业创新发展、提质增效，我们必须找到另一个系统，从这个系统里面找到我们的思路，这就是“中国方案”。

当前，工业化与信息化高度融合发展，互联网、大数据、3D 打印、虚拟现实等新思维新技术对整个产业生态圈、产业结构、生产关系带来深刻影响及颠覆性作用，工业设计在构建现代产业体系中的创新支撑作用愈加凸显。而工业设计服务模式已经从造型设计转向高端综合服务与体验设计，从视觉设计转向交互、过程设计，从面向个体的设计转向面向群体的社会化设计，从面向产品的设计转向面向产业创新和商业模式的设计。

工业设计不再仅仅是体现创意的专业能力，设计专注于为制造业提供创意服务的时代已经成为过去，甚至将工业设计称为生产性服务业也明显不能表达今天的设计创新定位和能力，工业设计正在或者已经快速成长为“战略性新兴产业”，以产业力量的角色发挥着瞩目的重要作用。

工业设计不再囿于物品的专项设计，不再仅依附于“商业和技术”，以集成创新为核心的“分享型服务设计”提供了人类可持续发展的实现路径。工业设计成为现代科技与艺术、经济与文化、创新与发展的统一，成为产业协调发展的关键，成为区域协同发展的核心，成为工业时代社会创新的方法论。同时，在中国产业从需求侧转向供给侧改革、从要素驱动转向创新驱动的过程中，欠缺的不仅是集成高新技术的“物—商品”原创设计，政府应该推动以设计创新为抓手的“产品经济”——“物”设计到“产业链”——“事”的规划、从“产品”打造到“机制”策划的产业协同、集成创新的发展路线。同时，还应该推动文化体制改革引向深入，不断激发中华文化创新创造活力。

致设计界的全体同行们:

“中国方案”和“人类命运共同体”指引下的设计将成为人类未来不被毁灭的第三种智慧。

柳冠中

蔡军

1955年生人，清华大学美术学院教授、博士生导师，艺术与科学研究中心设计管理研究所所长，中央工艺美术学院毕业留校任教，挪威奥斯陆国立艺术设计学院访问学者，担任过北京工业设计促进会副秘书长，中国工业设计协会理事等职务。负责设计管理教学研究室的建设，并在设计战略、设计管理、用户研究、可持续设计等领域展开深入的研究工作和国际合作，计划使设计管理领域的科研和教学处于国内领先的水平。

设计师要思考如何整合资源

蔡军

从“引进来”到“走出去”、从模仿到创新、从价廉到物美，改革开放这40多年，也是中国制造发展尤为关键的几十年。

这期间，我国制造业都发生了哪些改变？工业设计现状如何？设计教育工作者正在从哪些角度培养人才、布局未来？设计行业现存哪些问题？

于此，清华大学美术学院教授、博士生导师、艺术与科学研究中心设计管理研究所所长蔡军与《设计》杂志分享了自己的观点。

《设计》：我们知道国家正在通过发布政策加强对制造业的扶持力度，比如《中国制造2025》，请您从行业前沿的角度出发谈谈近40年来中国制造的变化。

蔡军：在改革开放之前，我参与过中国轻工业词典的编写，那时候没有工业设计的概念，写的是轻工产品造型设计。本质上的变化是真正把制造和设计联系到一起，是从改革开放后这几十年开始的。

前期因为我们没有技术，连洗衣机、电视机等家电生产都是照搬国外的流水线，所以很长时间以来基本上都是以抄袭、模仿或引进为主；之后有一点改变是在20世纪90年代初，联想和海尔都起来了。当时我们带学生去了一些做小家电的企业参观，那个时候轻工企业正在转型，但很多没有成功。再后来是IT（互联网技术）产业的兴起帮助了很多企业“站起来”，原因有二：一是民间推动，二是市场需求。

2000年之前学校培养了大量设计专业的学生去公司做展示、装修、广告等，但真正在工业设计里发挥作用的是2000年之后的毕业生。之前国内几乎没有平台和渠道，也几乎没有企业要工业设计人才，所以互联网开始兴起的时候，我认为才是传统制造业真正要开始改变的时候。

人工智能、物联网等概念影响了整个制造业的特点，人口红利的问题和过去完全不一样。我们今天看中国制造，是基于一个物联网数字化、定制化、网络化、全自动化或者说是信息化的概念去看。设计的手段、技术、方法体系都发生了改变。比如现在做设计必须要了解市场，作用户研究，包括服务设计和产品设计等，我认为和过去传统工艺相比更加复杂。

《设计》：那么是否可以说传统的教学方法或许不太适用了？设计专业的课程设置会有变化吗？

蔡军：每个学校不一样。有些走得很靠前，有些很保守，每个学校都有各自的特点，或者说在一个学校内部也参差不齐。比如有些老师会意识到这个变化很大，不断地调整自己的知识结构以及引进有留学经历或国际背景的师资去带动；同时也有一些学校很传统，只教给学生一些传统的知识结构。

过去传统的教育可能是把学生培养成一个特别合格的设计师，把所有的技能都掌握到位。这没错，但走到现在的话，由于很多企业已经不止满足于生产，都在变化和转型，所以我们不能只是把学生培养成“工具”，而是要培养具有开拓思维的创造者，战略思维非常重要。

比如我们现在让学生去做设计研究、用户研究等，它会带来另外一个挑战，过度侧重研究有可能会造成学生放弃对物质化设计的关注。这个研究过程没有形态化的概念，而是在作流程，这也是对设计提出的新挑战。

《设计》：对企业设计战略或者设计规划的发展来说，哪些条件比较重要？

蔡军：一个企业有几个基础的条件要弄清，比如目标市场、技术优势、人力资源优势、企业使命、企业愿景这几条都是在管理学中强调得特别多的。

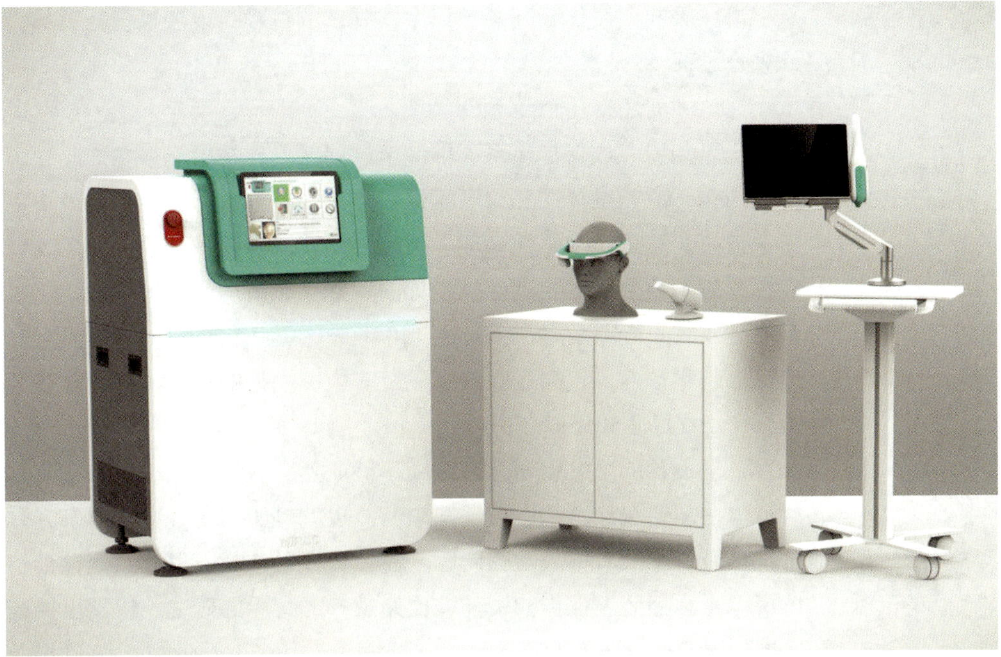

牙科全数字解决方案　设计者：NDD DESIGN Co., Ltd.

现在设计介入企业最重要的就是设计价值的引入。这是传统企业没有思考的，因为传统企业相对从制造的角度更关注，比如供应链等。其实不是这样的，因为设计的核心是为消费者和用户创造更好的体验，同时也是在满足用户和企业的利益。

所以我觉得关键还是企业如何去认识和转换对设计价值的认识。设计价值已经不仅是美学价值了，它其实蕴含着商业价值和用户价值以及如何通过设计提升企业的价值链的增值，同时还能够通过设计去提升企业的社会责任。

《设计》：我们知道中国设计 40 多年来，设计行业在这其中发生了很多变化，您认为未来中国设计将会向怎样的趋势发展？还有哪些问题亟须解决？

蔡军：中国设计 40 年，简单地说，这是一个通过学习国外设计，从引进、吸收、模仿到开始意识中国制造的过程，或者说设计自信力的恢复过程。

在这中间还有几个问题没有解决：

一是知识产权保护体系不够健全的问题。现在由于很多产品在不断被抄袭，原创设计既然得不到保护，大家就不敢创新，那么就更不去保护了，这是一个恶性循环，引起了很多的争议和矛盾。我认为我们在政策上要更改对专利保护设计的定义，重新加大保护力度。这也是贸易战里面特别大的一个问题。40年是这么一个过程，有学习模仿，也有批判和扬弃，包括设计本身以及对中国文化的重新梳理，都是今天设计正在面临的局面。

二是设计的系统和研究方法还不够成熟。我们一直在摸着石头过河，现在需要沉淀下来思考一些东西，也就是如何发展自己的研究方法，这是一个很有挑战性的问题。需要更多设计师去思考如何整合整体资源，承担环境保护的责任。比如做产品背后的研究，包括可持续发展、材料回收的问题等。

三是"非遗"文化的保护。要想真正保护"非遗"，我觉得一个是保留原汁原味，另一个是要有创新，这两方面的融合要更协调、更有品质，比如我们可以把它演绎到现代生活的一些场景中间去应用，可以通过文化艺术和生活的结合满足更加多元化的市场需求。

《设计》：2019年是包豪斯成立100周年的纪念年，您认为包豪斯对中国产生了哪些影响，未来发展会给中国设计带来怎样的变化？

蔡军：包豪斯最重要的贡献是起到了一个扭转观念的转折点的作用。从传统的手工业社会到大工业，它其实是在这个历史阶段转换了设计这门学科，促进了设计学科的产生，让设计去适应大工业，同时奠定了当代工业设计的观念，认可这种工业化的制造、语言和工业化的逻辑形式。

但同时包豪斯也存在它的局限性，比如它有很多激情的、艺术化的、很感性的东西，包括很多先锋派艺术的风格，这些思想后来与大工业的产业逻辑是有冲突的。一味把包豪斯放到现在的中国来强调，

KanDao（看到） Obsidian 专业级 3D VR 全景相机　来源：第四届中国设计制造大奖

不适应现在已经进入工业化和信息化时代的局面，所以我并不赞同。乌尔姆的设计理念从现代意义上来说远大于包豪斯，应该把包豪斯和乌尔姆放在客观的角度并列起来去看、去认识。

制造业作为实体经济的主体、技术创新的主战场，其实力和技术水平体现着一个国家的综合国力。

改革开放 40 多年来，中国创新投入不断增加。1978 年，我国研发经费支出为 52.89 亿元；2017 年上升为 1.75 万亿元，居世界第二位，占 GDP 比重达 2.12%，研发经费投入强度达到中等发达国家水平。但与一些主要发达国家相比，我国设计的发展之路仍然任重道远。在设计走向独立、走向成熟的过程中，更是离不开优秀的设计教育工作者。我们希望未来“中国制造”的标识能够成为一个愈加鲜明的中国符号。

陈汗青

1946年元月生于武汉，武汉理工大学艺术与设计学院荣誉院长，武汉设计工程学院名誉院长，中国创新设计产业战略联盟设计教育工作委员会副主任，武汉理工大学艺术与设计学院教授、博士生导师。从事高校专业设计教学三十多年，曾任武汉理工大学艺术与设计学院院长、上海视觉艺术学院副校长、校教学指导委员会主任，省教学名师，二级教授，博士生导师，中国十佳工业设计教育工作者，中国美术家协会艺委会委员，是我国设置工业设计工程硕士领域先行者、武汉理工大学设计艺术学博士点学术带头人。

创新设计是知识网络时代的工业设计升级版

陈汗青

工业设计在中国，从概念的引入到成为助力国家产业转型的驱动力量，经历了怎样的发展历程？我们又该如何探索创新设计在中国创造、设计智造、智慧生活和集成创新等方面的新路径？带着问题，《设计》专访了我国工业设计工程硕士专业的奠基人，武汉理工大学艺术与设计学院荣誉院长、武汉设计工程学院名誉院长、中国创新设计产业战略联盟设计教育工作委员会副主任陈汗青教授。

《设计》：您是我国工业设计工程硕士专业的奠基人，在我国工业设计教育的发展过程当中，您认为有哪些里程碑式的事件？对后期的发展产生了怎样的影响？

陈汗青：我国工业设计教育发展的里程碑事件是需进行必要论证的。我自 1984 年出任全国高校工业设计学会首届理事、1989 年中国工业设计协会首届理事以后，一直在探讨中国工业设计的发展问题。20 世纪 90 年代中期开始探讨如何适应国家需要，在我国工程教育领域增设工业设计硕士。自 1999 年向国家成功申请新增工业设计工程硕士专业，至今 20 余年。在此前后，我国工业设计教育已有不少里程碑式的事件。如 1989 年中国工业设计协会成立，1991 年国家科委批准的中国工业设计协会与武汉市人民政府在汉成功联合主办的中国 1991 年首届国际工业设计研讨会……2010 年国家 11 部委联合印发的《关于促进工业设计发展的若干指导意见》、2011 年国家发文，提出新增艺术学为学科门类、设计学升为一级学科等。这些都是设计学科在国内外影响深远的标志性事件，起到了里程碑作用。

《设计》：工业设计从发展初期到现在被人们所熟知，经历了一个怎样的过程？当前在国内的发展情况如何？

陈汗青：工业设计经历了一个从工业设计发展初期的英国工艺美术运动、德国制造同盟的“标准化”、包豪斯设计、工业设计、现代设计，直到涵括可持续设计、服务设计、体验设计、信息设计、智能设计、创新设计的全过程。虽然称呼有别，但都关乎人对环境和生存的需求，都在围绕“设计创造美好生活”而展开。与传统设计相比，现代设计正从产品设计转向融合人工智能、机器人、品牌战略、商业模式、生态发展、人文创意、信息交互、产业整合等要点的一体化服务，并形成由制造者、用户及相关利益者共同参与的扁平化设计方式。设计是无言的服务。设计的跨学科融合、生态系统构建、知识产权保护，社会发展中的健康、医保、教育、就业、养老、居住、交通、环境以及“互联网 +”背景下用户、服务、系统乃至整个商业模式、分享性服务设计模式等问题是设计的重要热点。这是一项系统工程，需要政、产、学、研、媒、用、金方面共同面对，协力解决。

当前新一轮世界性科技革命和产业变革正与我国“两个一百年”的伟大目标和经济发展方式形成特殊的历史性交汇。从一定意义上说，创新设计是知识网络时代的工业设计升级版，是以开放、绿色、协调、共享和智能为特征的系统设计与集成创新，正在引领以网络化、智能化、机器人和可持续发展为特征的文明走向。

我国在创新设计方面短板明显，如对创新设计的社会认知层次与全球化现状不对称，地区发展不平衡，设计战略研究偏少，尤其是在国家关键领域和核心技术的研究方面参与度不高。如何借鉴国际经验与新科技，构筑支撑中华民族复兴目标的创新驱动体系，促进人类设计共同体的构建，已成为当今工业设计的关注焦点。

《设计》：中国设计一直不断受到来自东西方设计的影响，您认为中国应该如何发展自己的设计体系？

陈汗青：这个问题很大，我虽曾思考过，但很难用几句话说明白。这里不妨借用我 28 年前，与时任武汉副市长、科委主任的郭友中和武汉工业大学副校长陶景殉多次会商我国设计体系发展，由本人捉刀，二位领导审定，以《中心城市工业设计大思路》成文，发表于国家科

“清影”竹丝镶嵌灯屏 「上下」《设计》杂志 2019-03 下

委批准、中国工业设计协会主办的“1991 首届中国国际工业设计研讨会”，即该会公开出版的论文集中。该文系统提出通过抓中心城市工业设计，构建我国设计体系的 11 点思路。这与当今强调的“中国创新设计体系”有着内在的传承关系。为利于大家阅读、比较与思考，我将 28 年前的一些思考与现在的想法融合于此，这或许对年轻人了解改革开放以来，设计界探索中国设计长路的艰辛与我国工业设计的创新发展会有所帮助。

1. 要通过现有的宣传媒介让各有关方面真正了解工业设计的作用与意义，使各主管部门及企业领导重视、关心、支持和参与这项意义深远的工作，进而结合实际制定相关规划措施，提高现有设计队伍的素质，充实设计力量，改善设计条件，在时机成熟时，建立工业设计院（所），组织市场与用户调查，进行设计信息的反馈。在引进产品制造技术时严格把关，注意引进设计及有关的试验技术软件，力求在技术引进、消化、吸收的基础上有所改进和创新，运用现代的管理方法有计划地加快开发与设计的速度，缩短试制周期，使生产单位尽快形成“生产一代，试制一代，开发一代，储备一代”的良性循环。

2. 完善现有设计院校的专业建设，并选择条件较为成熟的大中城市的有关高校，建立专门的设计学院，改善教学条件，提高师资水平。同时，完善职业性、技术性设计院校的专业化设置，通过夜大、函大、职大等多种形式，丰富设计人才的结构层次，加强专职与业余设计人员的培训，加快技术实施型人才的培养、创新创业人才的培养、专业学位研究生的培养，鼓励参与产业开放项目及创新课程学习，建设以服务为目标、以未来生活方式为先导、涵括设计创新教育集成与设计基础研究的教育体系，推进其特色发展及高校一流战略的实施。

3. 造就具有现代化工业设计素质的骨干队伍，不断提高设计人员基本素质和能力，设置工业设计师职称。工业设计师所具备的基本业务能力包括设计能力（设计方案、模型和现代技术工具的使用）、创造能力（探寻解决问题的新途径、新构思，善于捕捉现实生活中的矛盾和不合理现象进而开发创新）、调研综合能力（为设计提供可靠依据)、知识更新能力(善于学习和了解新技术、新方法、新工艺、新成果)、协作能力（要以求实协作的态度，发挥群体优势）。发展设计师内动力，扶持中小企业；开展设计理念、思维、能力培训及国计民生问题解决方案的探索；吸引海外优秀人才及资本，促进创新与创业孵化，深耕创新中国的国际化平台，以适应新时代、新科技、新业态、新模式、新产业发展需求为标志的新经济。

4. 强化设计管理，完善设计标准，有步骤、有计划地推广现代工业设计理论方法与程序，贯彻执行工业设计的基本原则，更新设计手册，发布设计公报，建立系统的设计数据资料库和情报网。

5. 发挥专业设计队伍的专长，建立国内外中心城市工业设计研究网络，开展国际间的设计协作。借鉴建筑设计院的专业化建设经验，有步骤地设立中心城市的工业设计研究院，完善“设计—科研—生产一体化的机制”；进而合理布局与有序培育若干国家工业设计研究院、高端智库、服务网络，系统实施国家的设计创新行动纲领与引领计划，以适应国家及区域的发展需求、适应先进制造业高质高效发展的需求。

6. 运用经济及行政杠杆推进工业设计，进一步制定新产品开发政策、专利与生产许可证法规以及特许减免税等优惠和奖励办法，鼓励效益高、消耗低、利于节汇创汇的社会急需产品或高附加值产品的开发，使多领域创新活动融于一体，形成新产业链、供应链，改变其割裂状态，并推动企业进军海外；同时要制定和实施相应法规，推进工业设计发展，提高企业更新换代能力，增强产品在国际市场上的竞争力。

7. 委托中心城市工业设计院、所，配合各行业主管部门，联合设计、共同开发。有计划、有步骤地筛选现有产品，对设计不合格、经济效益差的产品，由主管部门下达限期停产或转产通知。在严谨、慎重安排试验项目的前提下进行联合设计，对量大、面广的系列产品，高精尖产品，提供协同攻关设计，提供影响全局的研究与预测报告，重点支持关系国家与人民切身利益的关键领域、环节与核心技术的发展。

8. 加强国内外技术与交流，发挥中心城市学术团体和相关部门的联合优势。发挥各专业学会、协会等学术团体的作用，举办高质量设计研讨会，开展设计竞赛评比和设计咨询工作，促进地区行业与企业内外的技术渗透，鼓励探索共同的开发项目。

9. 奖励优秀设计，表彰有关人员。建立专门的奖励基金，对推进设计有成就的个人、单位予以鼓励。宜由中心城市经济、科技、计划主管部门，联合主办一年或二年一度的百项优秀产品设计大赛，以此表彰先进，推进全市工业设计总体水平的提高；坚持市场主导、政府引导，促使企业重视设计创新、转型提效，因地制宜、突出特色，构建全流程设计研发体系，建成一批国家级工业设计公共服务中心、平台、奖项、示范工程相关顶级成果。

10. 要运用各种新闻媒介和展评活动，广泛宣传与普及工业设计知识，并使国内外人士通过产品认识企业，认识工业设计，认识中国好设计，以社会喜闻乐见的语言与方式推广中国的价值观、生态观与美学观。

11. 加强技术开发、工业设计和相关学科的融合与协作，通过发展性研究有效地促进开发、设计工作和科技成果的转化。大力发展与新一代信息技术、人工智能、机器人、新能源工具、生物技术、生命工程、绿色低碳、高端装备、材料、数字创意相关，特别是与国之利

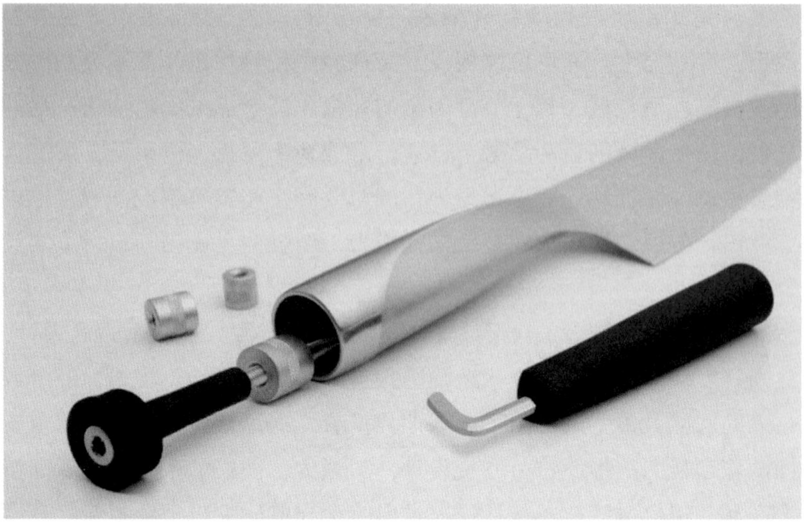

Pro-Balance 调重刀（金昇家品有限公司，产品设计类，中国香港）

器开发相关的设计产业。在基础研究—应用研究—开发研究直至设计的各个环节中，不断完善研究开发与设计的关系，将会使工业设计得到实质性改善。加强工业设计研究与实践中的技术反馈，针对性地提出基础研究课题，将使生产技术更快地转化为市场力量。

设计历来是在矛盾与限制的前提条件下进行创新。大数据开启了重大的时代转型，成为未来设计最有价值的资源和设计产业的重要基础。设计表现出三个新特征。第一是“人人参与设计”成为可能。第二是“大开放”“大数据”促进全球智慧设计。创新和文明多样性是人类进步的不竭动力，“一带一路”是推进国际化设计合作共创分享理念的新平台。第三是设计学跨界融合迎来新的增长点。贯彻创新、协调、绿色、开放、共享的新发展理念，为设计生态化、智慧设计及可持续设计提供了动力、系统和方法。

探索创新设计在中国创造、设计智造、智慧生活和集成创新等方面的新路径，从政策设计、法律保护、创意驱动、管理模式等多领域注入新活力，构建“国家创新设计核心平台”。创建新时代具有中国特色、国际一流的设计体系。

《设计》：您认为设计教育工作者在培养人才方面应该从哪些重点去关注？

陈汗青：改革开放以来，我与同人一直在围绕中国设计教育的发展，探讨如何从实际出发，认识培养设计人才的系统性、应用性、规律性，发挥优势，凝练方向，协同推进设计人才培养。在 1998 年教育部工业设计教学指导委员会于大连召开的高校工业设计教育研讨会上，我以论文《创新设计——现代设计教育特征论》为题发言，次年又应邀在南京艺术学院设计教育研讨会上作了同题发言（下述引号中内容即当年该院学报的同名论文选段），再三强调创新是设计的本质特征，是设计的核心要素。设计的内涵外延不断拓宽，其本质与领域也在发生明显的变化。创新设计已成为竞争中决定胜负的因素。这向设计界和设计教育界提供了新机遇，把设计从社会经济发展的边缘推向了中心位置，赋予了神圣的使命。这将是国际上具有前瞻性的研究领域，对设计教育来说，其意义深远。我当时呼吁建立以设计创新为中心的设计教学体系，按照创造性原则组织教学，是当务之急，也是设计学科存在、生存、发展的前提条件。创新设计教学是设计教育体系的基本特征与关键环节……中心目标是使学生树立创新志向，强化创新意识，学好与创新设计相关的知识，具备创新设计才能；具体提出了重视个性、培养创造能力、思想能力和表达能力、面向国际化、面向信息化等“八点指导思想”和“组织教学的八项原则、十个基本环节”。强调今天世界的经济竞争，实质上是科技的竞争、创新设计的竞争、创新设计教育的竞争。从这个意义上说，21 世纪又可称为“创新的世纪”“设计导向的世纪”，离开了创新设计这个目标与使命，离开了创新设计的知识框架及其教学体系，设计专业就不会有旺盛的生命力，甚至不会有它存在的意义。实现合理生存与持续发展方式的设计创新，是设计专业的本质特征，其直接目标是使学生树立创新志向，形成创造意识，学好与创新设计相关的知识，具备创新设计的才能。重视建立、健全创新设计教学体系及其质量保证体系，制定切实、有效的具体措施，反映了 20 年前我在培养人才方面关注的重点及对创新与设计本质的主要思考。

《设计》：您在 2016 年向武汉理工大学“汗青艺术馆”捐赠了 100 多件艺术作品。哪些作品或艺术家对您来说有着特殊的意义和感情？

陈汗青：这一方面是武汉理工大学领导的推进，另一方面是向学生与社会观众提供一个学习和交流环境的需要。我把自己珍藏的吴冠中、白雪石、阿老、周思聪、卢沉、姚有多、杨应修、杨永善、陈汉民、刘巨德等名家与九大美院多数院长的作品及本人的艺术品等 148 件赠予了武汉理工大学。学校以此推进大学生人文艺术素质教育及设计艺术学科建设。其中不少作品或艺术家对我来说都有着特殊的意义和感情。这里先谈一下恩师吴冠中的油画《梨花吟》。

1970 年中央工艺美术学院师生集体下放到原北京军区农场时，我和吴冠中老师等三人被分配睡在同一土坑。当时感受最深的不仅是大师在艺术上对学生的高要求，更重要的是人格上的熏陶。恩师经常关心我……此后，恩师多次向院里推荐，聘请我为教学助手，给了我十分难得的随恩师带学生写生，“零距离接触”的学习机会。1984 年恩师精心挑了一幅他在原北京军区农场附近的写生作品《梨花吟》，作为赠予我的结婚礼物。吴先生精心挑选的这幅作品寓意深远，从心底祝福学生的爱情似青山碧水崇高纯真。

《设计》：您曾在采访中提到，要把恩师吴冠中的精神传递下去，这是怎样的一种精神呢？

陈汗青：吴老在新中国成立时放弃法国优厚待遇，毅然回国投身民族艺术的发展，虽在“文革”遭受冤屈，他依然爱国敬业，艺术作品中充满对祖国的热爱。他相信后代和大众会喜欢自己的作品，并能对设计、艺术与社会的发展产生巨大作用。吴冠中先生这种爱国情怀、立德育人、崇德尚艺的精神，值得永远传扬。汗青艺术馆将会同众多艺术馆、博物馆起到以文载道、以文育人，以史鉴今、启迪后人的作用。激发我们的民族自豪感和自信心，坚定全体人民振兴中华、实现中国梦的信心和决心的作用。正如中国高教学会设计教育专业委员会等肯定的这是设计教育界一件大喜事，标志着高校教育与艺术收藏的完美结合。无偿捐赠，以新的公益方式对艺术教育传播和发展起到了积极的推动作用，对提升大学文化品位、落实立德树人任务、提高文化育人水平具有十分重要的意义。

《设计》：您对正在通过设计创业，以及从事设计工作的年轻人有怎样的建议和期许?

陈汗青：第一，我们现在的学习环境与条件很好，无论现状如何，都要胸怀远大志向、瞄准目标、坚持践行、百折不挠。第二，“学高为师，德高为范”。要勤奋学习，好好向老师学，向大师学，向书本学，向实践学，向同伴学，且终身学习，系统消化、综合、集成。这些做好了，又有好奇心与想象力，发展就会跨入坦途，与时俱进。第三，视野要宽，格局要大，要与团队肝胆相照，说到做到，协同创新。即使远隔千山万水，也可通过网络联系；对自己严，对别人宽，要能吃亏；要善于倾听不同意见，合力推进，才能成为人才，成就大事。

柳冠中

1943 年出生于重庆，清华大学美术学院责任教授、博士生导师、清华大学首批文科资深教授，《设计》杂志总编，中国工业设计协会荣誉副会长兼专家工作委员会主任和学术委员会主任、香港理工大学荣誉教授、中南大学艺术学院兼职教授和博士生导师、广东工业大学博士生导师、福州大学厦门工艺美术学院工业设计系客座教授等。是中国设计学科的学术带头人。1984 年创建了我国第一个“工业设计系”。多年来勤奋耕耘、为人师表，奠定了我国工业设计学科的理论基础和教学体系，我国著名的工业设计学术带头人和理论家。光华龙腾奖中国设计贡献奖金质奖章获得者。

设计是协调者
要兼顾各方利益

柳冠中

中国改革开放四十多年。在国家大力提倡创新与创业的今天，设计行业正在走向崛起。同时，在其发展过程中也产生了诸多问题。

柳冠中是清华大学美术学院责任教授、博士生导师、清华大学首批文科资深教授，《设计》杂志总编，任中国工业设计协会荣誉副会长兼专家工作委员会主任和学术委员会主任，是中国设计学科的学术带头人。回首四十载，我国工业设计走过从无到有的历程，柳教授对当下中国设计的发展情况、设计教育以及设计市场发展趋势都有怎样的理解和看法？带着问题，《设计》杂志对柳教授进行了专访。

《设计》：中国改革开放四十多年，中国的设计市场也在崛起，请您简单介绍40多年来中国设计的一些情况。

柳冠中：中国设计从刚萌发到现在发展得很快。过去没有“工业设计”这个概念，改革开放之后，国家引进了不少国外工业设计的思想和技术，比如提出“中国创造”这个思路。但是，这个路径怎么走，我觉得还不是十分清楚。

到目前为止，中国设计观念的改变基本还是以外观和造型的设计为主，我国的工业现状使得人们还不可能关注设计的真正含义。我们从新中国成立后就在引进，改革开放40年也是在引进。结果是什么呢？就是制造的“制”是引进的，“造”是我们的，所以中国是一个制造大国。有人说大国“大而不强”，原因就在于我们主要是“造”。我目前的感觉是，凡是改革开放后引进的现在基本上仍停留在引进后的水平上徘徊。

比如现在在设计界很多企业都在做品牌，但这并不容易。品牌最重要的是“品”，而我们现在做的是“牌”，不做“品”。“品”是所蕴含的精神、历史价值、品质和信誉，它让一个物品变活，一个商品变高贵，一个产品变成观念的延伸。只做表面功夫的引导我觉得远远不够。

另外，在国家大工业的背景下，工业化强调标准化，设计工作需要协调需求、制造、流通、使用以及回收等环节的矛盾。设计师恰恰是一个协调者，要兼顾各方利益。

现在很多设计师只关注概念，把真正核心的东西放掉了。这40年我们开始重视设计，但对设计的认识还停留在一个最浅的层次上。我国政府现在已经看到这个问题了，所以需要转型。

《设计》：转型应该如何“转”？重点在哪里？

柳冠中：现在有一个词叫“痛点”，这是个商业词，不是设计词。想要解决问题，先要诊断为什么“痛”。马上解决“痛点”的做法好像瞄得很准，实则只是解决了表面的问题。真正解决问题需要钻研和研究，也就是弄清设计的本质——在生产制造之前明确为什么要生产。转型并不是转产，不等于说昨天做水杯，今天做手机。

工业化的转型意味着设计要进入到生产的每一个程序，它要让设计参与、干预每个程序的判断。我们提倡设计师、设计公司一定要到“主战场”和企业合作，参与企业产品全程序的开发。在概念层面上还要真正了解工艺、了解供应链、了解管理、了解整个市场的情况。这样一来设计师的水平就提升了，设计也能发挥真正的作用。

转型要开发和创新，而创新的根是要研究人、研究生活，这是设计的核心。日本在20世纪70年代初就提出了“设计不是满足市场，是创造市场”。而我们现在却没有把设计推到核心位置上，只是为了商业利益，为了产值产量，为了利润去设计。设计师要懂得和商业合作，但要保持设计的立场，以人和社会为本。

拿品牌来说，做品牌最重要的一是质量，二是信誉，要在保证“品”的基础上去做品牌。现在中国设计的转型问题不能只依靠外国引进，总希望快，那样就会一直被牵制着。习总书记讲的中国方案我觉得是非常具有远见的政治智慧。

高端炖锅系列　设计者：美的电器有限公司

那么中国方案是什么？是我们要自力更生，实现共赢，而设计恰恰符合中国方案这个思路，那就是提倡使用，提倡服务，不提倡占有。人们的观念需要扭转过来。从更高的层次来说，中国战略发展实际上是在做社会设计，设计的主战场虽然是企业，但真正的创新是社会创新。那么，设计师就应该进行更大范围的合作跨界，比如金融投资、社会学、规划等领域。中国未来的希望是产业创新，而不仅仅是产品创新，我觉得目前已经有这个可能性了。

《设计》：中国自改革开放以来国力在不断增强，各方面不断发展，工业设计持续进步。目前中国提倡文化自信，设计上我们也需要一些自信。您觉得在设计方面应该怎样更好地引导？

柳冠中：首先要了解文化自信是什么。我们现在的文化创意产业需要引导，一方面要做好“非遗”的活化，让传统的东西传承下去；另一方面就是创新，用现代的土壤来培育新品种的花朵。也就是说，

Polestar（极星）电动豪华轿车概念设计　设计者：卫嘉珩

设计工作一定不能忘了主体。当下的主体随着整体生活水平提升，13亿人对美好生活的向往。那么我们就要引导对“美好生活”的定义，绝非占有、炫耀以及奢侈。

一说传统就讲到元素，一讲元素就是符号，一讲符号就把古代的东西搬过来，但现在时代变了，我们应该总结新的符号，不能老拘泥于古代的东西。要研究现在的“土壤”，就需要设计师研究生活，研究 13 亿人。我们要创出中国现代的东西，500 年后又为中国传统增加了一种新的元素。而我们设计师恰恰要做这个事情，要拿设计的作品来影响大众，影响决策者。

设计关注的是什么？不是“彩虹”出现。未来设计追求的是“海平面”是否提升，而不是“浪花”多么漂亮。现在大家追求的都是“浪花”，所以设计的未来就是整体水平提升，就是合理、健康、公平，而不是奢华和炫耀。

艺术、商业关注“彩虹”，因为它可以卖钱、可以成名。而设计则应该关注“海平面”是否提升了。所以这点必然符合中国的社会方案，我们追求的不是少数人的富，而是整体生活水平的提升。设计的责任很重，但我们对设计的认识远远还没达到顶点，总认为它是一个商业手段。所以品牌成了下一个阶段的风口，但本质不是这个。我们现在要做的最关键的是企业的转型。转型不等于抓品牌，而是要抓真正的产业链的重组。

《设计》：近几年越来越多的设计人开始在企业中担任要职，您如何看待这种趋势？这种新的位置要求设计人才具备什么样的素质？另外中国在这方面应该有一些什么样的引导？

柳冠中：现在有些设计公司已经开始自己办企业了，从整个社会产业链的角度去开发，有很多这样的例子成为新兴的产业引导。这是个好现象，说明设计是一个产业的可能性已经出现端倪了，不再是过去的企业加上设计力量、改进产品创新，而是一个产业的创新。我觉得这是一个趋势，但同时也应该承认我们的教育好像没有做这样的人才准备。

目前我们设计教育培养人是技巧性的人才，从整个的战略角度思考还谈不到，而真正的设计教育从国家战略角度、从区域政治角度去培养人才的课程几乎没有。这就涉及教育当中的改革，至少顶尖大学应该有这样的人才培养策略，要站得高，要学会跟搞管理的、搞金融的、搞技术的人去合作，在这里面去磨合，去找到共同语言。

《设计》：从一个教育者的角度来说，您认为设计教育应如何作为？

柳冠中：要培养人才，培养能够适应未来发展的人才。再过 10 年、20 年，社会是什么样子谁也不知道，但学校必须培养能适应未来社会的人才，而不是过了 5 年这个技巧不需要了，旧的知识就要被淘汰了。所以设计教育最重要的就是我们教会他去“打猎”，而不是给他具体的知识和技巧。社会进步了、发展了，他到社会上自己能寻找知识、能提升自己。我的看法不见得一定正确，但我经常说“回炉”就说明

Polestar 电动豪华轿车概念设计　设计者：卫嘉珩

大学教育在某些方面失败了。社会在进步，未来将会有什么专业教育，什么行业，谁也不知道，那么我们就要培养具备社会适应性的人才。大学里专业课程的训练不是目的，而作业、课程、专业的学习过程仅仅是自己扩展知识能力的“载体”，让学生懂得社会关系的教育才是正确的教育。知识是会过时的，那么就要培养适应新的社会环境的能力，培养吸收新知识的能力。“超以象外，得其环中”。如果新一代的设计师能秉持这种信念，中国的未来会变得更加美好。

《设计》：2019 年包豪斯设计学院成立 100 周年，请您谈谈包豪斯对中国的影响，以及针对目前中国的一些状况，应该如何应变？

柳冠中：包豪斯的本质是从艺术跨界到技术，也就是说设计的来源、知识不仅仅是过去的东西，要“跨”。我们要继承的是包豪斯的精神而不是形式，不能仅仅拘泥在具体的东西上。我常说：“耳听为实，眼见为虚”，而我们总把眼见的东西当“实”。包豪斯的设计思想是在一个新平台上去认知设计，所以我们必须用发展的眼光看，不能把包豪斯的做法直接搬过来，否则就又走错了。

沈榆

华东师范大学设计学院中国近现代设计文献研究中心主任，教授、硕士生导师，中国设计史研究著名学者，中国工业设计博物馆创始人，日本千叶大学工业设计系交流学者，长期从事工业设计概论、工业设计史的研究；出版过《现代设计》《1949—1979中国工业设计珍藏档案》，以及《中国现代设计观念史》《工业设计中国之路》等著作。

“认知”设计史是一个伪命题

沈榆

中国设计史研究著名学者、中国工业设计博物馆创始人、华东师范大学设计学院中国近现代设计文献研究中心主任、研究员、长期从事工业设计概论、工业设计史的研究，日本千叶大学工业设计系交流学者。出版过《现代设计》《1949—1979 中国工业设计珍藏档案》以及《中国现代设计观念史》《工业设计中国之路》等著作。

《设计》：中国的设计获得了长足的发展，请您从自己的专业角度出发，谈一谈给您留下深刻印象的几个时间节点和事件。

沈榆：从历史发展的角度来看，中国的设计在不同的历史时期一直回应着社会需求，其中以下几个时间节点和事件非常值得记忆。

中国工业产品链构建阶段：1953 年至 1957 年，国家第一个“五年计划”确定了优先发展重工业的基本战略，苏联援助中国 156 个项目的建设为我国建立了比较完整的基础工业体系和国防体系。20 世纪 50 年代中、后期及 60 年代初期，新中国一大批决定国家命运的工业产品相继诞生，初步构成了一个互为关联的“产品链”。这些产品都是在参考资料极为稀少的情况下，凭着所有参与者的热情、胆量、智慧和无数次的失败经验创造的奇迹。中国第一台万吨水压机可以称得上是里程碑式的设计，由上海江南造船厂和上海重型机器厂于 1961 年制造完成，是发展航空、船舶等重型制造的关键设备，也是国家工业实力的象征。沈鸿担任主要设计，此人后来在制定中国简易照相机标准、三峡水电站技术标准方面具有独特的贡献。1958 年解放牌 CA10 型载重货车问世，标志着中国人结束了不能造汽车的历史，20 世纪 60 年代初，中苏关系恶化，我军战术指挥车一下子失去了供应

红旗牌 CA770 型高级轿车

来源，中央军委决定以北京汽车制造厂为基地生产轻型越野车，确定型号为 BJ210，作为新中国第一代吉普车，后经设计改进获得好评，1964 年获全国产品一等奖。据统计，该车保有量在 100 万辆左右。

从轿车设计制造方面看，1959 年 5 月长春第一汽车制造厂造出红旗牌 CA72 型样车，后经多次调试，确定为 CA770 型，是中国第一辆有正式型号的轿车。孟少农（留学美国、在福特公司实习）等工程师为车身造型设计师贾延良（中央工艺美术学院建筑装饰专业）定下了“产品调性”，以此协调工程与造型的关系，努力实现其造型构想。

在日用产品设计制造方面，以上海牌 58-II 旁轴取景相机设计投产为标志，中国的照相机生产开始朝着高质量、批量化的目标迈进。同时代的产品还有 1959 年 3 月诞生的紫金山牌 2-135 单镜头反光相机、1961 年 3 月诞生的上海牌 58-II 型双镜头反光相机（以后改品牌名为海鸥）、1962 年诞生的海鸥牌 203 相机。1966 年海鸥牌 DF 型 35 ㎜单镜头反光相机上市；中国天津手表厂开始制造粗马手表，定名为五星牌、五一牌，后更名为东风牌，产品出口到国外销售时，更换成海鸥牌。1958 年 4 月 23 日，中国第一家较具批量生产能力的手表厂在上海诞生，中国第一批长三针 17 钻细马手表注册“上海牌”，型号为 A-581 型。1958 年 3 月 18 日，天津无线电厂（712 厂）试制成功 14 英寸（1 英寸约 2.54cm）电子管电视机，被命名为“北京牌”。1958 年 3 月 11 日试制成功第一台晶体管收音机。

正是因为各类装备产品先行，使得其他工业产品的设计制造取得了辉煌的业绩，通过将上海等地工业技术向各地转移、扩散，中国工业产品链在 20 世纪 70 年代初得以基本完善。那以后，中国工业制造企业不同程度地完成了一次技术设备升级改造，以适应提升产品品质的需求，同时也发现了多年来一成不变的产品与当时人民的生活要求已产生很大差距。在轻工业产品方面，以上海华生电扇厂为代表的老品牌产品率先进行了设计；在轿车设计方面，以行业研究所为骨干力量配合企业升级原产品，原上海拖拉机汽车研究所对 1958 年开始试制的“凤凰牌”轿车（1964 年后改名为上海牌轿车，型号为 SH760）进行了一次重大改良设计，并定型为 SH760A 型，通过重新设计的模具及建立配套企业体系，产量大幅上升，产品质量有了决定性的提高。

轻工业优先发展政策下的产品更新升级阶段：1979 年中央对经济工作提出了“调整、改革、整顿、提高”的八字方针，从根本上促进了各类产品的更新换代，增加花式品种、淘汰滞销商品成为主流思想。轻工业部率先向德国、日本派遣工业设计留学生，其所属院校、企业更是迅速行动起来，工程、美术、工艺美术各领域人员相互取长补短，以“设计实践智慧”推动了轻工业“国货”大踏步发展。此时海鸥系列照相机产品经过多轮设计已趋成熟，其 4B 型双镜头反光相机被誉为中国老百姓最熟悉的“全民相机”，累计生产百万余台，并成为日后中国所有同类相机的设计母本，并催生了“熊猫”“孔雀”“珠江”“长城”等近 10 种同类产品。

1979 年 7 月，轻工业部五金电器工业局在苏州召开了全国家用电器发展规划座谈会，此次会议被称为“家用电器发展誓师大会”，会上规划重点省市二轻系统集团所有制机械修配厂、五金厂、工具厂转产洗衣机、冰箱、电风扇和电饭锅等家用电器产品。20 世纪 90 年代是通过合资、引进技术实现高速发展的时代，国内著名企业纷纷聘请具有工业设计知识的设计师对自己的产品进行升级换代。1991 年，上海金星电视机厂邀请已赴深圳创业的傅月明（中央工艺美术学院八里庄工业设计研究生班）设计了 28 英寸彩色电视机，并命名为“金星——金王子”，投产后迅速成为该厂高端品牌和拳头产品，进入国际市场并赢得了广泛的好评，成为继其老师吴祖慈后因设计优秀工业产品而被写入《上海地方志》的又一位设计师。

得益于广东经济体制的灵活性，南方地区“来料加工、来样定制、来件组装、补偿贸易”的贸易发展形式使得新颖、具有电子时代特征的轻工业产品目不暇接，产品的包装设计语言成熟，具有传播力，其中南方工业设计事务所以及由其分离出来的相关设计机构的设计成果令人瞩目。

此时，中国工业设计理论也产生了巨大的变化。中国学者开始关注建立一个具有完整的工业设计思想的体系，这个体系不是定位于操作层面，而是具有观念革命性质的全新体系，这样的体系不仅能促使人们进行现实性反思，也能对设计的未来走向提供指导。20 世纪 90 年代中期以后的十年间，中国曾经开展过一场关于工业设计观念的大讨论，表面上来看是关于“工艺美术”与“工业设计”“图案”与“构成”的取舍之争论，其实是一次工业设计思想的更新。无论是处在话题中心的“旗手”，还是远离讨论、专注于设计实践活动的“操盘手”，都经历了一次空前的设计观念洗礼，这为中国设计理论的发展提供了新的思想养分，形成了推动现代设计发展的新动力。

新兴产业融合发展阶段：工业化与信息化两化融合、实现绿色可持续发展方针指导下的全球集成创新、协同创新成为打造中国工业产品核心竞争力的重要途径，国产高速动车组、新红旗牌高级轿车、ARJ21 支线飞机及 C919、C929 大型客机、自主品牌新能源交通工具、数字硬件、产业机器人、无人驾驶飞机以及先进军工装备等产品无不体现着这一特征。互联网、物联网、云计算、大数据将促进其定制化生产和设计，虚拟技术、3D 打印技术已经重构了制造技术体系、商业模式及设计的思想体系，其中关于服务设计、特别是设计趋势战略研究的工作已经成为十分重要的工作。

《设计》：自改革开放以来，我国的对外交流日益频繁，设计圈也不例外。您认为我们应当如何向国际舞台展示自身的设计特色和设计智慧？

沈榆：走进西方科技博物馆、设计博物馆，完整的技术、设计史梳理和展示给参观者以深刻的印象，全方位、多角度的历史叙事令人叹服，即便是企业博物馆，虽然更功利一些，但也能吸引人细细品味。所有这些博物馆展示中，产品或设计成果往往十分吸引人，但最核心的展项往往是发明、应用技术的人，即工程师、设计师等相关人物。而将设计成果及人物推上历史舞台的却是背后一大批研究精英，不断地发掘历史、整理历史，并以研究者的观点构建历史，因而赋予设计以文化权利，并不断传播着。所以，只是简单强调中国设计固有的形式也不能赋予当代中国设计文化的权利。在当下的国际交流活动中展示中国设计的文化属性是中国设计发展的契机，也是中国设计话语权建构的核心，其中需要设计师的努力，也需要文化学者的新的阐述。

特别需要指出的是，所谓中国设计的话语权依然从属于经济、技术，而不是凌驾其上，前者只是相对于后者具有相对的自主性，并且是以融合方式表现出来的，可以说，脱离经济、技术而论的设计的文化话语权利都应当受到质疑。正是因为如此，中国设计史的研究才具有了新的意义，通过历史研究可以建构新的知识体系和话语体系，才能够做到科学史学家萨顿所言那样：在旧人文与新技术之间建立一座沟通的桥梁，才能成为今天中国设计高速发展时代反思、批判的思想资源。

《设计》：您创建了中国工业设计博物馆，请问建馆的初衷和目的分别是什么？

沈榆：2010 年，在中国工业设计协会、上海市经信委、宝山区人民政府、上海汽车集团的共同努力下，特别是在朱焘会长的大力推动下，中国工业设计博物馆终于落成，主要的初衷之一是可以让今天的设计师能够从单独阅读国际工业设计史跨越到对国际工业设计史和中国工业设计史的双重阅读中。这很重要，有比较才能有新的发现。

以前我们读书的时候，只读国际工业设计史，资料和文献都比较多，但是中国工业设计的历史现在都呈现一种碎片的状态，大家都不知道在哪里，一谈起中国工业设计史，中国的教授们集体失语。介绍国外设计史很重要，但研究中国工业设计史也是当务之急。建这个馆的初衷之二不是为了怀旧，而是超越期待。整个工业设计发展的历史是这样，明天我们应该干什么？我们希望通过再设计，产生出新的具有更多价值的工业设计产品。三是可以完成从学术价值到产业价值的双重飞跃。研究中国的工业设计，没有实物只有文献，肯定不行。我可以很坦率地告诉大家，中国工业设计的文献少之又少，所以要研究这方面的内容，得像钱锺书在故宫博物院做研究员时那样，一定要产品、文字、影像三位一体，才能做研究。这也是我们这个馆建设的方向。目前展出的每一件产品都有相关的文献记载，包括对设计师的采访和使用者的口述，还有很多影像资料，对我们来说，这是很好的研究基础，对其他研究者也是同样重要。当你摸着产品时，感受会完全不一样。这是学术方面的价值，我们也有很多专家教授在呼吁，但是在条件不太具备的情况下，这只是一个愿望，没有很好的实现路径。

博物馆创建之初已经考虑到设计的科普教育功能，开辟了专门的设计 DIY 区域，专门招聘了具有小学教学经验的老师来从事科普教育讲解和活动辅导。

《设计》：中国工业设计博物馆如何挑选和收集藏品？在策展方面您是如何考虑和规划的？如何同时满足设计专业教育和设计公共教育两个层次的需求？

沈榆：历史的最大意义莫过于解读现在与创造未来，中国工业设计博物馆作为国内唯一完整记录中国当代工业设计发展史、国内首家以工业设计为主题的博物馆，旨在收藏 1949 年以来各个时期批量生产的工业产品，展示工业设计的“昨天、今天和明天”，收集与之相关的文献，目前展出的产品以及老设计师回忆稿件，从不同角度展示了中国工业设计的特征及发展脉络，为公众提供一个全方位认知的互动渠道，同时也是一个为国内外工业设计师及企业搭建产品展示与交流的互动平台。博物馆的展示内容分为四大部分。

中国古代造物智慧

第一部分：“中国古代的造物智慧”，展示中国传统机械的代表性经典产品，并以深入浅出的图表介绍了中国造物的巨匠之作《考工记》。

第二部分：“中国近代工业的崛起”，介绍了中国早期工业化的历程以及中国民族品牌产品设计的特色。

第三部分：“新中国的工业设计实践”，含装备产品设计、电子整机产品设计、交通工具设计、钟表设计、照相放映器材设计、轻工业产品设计几大版块，其中有镇馆之宝红旗牌 CA770 型轿车、上海牌 760A 型轿车，还有和平牌、东方红牌、上海牌 A-581 型手表、华生牌全系列产品、第一代黑白电视机、熊猫牌收音机、红灯牌收音机、58-II 型照相机等 100 余件珍贵藏品，同时收录展示了产品设计的轶事。

第四部分：“高速发展的中国工业设计”，以“设计与市场”“设计与品牌”“设计与工艺”“设计与专利”“设计与文化”“设计与生活”为线索，配以案例，向参观者展示工业设计的真实作用，提升民众对工业设计的认知度。

除了常设展区以外，博物馆还设有临时展区，通过国际合作引进各种专题展。特别设立了体验区，主要是满足中小学生科普和家庭亲子活动的需要，引进具有小学教学经验的辅导员加入运营团队，平均每年接待 4 万名左右的观众。

《设计》：中国的工业设计发展比较晚，历史也相对比较短，早期似乎一直是在向西方看齐、向西方学习，在中国工业设计史论的文献研究方面也比较薄弱，您主要做了哪些工作？有哪些体会？

沈榆：从文献研究成果来看，其研究是沿着两个维度来展开的。其一是“谱系”的维度，试图将各行业设计的现象、成果编制成谱系，从中发现影响其发展的原因，这种谱系整理费时费力，但却是发现问题的突破口，这种研究方法显然是受到了年鉴学派研究方法的启发。所有成果记载在《工业设计中国之路》九卷丛书中，分别是概论卷、交通工具卷、电子与信息产品卷、轻工（一）卷、轻工（二）卷、轻工（三）卷、轻工（四）卷、重工业装备卷、理论探索卷。该丛书获得国家出版基金资助，由大连理工大学出版社出版。该书在研究团队内被称为“大谱系”，研究者们关注互相关系，但竭力避免写成中国产品的“点名簿”，具体分为“历史背景”“经典设计”“工艺技术”“品牌记忆”“系列设计”等版块详细叙述。其中最有趣的是谱系图的整理。

文献研究的第二个维度是以“设计观念”为主导的中国设计的群体共同价值认同及差异，这部分内容记载在《中国现代设计观念史》一书中，该书获得上海文化发展基金资助，由上海人民美术出版社出版。其中关于“事理学”占据了完整的一节。中国设计事业正处于一个大发展的前夜，无论是设计理论界还是设计教育界都需要对过去多年的发展进行总结、反思乃至批判，“事理学”为建立具有中国特色的设计理论和设计研究方法提供了思考方法。

每一个时代的设计思考都可以还原成当时的设计思考，而且必须还原。但是中国每一阶段引进的国际设计思想都是本着“立刻改造中国设计”的想法，这是由设计师自身的知识背景决定的，而他们一般对思想问题的“溯源”能力有局限。工业设计在 20 世纪 80 年代开始被赋予了提升经济实力的责任，对日本工业设计发展的认识简单地定义为掌握了设计这一件“秘密”武器，因此对其知识体系或知识群落总会忽略其组成要素的研究，尤其是于“无用”的人文与社会知识不能花时间去研究。因此近年来偏向科学、技术的设计知识比较容易被认可，甚至被认为是一种绝对真理。

《中国现代设计观念史》一书中涉及上述“溯源”的大约有如下内容：20 世纪 20 年代，逻辑实证主义创导科学的“同一性”，继而又发展到自然科学与社会科学的“同一性”，因此包豪斯以几何形态为要素的造型意识形成也势在必行。相同时代音乐领域“十二音作曲系列”的诞生，无调性、循规律作曲成为时代的主流，与包豪斯一样深刻地影响了现代音乐发展的走向。始于 20 世纪 40 年代哲学的符号转向同样深刻地影响到设计，本书中叙述的 1993 年在江南大学（原无锡轻工业学院）展开的设计语义教学实质是这种反映，这种思想始于欧洲转道美国，再由当年留学日本的老师传到中国。

历经第三次科技革命洗礼，特别是互联网时代的到来，当代设计的复杂性已经被认知，书中引用了法国哲学家埃德加·罗兰的论述来表达设计复杂性的思考。特别是关于“理论如何不沦落为技术”的观点，对中国设计的研究具有警示作用。

虽然从绝对抽象的高度来看，无论是手工技术时代的设计，还是工业大生产时代的设计，两者的内涵可以认为是高度一致的，但只要将其发展放到经济、技术、社会发展的背景中考察，工业大生产时代以后的“设计”则无疑是一种舶来品，其理论也是靠学者的引进，考察这些学者的首著，都具有强烈的当时的哲学思考痕迹。随着时光的流逝，情况就不那么乐观了，我认为这个问题的症结并不完全在于各种思想的引进者，而在于后来者的“不作为”。当后来者将前辈的理论作为终极真理的时候，他能够做的只是阐述其合理性，却不明白一个理论的建立要经历四个阶段，即“创立、补充、转换、澄清”，这四个阶段需要前赴后继去完成，而不是靠循环论证来实现。

认真研究柳冠中教授的“事理学”理论，其中充满了德国保守主义思想特征，这种思想与自由主义、社会主义思想一道成为人类三大主流思想，不仅深刻影响了德国的技术、设计观，同时对弥补德国民族自身思想启蒙不足的缺陷、促进经济发展、对形成“市场竞争、政

轻工产品展示区

府调控、保障机制”的国家发展特征产生了重大的作用。张福昌教授给我们带来的是扎根于日本精英阶层的设计思想体系，只有认真研究过秉承知行合一、实践为本价值观的日本武士阶层在明治维新中发挥的作用及其被废除后融入日本社会，所形成的社会结构的特征之后才能理解日本设计的思想特色，看似只有操作性的知识背后隐藏着诸多的、不同于西方社会的思想智慧。所有这一切都不能用若干简单的词加以概括成为简单的标签，并要求中国人向他们学习。

作为个人来讲，特别注意以“叙事”的方式表达观点，对问题的猜想可以用叙事的方法来进行反驳、证明，从中发现新的知识点。当我们用理论的方法去研究实践的时候，微观的叙事变得十分重要，高度抽象的理论虽然能够放之四海而皆准，却也因此失去了应用的可能和魅力。汤因比在《历史研究》中考察了世界25个民族文明发展的历程，其中任何重要的结论都与其叙事紧密相关，由此改变了历史是线性发展的结论。当代各个领域的史学著作大致都呈现出这种面貌，这是因为我们没有赶上历史学宏大叙事的时代。

《设计》：面对新的发展机遇和挑战，您如何看待当代的工业设计与历史的对话？

沈榆：长期以来主、体两分的观念一直占据了优势，近代科学、设计的发展又将知识细分到很微观的领域，同时人们对技术定量分析的信赖更加助长了这种主、体两分的状态，以至于将历史也作为可以“客观认知”的对象，但设计本身与人的生活形态相关，设计史研究者不能沉浸其中的话很难有新的发现，所以“认知”设计史也是一个伪命题，只在与历史的不断对话中才能发现新的知识，才能使中国设计史的研究具有学术价值。

基于上述前提，关于中国工业设计史的研究需要强调原创性，对于中国工业设计的发展既不能简单地全部否定，也不能简单地重新叙述一遍，要注重新的史料的发现，从而去传递一些真相，并且将之作为研究的长期使命。就中国设计史研究而言，新史料发现的一个重要工作首先是将搜索目光从一些“精英设计师”转向“一般设计师”，从前者的“理论成果”转向后者的“实践成果”。其次，进行有说服力的论证的确是一门艺术，也是需要花费巨大的精力的。论证中应该明确自己的“问题意识”，选取对表述其观点的有利史料加以连接，编制成为具有谱系特征的“史料链”，对与自己观点相左的史料也应该加以说明。总之，要辐射到更多的学术背景，这样才能保证“贴标签”式的研究成果的产生。所以我一直提倡与历史的“对话”，而不仅是“认知”。

《设计》：跨界是设计发展的大趋势，您如何看待工业设计的跨界？华东师范大学在教学中是否有跨界的实践？

沈榆：工业设计是一个很广义的概念，也是随着历史的发展以及文化的发展而逐渐形成的一种概念，所以跨界是一种“文化的跨界”，而不仅是设计领域的跨界。工业设计与文化的发展是统一的，我们面对一个设计的时代，大到城市环境，小到身边的日常生活用品，从无到有都始于设计，设计的事物比比皆是。工业设计伴随着科学技术和人类文明的不断发展，被广泛应用于社会的各个方面，已成为现代物质文明与精神文明生活之必需。首先，工业设计不但丰富了历史文化遗产，更缔造了当代社会的物质文明。工业设计是精神文明和物质文明的一座桥梁，推动了当代社会的进步与发展。广义的“设计”实际上已是整个社会文化的创造问题，正因为设计有如此大的创造力和推动力，才日益成为现代社会生活不可或缺的一部分，扮演着越来越重要的角色。其次，设计作为人类通过物质形式达到精神享受的一种途径，和文化有着紧密的联系。在某种程度上说，设计也是体现文化特性的一种形式。文化对设计内容有着决定性的影响。文化（知识形态）是设计内容的直接来源，不同文化知识形态客观上限制着对设计内容的选择，正是因为各个国家历史、地理、人文文化的不同，决定了各个国家设计风格的迥异。

华东师范大学设计学院除了在日常教学中强调创新意识以外，通过国际间的交流与合作为学生的跨界设计创造条件，同时基于大学文、史、哲以及教育学的特色学科优势开展设计实践和研究工作。近几年来学生设计在国际、国内的各类竞赛中脱颖而出，取得了比较好的成绩。新近成立的“中国近现代设计文献研究中心”是学院面向未来发展的战略布局，目的是使得我们的教学活动和设计实践更加具有“文化比较”的意识和可能，为实现设计的跨界提供更加扎实的基础。上述《工业设计中国之路》九卷丛书等是近期的一些成果，未来还将不断有新的成果面世。

《设计》：请您跟《设计》的读者分享一两件您目前正在关注的工业设计领域的事件。

沈榆：2018 年 10 月在深圳蛇口文化中心开幕的“设计的价值”展览是伦敦维多利亚与艾尔伯特博物馆（缩写为 V&A）主导的成果，探讨了设计与价值两者之间的关系以及设计在日常生活中的角色。展览精选了 250 件来自 V&A 的代表性永久馆藏，作品来自 31 个国家，创作时序自公元 900 年延伸至当代，跨越了时尚、摄影、家具、戏剧以及表演等多个领域，从空间、时间和类别等多角度建立和评估价值观与设计实践的内在关联性，回溯了设计作为效能、成本或创新等广义价值的载体所经过的历程。展览内容由七大部分组成，每一个部分下辖若干关键话题讨论，另设一个视频，互相穿插介绍中英两国青年设计师的风貌。详细如下：

第一部分　性能：效率、灵活性、美化人体、优化、一物多用、小巧化。

第二部分　解决问题：稀缺性、健康与卫生、人之所能、供应链。

第三部分　材料：重新发现及各种工艺。

第四部分　身份：商标与品牌、脱颖而出、典故与引用、集体身份。

第五部分　沟通：使用说明、传达信息。

第六部分　成本：便于流通的设计、正品与仿品。

第七部分　奇观：艺术家的手笔、高贵的祭品、巧夺天工的手艺、戏剧感、微缩世界、财富的象征、不可能之事。

这个展览与我们国内策展人的思路大不相同，它着眼于“设计对于社会的推动作用，设计承载着多元流动的角色和目的”这一主线展开，没有止于对每一个展品具体的介绍，也没有空洞地解释设计概念，而是兼顾了展品叙事与观众情绪互动这两个方面，深入浅出地说明了设计的价值，其中足见策展人广博的社会学知识和对设计史的深入研究。

王受之

1946年生人，美籍华人，设计理论和设计史专家，中国现代设计和现代设计教育的重要奠基人之一。1987年作为富布赖特研究学者，在宾夕法尼亚州立大学切斯特学院和威斯康星大学麦迪逊分校从事设计理论研究和教学。现为上海科技大学创意与艺术学院副院长，兼任澳门科技大学人文艺术学院设计学博士生导师，担任美国洛杉矶帕萨迪纳艺术中心设计学院理论系终身教授、美国南加州建筑学院教授、广东省汕头大学长江艺术与设计学院院长、加拿大楷硕（CAS）建筑设计有限公司总顾问多年。光华龙腾奖中国设计贡献奖金质奖章获得者。

设计的本质还是发现问题解决问题

王受之

设计理论家、光华龙腾奖中国设计贡献奖金质奖章获得者王受之教授是现代设计和现代设计教育的重要奠基人之一，担任美国洛杉矶帕萨迪纳艺术中心设计学院理论系终身教授、美国南加州建筑学院教授、中国汕头大学长江艺术与设计学院院长。

与王受之教授的对谈让人受益匪浅，话题从中国设计 40 年到包豪斯在中国，从“设计驱动”到中国设计教育，王教授基于他丰富的教学和工作经验，深入浅出地与读者分享了他的人生经历和个人见解，其间还谈到了中国设计教育一些亟待解决的问题。

《设计》：改革开放以来，中国设计取得了长足的发展。请您从自己的专业角度出发，谈一谈给您留下深刻印象的几个时间节点和事件。

王受之：改革开放以来，设计行业发展的重要事件和时间节点，对每个设计从业者来说都不一样。我 1982 年参加工作，首先在广州美术学院筹建工业设计专业；1984 年，柳冠中老师在中央工艺美术学院成立了工业设计专业；1989 年有“断裂”，那时很多相关工作都停止了；1992 年之后，全国的设计行业迎来了“井喷”，以上都是重要的时间节点。从我的专业角度来看，第一个节点应该是 20 世纪 80 年代上半期，那时现代设计才真正被提出来。轻工业部下属的工业设计协会于 1979 年建立，可以说那时已经开始有人注意到了工业设计的重要性。我参加工业设计工作之后，开始全力以赴地在全国宣传工业设计和现代设计。所以，1982 年对我来说是一个节点。

此外，1984 年至 1986 年之间发生了几个重要事件：一是广州美术学院首次成立了具有商业行为的设计公司；二是有部分学生在读书时成立了设计公司，其中最典型的就是白马广告公司。这几件事引起了很大争议。广州美术学院大张旗鼓地用学院成立的公司这一方式去推动设计发展，但在其他院校基本上就变成了教师的公司，这项工作由教师自己在外面注册公司来做，这可能对我们的设计是一个很大的冲击。对我来说，另外一个很重要的节点就是我的“现代设计史”的相继出版。第一本是 1985 年上海人民美术出版社出的《世界工业设计史略》，那本书的印量不大，在国内的影响不大。第二本是 20 世纪 90 年代初，一个出版人把那本书拿到广东的新世纪出版社来出版，书名就是《世界现代设计史》，也就是现在市面流行的那本《世界设计史》的早期的样本。这本书对中国现代设计的发展产生了很大的触动。再下一步，大概 2000 年以后，中国青年出版社出齐了我的“王受之设计史论丛书”，共有五本。

当然还有很多具体的事件，一个大时代的大事件，像很多协会的成立、很多公司的成立以及一些重大的会议。如 1992 年广州美术学院的设计学成果展，使用了中国美术馆的全部展厅。对国内的院校教学产生较大的冲击，这些都是大事件，但对我个人可能影响并不大。如果是对整个设计专业来说，设计取得长足发展，就有很多技术方面的原因，还有事件方面的原因，像奥运会、亚运会、全运会等这些都是有影响的大事件。还有一些技术的发展造成对设计的重大冲击，比如高铁的开通、中国民航的发展、机场的建造等。

《设计》：从“中国智造”理念被提出以来，对设计价值的认知得到空前的提升，“设计驱动”成了常见的提法，请谈一谈您所感受到的变化。

王受之：这个变化事实上在西方已经流行了大概 20 年，然后又在中国本土化。美国大概是从 20 世纪 90 年代开始走上这条用智慧而非密集型的制造之路，用智慧、人工智能、数码技术来改造设计。中国迟了一段时间，到了 2018 年前后提出这个概念，也就是说，中国在前面所经历的道路都是“中国制造”。现在这个概念变成了一个国家政策，得到大力推动。中国在过去 40 年的改革开放里出现了

沈阳市泰山路人行天桥设计　设计者：陈默

一些高科技产业，特别是跟网络有关的产业，腾讯、网易，都变得非常庞大，还有通讯产业，像华为、中兴，还有各种各样的手机。我们对设计价值的认知得到空前的提升，事实上这个观念不是中国创造的，只是中国现在意识到了。所以“设计驱动”应该说不是一个新的概念，因为很多国家早就用设计在驱动了，我们是想快点赶上去，并且在用举国之力来推动中国智造和设计驱动，也有一种很明显的弯道超车的动机。现在看很多都是弯道超车，当然如果这个弯道超过了人家，再到直道上奔的话，我们需要有砥砺，因为你的“车”得好。那么至于怎么能够经过这个阶段，恐怕还得有一段时间。如果真是变成要用设计驱动整个中国的经济发展，恐怕还需要一段时间，而在这个时间里面需要清理得比较清楚的是智慧产权的保护和法规。技术上对中国人来说不是问题，能够尊重智慧和产权我们才能走得远，所以，中国智造的主要方面是智慧，另外一个就是法规和伦理的建设。最近出现的人类基因编辑婴儿的事件足以说明，如果只重视中国智造，用智力来创造，却没有伦理的基础，又没有国内法规的基础，中国智造可能会走到一个弯路甚至邪路上去。

《设计》：近年来，越来越多的设计人开始在企业中担任要职，高至总裁的亦有之，您如何看待这种趋势？这种新的位置要求设计人具有怎样的素质？

王受之：他们当上了领导以后，自然就会塑造相匹配的素质，我们不要对他们要求太多。我不过是希望设计人本身懂设计，人文素质会比较好，文史哲方面有很好的背景，并且有很好的修养。相比单纯的技术人员来说，设计人员可能有更多的人文内涵，对企业是良性的。但是这个作用到底有多大，我也不知道，因为我看到很多大的企业的领导都还是以技术人员为主，希望有更多的设计人员能够当主管。

《设计》：2019 年将是包豪斯百年纪念，请谈谈包豪斯对中国设计的影响。

王受之：20 世纪 30、40 年代，受到包豪斯影响的人，主要是在美国留学的。另外一个，就是在包豪斯的影响下，整个德国和整个欧洲在不同的城市都已经有了类似包豪斯的设计，并不是运动，而是设计的探索。那个时代有一批到欧洲学建筑的人，他们回国带来了类似的东西，也就是现代建筑。这一派在广州是比较多的，因为广东有一批人留学德国，纳粹上台前后，他们在德国学习，他们留学的学校，都不是包豪斯，如海德堡大学，但是由于那种现代设计是一种风气，所以他们把在德国的其他大学受到的现代建筑的影响带回了中国，是有这样一批人存在的。我经常说有一个“岭南派”，但是学界不承认，我希望对这方面的研究应该深一点，比如包豪斯的直接影响和包豪斯时期现代设计思想的影响，这个应该是打包谈的。我们现在都在谈上海的邬达克，他本身没有去过包豪斯，但是他感悟到现代设计的思潮，当然他更多的是 AreDeco 风格，装饰艺术运动的风潮。当时他以一个匈牙利籍斯洛伐克人的身份，在第一次世界大战期间被俘，然后从俄国逃脱，跑到了上海，在上海做建筑的时候，做了相当多的新古典主义，也做了 AreDeco 风格，最后也做了一两栋纯粹现代的、可以说是包豪斯对他远程影响的建筑。我们说包豪斯对中国的影响恐怕就是这么几条。

诺帝玛手工水槽　设计者：佛山市诺帝玛厨卫有限公司

《设计》：中国设计一直不断接受着来自东西方设计势力的影响，也在接受着它们价值体系的评判，您认为中国应该如何发展自己的设计体系？

王受之：中国的设计其实包含了传统的手工艺、传统的设计和中国的现代设计。那么如果说中国的设计一直不断地接受着东西方设计势力的影响，我估计这是在说中国现代设计。因为中国传统设计，不但不太接受来自东西方的影响，反而更多的是会去影响东西方的设计。中国的设计在接受东西方的影响的时候，也在接受它们的价值体系的评判。这等于说现代设计是一个依附于现代批量化生产的工业体系，现在又再受到新的信息、数字体系的影响，那么凡是做这个体系的地方都是西方，东方不多，日本没有建造多少，主要是西方，所以微软的界面、苹果的界面，都是它们的一部分标准。当然大家在接受它们的时候，自然就会介绍到它们对于设计的一些标准，比方说用户为中心的概念，设计伦理的概念。比方说有很多界面在设计的时候，你不会接受到那些他们认为对社会有害的链接，在广告的涌出方面也非常有限，不是当你一打开手机界面，广告就肆无忌惮地不断跳出来给你红包，这些都是一些西方的价值体系。

中国在这个过程里面兼收并蓄，吸收了很多西方的这种东西，也包括它们在设计价值、设计伦理上的评判。近年来，中国为了形成自己的设计体系，在大规模地弱化西方体系的影响，产生了很多自己的东西。比方说图标、界面的活跃性、界面的娱乐性、大量的链接广告、植入式广告等，数量比任何一个国家都多，我估计只有印度能够跟中国并驾齐驱。这就是自己的设计体系，很实用，整个市场针对的客户主要是年轻的人群。

所以可以说从百度开始，中国所有的这种现代设计我们都看不到西方的一种倡导，就是那种比较严肃、比较学术、比较沉稳的东西。也就是说我们连一个维基百科这样的界面都没有。这个也是中国现在的情况，你不能说它错，就是受到了这么大的影响，并且进行了修改。

中国近年来经济发展，民族的情绪越来越重，大家对自己更加自信，所以在这方面受到东西方势力的影响会越来越少，并且中国会越来越以自我为中心，这是一个发展的趋势。这个趋势从中国近年来世界博览会做的中国馆、中国现在各种各样的产品外形，特别是交互产品的界面设计中都能够看出来，西方式的越来越少或者日本式的越来越少，越来越多是自己创造的，里面虽然还有别人构造的一个朦胧的影子，但自己的东西越来越多。我想这是一个大方向，这个方向在受到国内民族自强情绪高涨的影响下，我估计会越来越强势。

再过 10 年、20 年，如果目前这个风潮没有变，我认为中国的这种以自己的价值体系、实用主义、民族自强为中心的设计体系就一定能确立。

《设计》：基于您在国外多年的教学经验，您认为中国设计教育有哪些亟待解决的问题，也请您给出相应的建议。

王受之：其实就是一个问题：我们只有一个设计体系，并且这个体系已经固化。全中国一千个设计院校，用的是同一个体系，从四年本科到研究生，课程的讲法、课程的量、课程的类型都差不多。如果说有些学校比较好，那是因为老师比较好，否则的话就是会固化。

我的建议就是要有不同的体系。设计本身就是个多元化的东西，用同质化的设计教育，你怎么能教出多元化的学生。

《设计》：随着科学技术的发展，设计越来越需要跨学科的协作，您的学校在教学实践方面是怎么做的？

王受之：这个事情也不容易，受到教育模式的限制，要想搞跨学科研究是比较难的。当然也有些学校现在搞跨学科，但是并不清楚跨什么学科，所以往往用一种笼统的名字，比方说“新媒体”，就把一些学科套在里面，“动漫画”也把一些学科套在里面。那么真正是哪些学科它可以跨，哪些学科它不需要跨，我没有想清楚，在我的学校里还不是太多地做跨学科。有一些学科它原来跨了，但是它是多余的，我倒是砍掉了几个，就是说我宁愿做减法也不做加法，这是目前我能做到的。将来我要再有机会办学，我恐怕也就办一两个专业，越少越好。而这些专业其实是跨学科的。

《设计》：新技术、新材料、新工具不断涌现，工业产品设计的方法发生了哪些变化和革新？教学方法是否也随时有所改变？

王受之：新材料现在越来越多，新技术也变得非常快。在这种情况下，我们人类也创造了很多新的工具和新的软件来做产品设计。工业产品设计的方法当然产生了变化，就是用户在其中的主导地位更多了，那么在将来如果这些技术成立的话，很多产品就可以按照用户的意志来做。并不排除未来有这样一种可能，只要有一套很好的软件和3D 打印系统，顾客就可以对自己的人体进行测量，然后生产出自己的产品。也就是说工业产品面临一个很大的革新。另外一个变化就是单纯的造型设计已经满足不了现在客户的要求，所以会产生一个新的方向，也就是交互和工业产品会有融合的可能性。教学方法当然要改变了，怎么改变？在我们目前的教学模式里面改变非常困难，改变都是形式的改变，不是核心的改变，所以对这个问题我不乐观。

《设计》：您曾有个演讲题为“我们的设计出了什么问题”。在您看来，问题出在哪里？何为解决之道？

王受之：问题出在我们的同质化、单一化的教学。这个体制是全国一样的，如果设计教育不采用多元化的方式的话，这个问题就解决不了。在中国怎么解决呢？最好的办法就是有部分人出国留学，回来以后再参加工作，这便是多元化。当然如果未来，教育有一部分可以开放给国外比较好的设计学院，沿用它们的体系，或者给一些具有理想的人来尝试办私人设计教育，这样就会变成多元化。全世界的设计学院大概都是这么做的，只有我们是用同一种体系教 40 万的学生。

《设计》：您曾说过，在全球化、网络化、数字化发展迅猛的当下，大众对设计的认知水准反而逐渐降低，设计变成商业噱头，变成增加产品附加值的一种时尚手段，设计师和设计理论家变成时尚的推手。那么，在您看来，设计的本质是什么？设计师如何才能保持“初心”？

王受之：设计很简单，它的本质就是发现问题和解决问题，其他的都是没用的。所谓问题有各种各样，有需求的问题，有审美的问题，有时尚的问题，有自身认知的问题，有尊贵的问题，有社会地位的标志的问题，我们的设计师首先需要有发现问题的能力。

第二个就是解决这些问题的方法，这就是设计的初心，也就是发现问题、解决问题。那么变成时尚的推手或者变成什么商业噱头，都是商业在利用设计，这并不是设计的问题，只要你的设计是真正解决问题，这个好作品怎么用也就无所谓了。所以噱头不是设计师的事情，噱头是商业推广的事情。设计的本质还是发现问题和解决问题。

《设计》：您对正在通过设计创业以及从事设计工作的年轻人有怎样的建议和期许？

王受之：第一，大家要想办法多看、多体验。如果能够在几个不同的比较大的企业工作的话，我觉得是一条能够在短期内吸收很广泛的先进设计知识和经验的捷径。

第二，要增加自己的人文知识。不要只管设计，要了解各种文化，历史、文学、电影、戏曲、音乐。相比之下，我们的设计师是我所见过的整个世界的设计师里人文知识较为薄弱的群体。因为我们把设计完全当作美术，在院校里人文的教育不够丰富，甚至连应该学的现代设计史或者现代艺术史也没有好好地学，只是背书而已。没有人文底蕴的设计师是空洞的。如果你不需要文明，你只需要设计的技术的话，你大可以到技术学校去，何必读大学呢。

《设计》：您最近正在关注或研究哪些领域的问题？可以和《设计》杂志的读者分享 1—2 个吗？

王受之：我的《世界现代建筑史》已经出版了，现在在全力以赴地赶《世界室内设计史》。如果可能的话，我会把景观设计也打包放在里面。如果有足够精力的话，还准备续著一本《世界景观设计史》。能够完成这两本书，这是第一件事情。第二件事情是，我希望在未来的几年之内，能做“世界娱乐设计”或者“现代娱乐设计”的历史。我在美国一直在教授娱乐设计这个课程，已经有十几年了，我希望在国内能够不是单从动漫画或者电影、游戏这么窄的角度来看，而是从娱乐方面来思考它对于人的行为的影响。

许平

1953 年生于江苏南通，艺术学博士。南京艺术学院毕业获硕士学位，留校任教，南京艺术学院获博士学位。在日本爱知县立艺术大学研修。先后受聘为南京艺术学院设计艺术系史论教研室主任，系主任，设计学院院长。后调入中央美术学院，任设计学院副院长，教授，博士生导师。兼任中央美术学院奥林匹克艺术研究中心副主任，中央美术学院设计文化与政策研究所所长，中国美术家协会工业设计艺术委员会副主任，中国工业设计协会常务理事，中国民间工艺专业委员会副主任委员，第九、第十届全国美展艺术设计展评审委员，第五届中国工艺美术大师评审委员，日本千叶大学工学部高级访问学者等。

设计师要站在先进生产力的最前端

许平

经过改革开放40多年的发展，“设计”在中国从“潜学”变成了“显学”。尤其在2008年奥运会之后，“设计”从一个不为人知的学科变成了受到广泛关注的学科。历史机遇给“设计”同时带来了机遇与挑战，这个时代也成了对设计来说“最好的时代”和“最坏的时代”。中央美术学院许平教授在此次访谈中深度剖析了如何“保持中国工业设计先进性”。

《设计》：改革开放以来，中国设计取得了长足的发展。请您从自己的专业角度出发，谈一谈给您留下深刻印象的几个时间节点和事件。

许平：这段历史当中，“设计”最大的变化就是从“潜学”变成了“显学”，从一个不为人知的学科变成了一个受到广泛关注的、被寄予厚望的学科。

在我看来重要的历史节点是2008年奥运会。意义之所以重要，还不仅仅是参与奥运元素、形象、景观、福娃等产品的设计，更重要的是大大提高了全社会对设计的认知程度。2008年奥运会对中国人来说是民族觉醒的一个见证，民众对它的关注度极高，他们关注的已经不是奥运比赛本身和金牌的问题，而是要把这次奥运会做漂亮的一件全民族的大事。所以这里面的文化影响力、形象影响力、设计影响力的关注自然就形成了，并达到了空前的水准。奥运会结束后，来自全国各地的关于谈“奥运与设计”的媒体邀约也是激增。

虽然从专业角度对奥运会相关设计的批评也不少，但是从设计与社会的关系来讲，奥运会是一个不可忽略的节点，它扭转了设计生态。

否则仅凭几个院校老师去奔走呐喊“要重视设计”，是不能做到这个地步的。

从前中国的工业化程度还比较低，整个经济建设的水准还处在一个从农业向小手工业、小手工业向现代工业转变的过程中，设计在当中能起到的作用是很有限的，只能在一些民生产品上发挥作用。现在不一样了，几十年下来，国家的工业、国防、科研都走在世界的前列，在各行各业整体系统的搭建过程中，设计都没有缺席。

现在是设计发展最好的时代，也是最坏的时代。“最好的”一面是它的希望，“最坏的”则是它所面临的挑战。正因为有来自方方面面的关注，所以“真的设计”“假的设计”“好的设计”“坏的设计”都集中出现了，所以这也是一个情况复杂的时代。我们需要关注设计的发展，研究设计的问题，深化设计的学术，探寻设计的目标。

《设计》：从“中国智造”理念被提出以来，对设计价值的认知得到空前的提升，“创新驱动”成了常见的提法，您认为设计师应该如何有所作为？

许平：设计可以做很多事情，如果真正要做“创新驱动”的事情，设计师需要站在先进生产力的最前沿。今天这个时代，最先进的生产力很大一部分是和高新科技相结合的。所以现在提倡的是“创新科技和设计智慧的深度融合”。几年前，时任中国工程院常务副院长的潘云鹤曾提出“信息产业和工业设计的深度融合”，但是很遗憾工业设计界并没有关注到并及时跟进。所以，近几年来，中国工业设计在场和不在场的问题非常突出，一种貌似我们都在，但其实都没有真正深入下去、没有切实有力的动作、没能抓住机遇。

“创新驱动”当中的创新科技涉及很多对生产设备、生产工具、生产手段进行颠覆性的重大突破的可能性，而设计界能不能站到这个位置上？我们总认为设计本身就是创新驱动的代表，但仔细想想，设计师手中还有几张牌？如果你不和代表最新生产力、最新科技能力的技术相结合，光靠自身能力，你的设计能力、创意能力、践行能力是没有载体的，无法落实。设计是一种创造性的思维，它是不受任何限制的，而同时又是没有确定性的。设计本身是做不成什么事情的，它

许平教授主编及独著的图书

必须和一定的平台、应用领域在一定条件下相结合。所以，可以用“设计+”来表述，设计+交通工具=高铁，设计+家用电器=家用电器设计，设计+军工=国防装备设计。设计本身是没有具体的应用、具体的转化的必然性的。所以，设计如果不能选择最强有力的、最具有战略性的先进科技进行结合，设计所能做的事情就很有限，就不能作为先进生产力的代表，不符合这个时代对设计的要求。中国这么大的一个经济实体，这么大的一个教育规模的情况下，设计如果不能在方方面面把自己的创新能量释放出来，国家是没有必要投入如此大的精力在设计这个领域的。所以说，这是设计最好的时代（它的各种可能性），也是最差的时代（它所面临的挑战性）。如果设计本身意识不到这些挑战的存在，不主动做出思考和选择，那么我们会辜负这个时代的。

《设计》：您曾著文探讨“保持中国工业设计的先进性”，请您阐述一下设计如何才能代表先进的生产力？

许平：这个伟大新时代，无论是设计创业或是设计创新，对设计师的要求只有一点，就是以是否真正代表“先进生产力”、是否真正

许平教授参加学术研讨会

体现“先进性设计”作为判断其专业合法性的唯一标准。这就意味着，无论是“设计创业”或是“设计创新”，其本身并不是标签，真正的标准是看设计或创新是否真正体现时代的主题、社会的需要、人们的选择与领先的节奏，不是坐井观天的创新，不是浅尝辄止的创新，不是自我标榜的创新，更不是投机取巧、招摇过市的创新。

对于时代变化的敏感性和锐意变革的果敢性，是衡量设计创造力能否站在时代最前列的基本要求，也是设计能否真正赢得市场空间的首要前提。当我们还在做着我们很擅长的设计，并且还觉得做得很不错的时候，它可能已经不是最先进的设计了。如果不是最先进的，那它的合法性就会受到挑战。在历史上，设计这个职业之所以引人注目、受到高度关注，是因为它代表着一种一般人看不到的隐形的带动经济、带动国民成长的积极贡献，代表一种新的趋势。

回顾中国百年工商发展或设计史，有两本“黄页电话”的故事很有某种象征性。20 世纪初，刚刚步入现代商品市场的上海滩上，第一本由中国人自己编印的“黄页号码”出自一个初出江湖的小广告公司老板。这个在当时的人们看来既挣不到钱也无钱可挣的行当里，这位敢于第一个吃螃蟹的小老板挨家挨户打电话求取企业信息，免费给老板们做企业广告，结果印成第一本提供上海工商市场信息的黄页电话本，从此一炮打响，挣到上海滩第一桶金，不仅站稳了广告公司的脚跟，而且成为中国历史上第一个市场信息产品。这位首吃螃蟹者就是后来中国著名的政治出版物设计专家、成功设计了1956年版《毛泽东选集》和《红旗》杂志等一系列重要书刊文献封面的国家新闻出版署平面设计师张慈忠先生。

21世纪初，在网络时代大幕刚刚开启而网络经济与网络信息之风还未真正强劲兴起之际，同样也是一本网络版的中国企业“黄页电话”横空出世，为一个刚刚起步的信息服务企业敲开网络经济大门，这个机构就是后来的阿里巴巴，它的创始人就是马云。两本“黄页电话”相隔一百年，却有不可思议的异曲同工之妙，都是由敢于吃螃蟹的市场实践者试水江湖创新创业而且首试即告成功。虽然背景不同、身份不同、角色不同，却都有一个共同的特征，就是代表着不同历史背景之下的最新时代要求，代表着各自时代的先进生产力，因而获得成功。

由此可见，能否代表先进生产力、能否体现进步的时代要求，是设计创业价值的关键，并不在于是否具有“设计创新”或“设计师品牌”的标签，也不完全取决于是否掌握资金、科技、人脉、市场优势。对创新的实践者来说，有这些条件固然是好事，但更重要的还是对生产力发展的趋势是否具备足够敏锐的感受与准确的判断，是否真正站在生产力发展和时代变革的最前沿。有这种敏锐与胆魄，没有条件可以创造条件、集合条件，促进可能性向可行性转变。

《设计》：近年来，中国设计和中国设计教育的发展都十分迅猛。请问在这种形势下，哪些问题值得我们持续关注？

许平：目前中国没有一所真正的设计学院，有美术学院、工艺美术学院，就是没有设计学院。这是全世界最奇特的，没有设计学院的最大的设计教育群。我们有1928所院校开办了设计专业，我们的统计包括工科的、文科的、建筑学的、艺术类的里面的设计专业。这很像以前热门的财会和国际贸易专业，现在它们都不如设计热门，但这

作者参观首届亚洲设计工作坊汇报展览

也意味着，设计的命运也会像它们一样，在度过最高峰以后，开始下滑，现在已经开始了。近几年有 40 多所院校提出要取消设计专业。截至撰稿前，提出取消的 43 个专业，分三大类，包括工业设计、产品设计和服饰工程专业。新增了 41 个专业，有媒体（23 所）、工艺美术（16 所）等专业。

值得关注的问题是，在这 1928 所院校中，有约 600 所开设了工业设计专业。这 1928 所院校中，共有 8800 多个专业，排在第一位的是环境艺术（1400 多所），第二是视觉传达艺术（900 多所），工业设计排第三。

所有这些数字说明，中国设计教育发展的规模已经是世界最大，而且全世界设计院校的规模加起来都抵不上中国的三分之一。但是问题就在于，教育的内涵是不是真能达到符合大学教育标准的设计教育。

这是其一。第二个问题是已经出现的动态调整。基于教育部出台的相关政策，已经有 40 多个设计专业被调整掉了。这其实反映的是一种社会心态，前几年对设计的关注度高，设计也全是在很多方面做出了积极的贡献，但是真的把它细化到每个学校的时候，每个学校培养出来的设计毕业生是否都能被社会所接受和认可，真正为社会创造新的智慧和财富？社会在用报名人数、就业数字来投票，难看的数字说明社会已经产生了质疑："你真的有你吹得那么神吗？"

从我们十几年的统计数字曲线来看，前几年每年都有 6% 的增长速度，峰值时达到 2000 多所院校，拐点出现在 2012 年、2013 年，现在的数字已经下降到 1928 所，而且下滑的趋势越来越明显、越来越稳定。一开始我们觉得可能是偶然性的下滑，现在看来是双数值的下滑（学校规模数和招生人数），招生人数从峰值的一年 57 万多人，现在下降到 52 万多。52 万多人是个什么概念呢？美国是号称世界设计最发达的国家，每年毕业的设计毕业生是 3.8 万多人，排第二位的是韩国（3.3 万多人），第三位是日本（2.8 万多人），第四位是英国（1.6 万多人）。

下滑的数字说明社会对设计这个学科的认知已经趋于冷静。拐点出现在 2012 年、2013 年其实带有一定的必然性，我们通过多方数据的参照发现，2010 年至 2013 年之间出现了一个人口高峰，这个高峰是改革开放以后出现的第一个驼峰式的人口高峰。有趣的是，那几年间，动漫专业发展特别快，成了当时的人口容纳器，发展有些盲目，并不与社会需要相关。预计近几年上面的数字还会继续回落，但是基于中国巨大的基数，仍会领先全球。

对于设计专业教育接下来的发展，我认为重点一个是学科内涵的更新，再一个就是对学科发展的规划要加强，不能再盲目地、简单粗暴地从供需角度来做出教育决策。党的十九大会议明确提出中国特色社会主义进入新时代，这必然会促使一系列更加宏伟的社会经济发展举措，而设计创新必然要在这场战略决战中发挥更加多维多向、多个领域和多重内涵的引领与导向作用，仅仅停留在现有水平的设计基础能力，其教育内涵是无法适应这一历史要求的，应当以高等教育为主、并逐步过渡到中等教育阶段的设计课程都应逐步加强创新创业实践及理论教育，并使之系统化和制度化。

《设计》：近年来，越来越多的设计人开始在企业中担任要职，高至总裁的亦有之，您如何看待这种趋势？

许平：在一个需要设计师在其间发挥专业所长的案例中，设计团队理应全力做好设计支撑、配合服务，这完全没有问题。但这并不等于设计师永远只能作为战略配合而不能成为主导创新创业的力量。事实上当设计师真正具备一种战略决策力与创新执行力合一的思维模式时，只应比其他背景专业更具备担任创新战略制定者与指导者的力量。但回到现实的层面上、反观为什么没有更多的设计师成为创新企业的“举旗人”与“爆破手”角色时，我们可能无法回避部分设计师知识储备与市场需要不相称、设计思维与复杂系统不适应、创业精神与事业艰难不匹配的现实。这意味着我们一方面在大声疾呼“设计师创业”，但另一方面对设计商学的真正内涵、创新创业的真实境遇并无必要的教育预构、培训储备，更无针对可能的失败而有言在先的心理建设。

据我所知，目前现有的设计教育课程中，并非所有单位都有能力开设经济原理、市场政策或商业开发课程，针对市场创业实践的“创业模拟性”课程（例如中央美术学院设计学院时装专业开设的“品牌模拟”）也开设甚少，针对中长期市场及商品美学发展、针对发展受挫或商业失败的创业心理课程更是缺乏，而这些必要的创新课程都是已经国际创新创业教育经验证明是切实有效的。看到这些为设计师创新创业提供基本能力保证的专业课程的结构性缺陷的存在，就不难解释为何我国“设计师创业”远未达到应有比例。

如果说几十年来我国设计界在工业设计等领域付出的艰难努力，主要是为完善国家工业经济与服务贸易能力而奠定基础的话，今后的设计创新应当更加明确、积极、主动地成为供给侧结构性改革的关键角色和体现先进性生产力的重要力量，中国设计不应满足于仅仅以“学习”甚至“模仿”他人经验为主，必须成为具有自主创新品格的世界示范。从这个要求来说，我们必须从现在起就着眼于长远地培养一支能驾驭“设计师创新创业”战略要求的创新驱动力量，以军队“士官”制度的方式，把设计师打造成技术精湛、理念领先、实践超前的“优秀军士长”型的“精武标兵”，一个人就是一粒创新的种子，不管撒播在哪里，都能在相应的环境中展开创新实践，能完成原创的设计作

许平教授与友人合影

品，能构建有效生存的创新企业，能发展韧性成长的产业链，能征服一片健康有序的商品市场，真正成为创新驱动、创业成军的战术专家、战役支撑、战略力量。如果没有这样的战略准备，“设计师自有品牌创业”就只能是昙花一现，甚至可能是伪命题。

杨明洁

YANG DESIGN 及“羊舍”创始人，收藏家，福布斯中国最具影响力设计师。2013 年投资创办中国私人工业设计博物馆，2015 年创办生活方式品牌“羊舍”。先后就读于浙江大学与中国美术学院，获德国 WK 基金会全额奖学金赴德穆特修斯学院完成工业设计硕士，后任职于慕尼黑西门子设计总部，囊获了包括德国红点设计大奖、iF 产品设计奖、G-mark（日本优良设计大奖）、IDEA（美国工业设计优秀奖）、亚洲最具影响力设计奖及福布斯“中国最具影响力设计师”在内的近百项大奖，曾受邀赴联合国教科文组织、日本外务省、法国圣埃蒂安双年展、蓬皮杜博物馆、德国歌德学院等参展、演讲及学术交流。

设计并非只是商业的工具

杨明洁

2001 年，杨明洁留学德国，从此，他便埋下了一颗设计梦想的种子。从个人设计生涯的攀升，到 YANG DESIGN 的发展历程，背后离不开他系统的思考以及对设计环境的敏锐判断。西方完整的工业设计历程，让他清醒地认识到中国设计的困窘之境。多年来的设计实践，他一直在为中国设计贡献自己的微薄之力。

出于对设计断层、文化断层的深刻认知，杨明洁从建立 YANG DESIGN 初期，就借鉴了德国的设计体系与方法。2013 年他投资创建了国内第一家私人工业设计博物馆，将自己多年的收藏一并展现。用自己的力量填补了改革开放以前国内工业设计产品的空白。中国自清末以来，就落后于西方的工业化进程，5000 ㎡的博物馆以时间轴对比研究再现了中国工业设计的断代史。整个展馆以时间线索为序，由历史馆作为开端，一直延伸到现代馆、未来馆。百年历史的发电站工业建筑与老的工业产品交相呼应，从空间体验到视觉化的呈现，强化了不同年代、不同地区、不同族群的生活方式与审美。

自 2008 年起，YANG DESIGN 开始参与到社会创新与公益项目的设计中。中国在快速发展的过程中不断产生各种社会问题，设计师作为一群社会先锋，可以从专业的角度出发，提出合理的解决方案。在这个过程中，设计展现了新的价值。除了它的商业属性，设计可以从社会层面为世界未来的发展贡献它的专业力量。“设计能否改变社会？”是杨明洁始终考虑的一个议题。

《设计》：在西门子的经历对您现在的影响有哪些？

杨明洁：西门子设计中心是当时欧洲最大的设计公司，我去的时候大概有 100 多个设计师，首先西门子有很多自己要开发的产品，比如高速列车、医疗设备、消费电子，同时它们对外也承接不同的设计项目，比如一些跨国企业的项目。我在西门子接触的设计项目都是技术类的产品领域，如设计 LG（乐金）的家庭影院系统、富士通西门子的电脑设备以及西门子手机等。同时在西门子的经历也让我学会了如何为一家跨国企业做设计，如何从品牌的层面去设计产品的品牌识别性。

《设计》：您如何看待德国设计？

杨明洁：德国设计非常强调逻辑性，如何得到一个设计结果，就像推理的过程。德国的产业基础跟意大利的产业基础不一样，任何一个国家的设计一定和它的产业背景、文化背景相关。针对不同的项目、不同领域的设计，就会用不同的方法。不能使用高速列车的设计方法去设计餐具，虽然都是设计，但这是两个截然不同的产品。

《设计》：为国内企业做设计和之前在西门子做设计项目有何差别？

杨明洁：回国很多年，我觉得在德国学到的许多东西并没有 100% 用上。德国的设计体系非常成熟，比如标准化、模块化、可持续的设计原则，这些设计原则是中国企业不会过多考虑的问题。中国的设计环境的确在进步，从最初忽视设计到现在重视设计。人们已经意识到设计对产品外在的改变，但是还没有意识到标准化、模块化在设计体系中的重要性。如果一个企业有成体系的产品，后台的标准化、模块化设计就非常重要，不光解决系统性的品牌识别性问题，还能提升产品开发体系的管理，比如包装运输、原料采购、组装，甚至报废回收等环节，所有生产体系都跟工业设计密切相关。

《设计》：您如何看待这其中的差距？

杨明洁：2001 年我去了德国，请教过一位老师，“中国的设计跟

508 E-Bike 智能电动单车

德国设计差距有多大？”他说是 50 年。从 2001 年到 2019 年，18 年过去了，我们的差距或许只剩下 5 年或者 10 年，的确在迅速地缩短，但距离仍旧存在。差距是技术和产业层面的，是可量化的东西。除了差距之外，还有差异，差异是文化和生活方式上的，中国人的生活方式跟德国人的生活方式不一样，这是自然而然、与生俱来的。

我一直在思考差距是如何产生的。18 世纪 60 年代，第一次工业革命爆发，产品由手工艺时代进入机器化大生产的时代，产品设计也进入了一场全新的革命时代。西方国家在接下来的两百多年中，产品设计是在一个循序渐进与快速变革中发展与积累的。从英国莫里斯的新手工艺运动到德意志制造同盟、包豪斯，到意大利的孟菲斯，再到“二战”以后的设计重心转向美国。基于一系列新的材料与工艺的诞生，也催生了一系列的新的工业产品以及新的设计语言。

第一次工业革命爆发的同期是中国清末，在外交上闭关锁国，在文化上长期专制，封建自然经济占统治地位，土地高度集中，导致资本主义萌芽发展缓慢，贫困落后。到 19 世纪中期，国门洞开，中国自然经济受到西方资本主义的冲击，开始瓦解。而与此同时，在西方，美国的通用电气公司、德国的西门子等现代企业相继成立。

中国没有在完整意义上经历过第一、二次工业革命，没有形成相应的产业基础，于是造成了中国工业设计的一个长达一二百年的断层。直到改革开放，更确切地讲应该是 2000 年以后才慢慢有所起色。因为改革开放前是计划经济，企业对产品设计的需求很小。而改革开放之后，西方强势的文化与商品进入，中国企业毫无竞争力，只能沦为代工厂商，同样对工业设计的需求很弱。直到近些年，企业的转型成了国家经济转型发展的重要一环时，工业设计才逐步得到多方面的重视。

设计的断层造成的后果之一——山寨以及国人对于知识产权的漠视，这伤害的是一个国家的品牌。这一点不解决，中国的设计在国际上是不会获得尊重的。

山寨的过程是由表及里的，与创新的过程是逆向的，很多时候并不知道这样的形态因何而来？只是模仿最终的结果，长此以往便丧失了从源头开始的创新能力。而在西方现代设计循序渐进的发展过程中，往往是因为一种材料与工艺的创新，导致一种新的设计语言的诞生，比如“二战”时美军用于保护伤员腿部的合成板夹具，被伊姆斯夫妇用于家具的设计，从此全球诞生了一系列经典的合成板家具。但这一切在中国没有发生，我们看到的往往是最终的结果，于是表面化的、符号化的设计充斥着中国市场。

《设计》：这种断层能否弥补，还是可以直接跨过？

杨明洁：跨不过去，只能慢慢地修复。这种设计上的断层还只是一小部分，更大的断层是文化上的。中国的审美文化已经跌到谷底。宋代是中国美学的高峰时期，一直持续到明代。我个人认为发展到清代就开始下行了。

中国没有在完整意义上经历过第一次、第二次工业革命，导致了山寨与代工，但是又赶上了第三次工业革命——互联网技术革命，两者相加，于是就诞生了很多在中国才会发生的独特的现象，比如靠生

羊舍碳纤维智能旅行箱　获德国 iF、日本 GOOD DESIGN 设计奖

产销售大量廉价山寨产品的企业迅速发展、上市。

互联网只是一种技术与工具，其所产生的作用是正面还是负面的，取决于人本身。因为断层所产生的负面影响，我们所丢失的文化、道德、审美并不能够借由互联网这样的技术手段轻易挽回，反倒是借由这个工具急速放大而无所顾忌与制约。技术的进步是否让我们的未来变得更美好？答案是不确定的。

《设计》：设计师在这个过程中会起到怎样的作用？

杨明洁：设计是相对独立的专业体系，它包含文化、技术、商业等属性，但又不从属于它们。设计的本质是解决人与物、人与环境之间的关系。在一个钱本位的社会里，设计就被理解成为一种商业的工具，这是不正确的。

羊舍造物博物馆　2018 年度德国红点奖博物馆类别奖项　设计者：杨明洁

《设计》：您为什么说中国设计在国际上没有影响力?

杨明洁：这其实不需要我说，现实就是这样。如果将中国的设计放到全球的语境下，会很清晰地看到这一点。毕竟有这么多年的断层需要修复。而山寨所伤害的品牌形象，或许需要几代人去弥补。

《设计》：为什么这几年做了很多公益项目?

杨明洁：我有一个设计的判断标准，这个体系是我的德国导师迪特尔·齐默尔（Dieter Zimmer）教授告诉我的。当我们去判断一个设计的时候，首先是观察者层面或者视觉层面，从视觉上来说是令人愉悦的，有很好的行为指引；第二个是使用者层面，也就是我们通常所说的功能层面，包括耐用、友善的人机交互、合理的人机工学、通用性等；第三个是生产层面，在有限的时间、成本控制下，可以被生产出来，符合模块化、标准化的设计原则；第四个是拥有者层面，产品和人之间会产生一种精神上的沟通，产品能够体现主人的身份认同和价值观，这就涉及品牌的识别性；第五个是最高的层面，即社会层面，这涉及可持续发展的原则，一个优良的设计应该向公众传播一种正面的社会启迪。

正是基于社会的层面，我们团队每年都会抽一部分时间去做公益项目。我们和壹基金的持续合作已经有六年时间了。从社会层面来看，产品可以分成两大类，一类是消费者能够自由购买的产品，比如私人汽车、手机。这个领域有很多品牌参与竞争，所以拥有最大的资源、资金和最优秀的设计师。换句话说，这个领域的设计有些过度。

第二个领域是消费者不能自由购买的产品，比如公共服务类的产品、弱势群体的产品。这些产品没有商业利益的推动，非常滞后。我们为壹基金陆续设计了救灾帐篷、净水设施与净水杯、壹乐园。为地震灾民所设计的救灾帐篷获得了美国 IDEA 社会影响力大奖。而为贫困山区儿童设计的净水杯，据壹基金官方统计数据，截至 2016 年 3 月 31 日，已经送到了 41233 名儿童的手中。相比告诉我设计的另一款杯子在市场上卖了这么多数量，这个消息会更让我感受到设计师存在于这个社会的意义！

我们希望以一种诚恳的态度去面对，用设计的方式去回答一个议题：设计能否改变社会？

《设计》：在您做了众多的工业设计服务后，为何要做羊舍这样一个品牌？

杨明洁：羊舍是自由独立的设计师品牌，为什么会开启“羊舍造物计划”，我想这与先前谈到的“断层”有着极大的关联。在羊舍，我所希望实现的是：在设计中，舍弃内心过度的物欲，舍弃外在空洞、喧嚣、符号化的表面形式，解构表象背后器物诞生的逻辑，进而重新构建一种非同寻常的生活美学价值！

我们陆续开发了“和纸的印迹”收纳系列、“竹之光”落地灯、“榫

杨明洁工业设计博物馆

卯的重构”扶手椅、“中国画的三维解构”屏风系列以及羊舍碳纤维智能旅行箱等产品，并在苏州创办了羊舍造物博物馆与“虚山水”庭院。

《设计》：请介绍下去年您在“CHINA HOUSE VISION 探索家——未来生活大展”上的设计作品？

杨明洁：HOUSE VISION 大展是由原研哉先生所策划，2013 年、2016 年在东京举办过两届。以“家”作为未来产业的交互点，希望将生活中潜在的需求导向更加多元的方向，创造出都市以及产业的未来。2018 年 9 月 21 日，经过一年的筹备与设计，CHINA HOUSE VISION 探索家——未来生活大展顺利在鸟巢南广场举办。展览场馆规划由隈研吾完成，策展人原研哉以“新重力”为主题，邀请了 10 位来自中国与日本的建筑师、设计师，与 10 家企业共同打造理想中的“未来之家”。

我是其中唯一一位受邀的工业设计师，所设计的未来之家名为“绿舍”。在“绿舍”的设计中，利用剩余能源将空气中的水蒸气转换为水，通过一个巧妙的装置将这个过程放大与可视化，滴滴答答的水珠构成了一个个微小要素不断被运送，所构成的风景就像水的雕塑一般呈现出来。水滴汇集到圆形的水池，再分配给若干个大小不一的绿植栽培容器，一起构成了一座美丽的庭院。

这个设计的另一个重点是探讨在互联网时代如何促进人与人的情感交流，这在展览现场不容易直观体会到。在植物的生长过程中，既可以在家中亲自栽培，也可以通过互联网远程栽培，通过手机 APP，我们可以进行光照、温度、湿度、水位等数据的控制，让蔬菜更好地生长。这样身处异地的家人可以通过共同栽培植物这种缓慢生长的媒介物来共享生活、交流情感，孕育出长久而有信赖感的互动关系，这是一种远比电话或是邮件更为深层次的交流。

我希望以这个设计去表达一种理念，“HOUSE VISION 项目的目的并不是通过建筑让人感动，而是通过一种诚恳的态度与精炼的设计将技术如何影响未来的生活可视化，进而带给观众以启迪——技术的发展，其结果应该使得人与人、人与自然的关系越来越友善，而非越来越对立。在设计解决人与物的关系时，不应该是人被物化，而应该是物被人化！”

朱焘

1943年出生于安徽，曾任第十届全国政协委员，中国轻工总会副会长、中国工业设计协会会长。现任中国工业设计协会荣誉会长、中国工业设计协会战略咨询委员会主任，先后担任中国创新设计红星奖委员会主席、中华慈善总会副会长、中国工业经济联合会副会长、中国企业联合会副会长、北京杂文学会副会长、世界工业设计大会顾问等职，是光华龙腾奖中国设计贡献奖金质奖章获得者。

改革开放中的中国设计

朱焘

我今天很荣幸坐在这里讲话，组织者很周到，刚才主持人说我是中国改革开放的见证者，也是中国工业设计发展的见证人，还算比较准确。我待过的部门多：在一个企业任职 11 年；三个专业部门，航空、机械、轻工；在五个部委工作过，国家计委、经委、经贸委、国资委、企业工委。我在轻工工作的时候兼任的中国工业设计协会会长，干了 16 年。

今天我讲的题目很大，改革开放中的中国设计。但大题小做。我想了一些所谓战略问题，在中国第一个“设计之都”深圳讲感觉比较合适。有一个重要的比照，大家可能都记得，我十几年前给温家宝同志写过一份报告，温总理根据报告批示国务院 11 个部门落实制定政策。当时我最后一个调研的地方就是深圳，从深圳回北京，比较激动，一个礼拜把报告写出来。跟这个相比较，今天的讲话当然要弱得多。但是从我来说，是出于对深圳设计抱着深厚的感情。

我们都知道，改革开放 40 多年了，期间取得的成绩、经验、教训，习近平总书记在纪念大会上讲得很多、很好，确实是一场伟大的革命。这场伟大的“革命”不但深刻改变了中国，而且深刻改变了世界。工业设计就是在这 40 年改革开放的大背景下、大潮流中引进中国来的，所以工业设计在中国也是 40 年。中国工业设计协会成立 39 年了，明年是 40 年，所以明年大概要搞一个比较大的活动来庆祝一下。这两个为什么并列地讲呢？就是工业设计的引进发展在中国，是在中国改革开放这个大背景下诞生的。

作为当过 16 年会长的老兵，又当了 3 年的战略咨询委员会主任，想了一些事，今天给大家讲一讲。大家可能会问，我的题目为什么不是中国工业设计，而是中国设计？我后面会讲到。中国工业设计的诞生当然比中国设计要晚得多。在农耕时代，中国早有设计、早有制造，世界领先，经济总量都是世界第一，我们的故宫博物院、丝绸、陶瓷多漂亮，都是设计。但是在进入工业化时代，也就是从英国开始的第一次工业革命，它们把工业设计理念建立起来了。我们比较系统地引进这个概念，是从 1978 年，到现在已经 40 多年了。

如果有人问我，回顾改革开放 40 年，感受最深的是什么？对 40 年中国工业设计有什么体会？我觉得两个方面都是八个字：解放思想，实事求是。大家回顾中国改革开放 40 年，伟大的开篇就是邓小平同志的重要讲话，叫《解放思想实事求是，团结一致向前看》。这一篇文章当时如春雷一般，驱散了阴霾，迎来了春风和百花盛开。我当年听到这些很激动，后来就到国家机械委，再后来到经委工作。当时我正值青春壮年，跟国家的改革开放正好重叠，非常兴奋。内心也有忐忑不安，但跃跃欲试是主要的。

我觉得这八个字再过一百年也不过时，因为思想解放没有止境，这样才有改革、有创新，实事求是永远要做下去。不骄不躁，从实际出发，才能持久。我今天的讲话，大家记住这八个字就管用了。话说回来，中国工业设计 40 年取得的成绩确实很大，我觉得有三大变化。

第一，从政府到企业，全社会对工业设计的认知度大大提高，设计创新的自觉性大大加强。

第二，从工业产品到各类服务，工业设计的推广应用有了空前的效果。我们从新产品进入市场的占有率来看，从产品在国内外获得的奖项来看，从各类设计活动生动活泼来看，都有充分体现。设计质量和信誉也在提高。

第三，工业设计队伍的壮大前所未有。如今，工业设计类的在校学生全世界第一，从业人员全世界第一，这是多了不起的变化。我刚当会长的时候，也就是 20 年前，听介绍说韩国每年有 3 万个毕业生，羡慕得不得了，但现在我们的数量超过他们十多倍了。在座的可能都是在这 40 年中毕业的，所以这个变化真大，例子很多，数据惊人。

这里我讲两个小例子。第一个是随我参加这次活动的两位女士，她们都是学工业设计的，一个在国内，一个在美国，据说是美国最好的工业设计学校，但是她们在毕业以后，搞了一阵子不搞了，可能气候不太灵，云彩不下雨，所以她们就干别的去了。这次为什么跟我来呢？是受全国工业设计形势的感召，我知道深圳举办的活动在全国有影响力，所以要来看一看。我觉得她们可能以后还会跟工业设计沾边。再一个小例子就是今天上午得奖的上善公司，前天我为什么去看？我在轻工工作的时候，公司头头是翻译，当然是公务员，前两年决心下海做了工业设计。前天给我介绍，说就是看了我那本《设计创造美好生活》才下决心的，这两年的成果不小。她的公司叫开物成务，开物，成务，这两个词据说是《易经》里面的，开物就是解析结构，成务就是再创造，把手工的刺绣、雕漆等传统工艺和现代的消费品需求结合起来，使传统工艺焕发了活力，还体现了设计扶贫。山区里的很多刺绣卖不出来，生活困难，他们把新的办法加进去，把图案推广开，原来一天做一份，现在可做三四份，收入也增长了。产品做得很漂亮，有一个笔记本，上面有一幅传统工艺的鸟头画，送给联合国工业发展组织总干事，他收到以后非常高兴。

这两个例子很小，但是它说明了工业设计有魅力、有吸引人的地方，说明现在中国工业设计发展的形势有吸引力。从全国来说，从海尔到华为，从针头线脑到大型客机，工业设计渗透到生活、生产中的方方面面，说明 40 年来工业设计的成绩和国民经济社会发展一样，成果是辉煌的，是振奋人心的。所以，我们要好好地总结一下，以利于中国工业设计今后 10 年、40 年的发展。

这是我对前 40 年中国工业设计的简单回顾，下面我主要从战略的角度简单讲一些问题，顺便讲一些想法。因为没有怎么梳理，希望给大家议论时有一些启发作用，是真正意义上的抛砖引玉。一共八个问题：

第一，工业设计的定义问题。你从哪里来，要到哪里去，你是谁，现在干什么，这是很多事情的基本问题，工业设计也一样在不断演变。我们 40 年，人家 100 多年了，工业设计的定义不断与时俱进，国际定义都进行了四五次修改，最新一次是 2015 年，我们对这个认识也在研究。不研究不行，你不研究对你有很大影响。到底什么叫工业设计？老师教课教出来对工业设计的理念认识都不完全一致。讨论 11 个部门对工业设计指导意见的时候，争论最长的是定义问题，就这样，到了工信部部长手里，他认为不大明白。争论很长时间怎么办？上午讲话的朱宏任当时就是管这个。我说不要再争论了，尽快把文件发下去，有争论以后再争，现在求同存异，关键是尽快把文件发下去。你知道我的心思是什么？有了温总理批示“要高度重视工业设计”，有这 11 个部门发出的文件，有 3 个五年规划写上的工业设计，有两次政府工作报告把工业设计写上去，有这么几样东西，工业设计就提高到国家战略的高度。我们的工业设计就有地位了。有了地位，想干的事情就容易了，就可能从卡拉 OK 厅去人民大会堂演出了。所以很快在全国产生了很大的推动作用。

时至今日，我们对工业设计的理解还是要进一步研究。我觉得突出问题，是工业设计与技术设计、工程设计、传统工艺设计的关系。我看一点都不矛盾，只有差异，没有矛盾。我们不要把什么都看成矛盾，矛盾是对立的，差异可以是平行的。我们工业设计和这些设计有差异，但不是有矛盾的，是可以融合发展的、可以互通的。我在上海商飞讲了以后，现在开始起步，工业设计所和大飞机的设计院融合发展的问题已经小有进展，董事长特别重视这件事。我在很早以前也跟时任全国人大常委会副委员长的路甬祥院士有过对话，他曾是中国科学院院长，非常重视工业设计。我们在对话中讲到两个要融合发展，但是如何融合发展是个重要问题，我们要进一步研究。我总的感觉是，我们的大旗子就是中国设计，我们要举这个大旗，大旗下面可以有小旗子，小旗子上面写什么设计都行，写什么兵团都行，大旗子就是中国设计。这个可不可以呢？我觉得会有共识，特别是会有共同的价值观。在这个前提下，各有特色，融合发展，共同弥补中国设计的短板，共同为中国经济高质量的可持续发展做贡献。

第二，以人为本问题。搞设计也经常讲以人为本，当然是对的，但是什么叫以人为本？我们讲以人为本是什么意思？我觉得讲人，作为搞工业设计的来说，不要忘了你的家，小家是中国，大家是地球，我们就在这个屋里头生活、生产、娱乐，它提供给我们资源，保护我们不受外界侵犯。如果有人侵犯了，地球灭亡了，我们去别的星球生活谈何容易？！所以我们要提倡绿色设计，低碳设计。本月初在广州的从化区召开了世界生态设计大会，就是这个意思，联合国也很重视，它们派来了代表，三十多个国家来了代表。这个方向是对的，但是干起来可不容易。再往深里想一想，人的构成是不一样的，除了男人、女人的构成以外，形形色色，需求不同，欲望不同，善恶比例也不同。人都有善恶的两面，怎样扬善抑恶？工业设计给什么人服务？怎样服务？工业设计不能搞侵害别人的事、搞危害地球、与可持续发展相悖的东西。

第三，真善美问题。真善美我说过，好多人都说过，我认为真善美是工业设计的最高境界。但是在设计行业来说，比别的行业更显得突出。什么是真善美？真是美，善也是美。如果说真里面包括科学技术的话，我觉得科学技术对我们非常重要；如果说科学技术和工业设计是一对兄弟的话，那它一定是哥哥，全人类特别是现在都要有科学精神，很多事情就是缺少科学精神。科学技术如果跟设计配合起来，那绝对是文武双全。美是什么？我认为世界有五种美，第一是自然美，第二是人性人体美，第三是艺术美，第四是科技美，第五是设计美，这里面的五种美最有争论的是科技美，科技是美吗？那是不能只从眼睛体现的美，我想最不受争论的就是设计美，要以设计美综合、提升其他美。我们还要对设计美进行研究。设计美很丰富，不简单，光外形美不行，光东施效颦也不行。人类学家费孝通把“美”的问题与“天下大同”联系起来，是更深的探讨。

第四，中国优势问题。发展中国工业设计的第一个优势，我们实行的是社会主义市场经济体制，市场要在资源配置中起决定性的作用，同时要更好地发挥政府的作用。这就是我们重要的为世界关注的两句话，搞工业设计当然是讲市场，但是政府一定要发挥作用。习近平总书记当总书记之后，第一个看的企业是顺德广东工业设计城，说明习总书记多重视工业设计。汪洋同志当时是政治局委员，陪他去的。马凯副总理在参加第一届世界工业设计大会的时候讲了两句话，讲得比我生动，“产业因工业设计而充满活力，生活因工业设计而更加美好”，你们要记住。我们不记住谁记住？

第二个优势，我们有连绵不断的五千年文化底蕴。但时间越长的东西，不是宝贝便是包袱。财富中间有可能有包袱，包括五千年文化，老说传统文化要继承发扬，不对，糟粕部分要剔除，优秀的才要传承，但是什么是糟粕？没有人去搞清楚。中国有一些糟粕文化是保守的、是消极的，甚至是有悖科学的。那样的东西就不要继承发扬，所以书里讲文化，生活里有文化，要对文化有个概念，也要分析。十几年前，中央电视台有个记者拿话筒对着我，请我讲一讲工业设计的中国元素怎么在产品中体现。那时候许多人说要做中国特色的工业设计、中国特色的工业产品。我对此说法不能说不以为然，是不知所以。我是怎么回答记者的？我说，中国人设计的产品就有中国元素。鲁迅说过，文化是骨髓里面的东西。是不是像 DNA 一样的东西？所以中国文化的优势怎么发挥是个问题。我觉得你把党中央倡导的 24 个字的社会主义核心价值观体现一二，那就本事大了。我们讲创新、讲整体，一定要有科学的态度，所以中央提的匠心精神非常重要。日本松下给我的印象很深，它让我们看印刷机总装，我问怎么能够保持轴心一条线？松下副厂长说这时候已经无法校正是否在一条线了，在前面就要绝对保证装配的时候在一条线上。飞亚达黄勇峰昨天讲，为什么瑞士手表好，因为精密到看不见的零件都有号码，装配的时候非常紧密，我们现在就做不到，所以我们的表便宜。不过得了 iF、红点奖的表就卖得贵一点，所以技术不行设计补。

第三个优势，我们有较强的物质技术基础和最大的市场。我们的人口最多，你的产品卖出上千件就能够本，外国人说这 10 亿人口，我到中国来，糊弄一千万人还不容易？我听过这样开玩笑的话，就是中国市场大，你能抓住一部分用户，你就赚了。

我们要高度关注技术进步的成果，关注新材料的成果，关注新工艺的成果。我们不懂，但是要知道。我过去讲过一个产品要想得美、造得好、卖得出、能回收，当时是为了通俗宣传什么是工业设计。为什么加上能回收呢？因为大量产品不能回收，现在垃圾分类都做不到。但是最新消息，苹果开始研究苹果手机怎么样分解，把里面的东西回收，不但是解决污染问题，还增长价值。所以我们搞设计要考虑的问题，真是太多了，当然实际操作起来没那么复杂。

第四个优势，就是我们有一支庞大的设计队伍，特别是“80 后”“90 后”青年人的加入，增加了新的活力。这次朱宏任说来深圳看展览，一年比一年新鲜。参观展览看得奖产品，真是让人高兴和充满期待，我希望这些产品尽快尽多地走向市场。

第五个问题，设计教育问题。我们都是教育出来的，设计教育是设计创新之本。设计教育 40 年成果很大，数量发展惊人，十几倍的增长。但是我总觉得设计教育要进一步改革，怎么改革我不知道，我当一个小学生的爷爷，我也觉得小学的教育要改革，但是没用。我认为院校还是可以自主搞点动作的，不一定什么都等教育部批准，尤其是深圳，我们办了设计商学院，这也是创新。我到了设计商学院，见了几十个同学，讲了十分钟，鼓掌鼓了半分钟。我们都要创新，我认为深圳设计商学院办得好，现在都提倡设计、商业、科技结合，好多人过去不同意，现在同意的人占多，不商业化干什么？工业设计现在有了战略地位了，国家已经给我们开辟了从卡拉 OK 厅到人民大会堂之路。过去商业的路是比较低的，看不起生意人，重生产轻流通。其实流通非常重要，商业非常重要。商学院、开放大学很多新形式，都是有益的探索，改革就要有这种精神。当年我参与企业改革，极力鼓吹地方自己先搞，大气候要适应，小气候可以去创造，小气候创造好了，大气候就会改变，我们就会到这里来取经，开现场会，发文件，在全国推广，这就是改革的贡献、人民群众的贡献。设计教育改革不可以这样做吗？我希望深圳在这些问题的改革上也要走在前面。

第六个问题，“政产学研商金”合力的问题。当年有些人不理解最后两个字，政当然理解，后面的一个商和金不理解，现在商理解了，金融的作用还不够。据说现在社会资本不少，范冰冰被罚 8 个亿不少，一下子就拿出来了，投在工业设计多好。所以不要怕风险，不要怕没有回报。

第七个问题，设计发展的布局问题。任克雷在华侨城工作有发展布局的眼光。搞设计工作不是搞计划经济，也不是搞一个企业，讲什么布局呢？我觉得我们搞协会工作的人，也要学习了解这个眼光。中国很大，世界更大，中国有东部和西部的差别，有城市和乡村的差别，在全球来说有中国和外国的差别，现在立足中国，眼看全球化，我们要考虑这个差别问题。有差别就存在发展的空间。如何让好的东西往适当的地方流，怎么样把别人的优势引进来，把自己的优势发展到对的地方去，到弱势的地方去。一带一路不是这样吗？城乡差别是我最关注的问题，搞设计下乡，搞设计扶贫，我非常赞成。进城务工人员对我们的贡献之大众所周知，回顾 40 年改革开放的时候，凤阳县那十几人的手印想起来都可怜，为了种庄稼给自己吃，还交给国家，还背着干。所以城乡差别要减小，设计如果在其中贡献一份力量的话，会永垂设计史、永垂中华发展史。这是中国最大的差别，几千年的差别，因为我是农村出来的，这方面想得多，这不是设计师一帮人的力量能解决的，但是我们弘扬真善美，这起码算是一个慈善事情，又能跟设计美结合起来，多好。

第八个问题，协会第三只手的问题。政府是有形的手，市场是什么？是无形的手。一只是有形的手，一只是无形的手。我认为协会中介组织是第三只手，有形中见无形，无形中见有形。这第三只手绝不是可有可无的，绝不是没有作为的，我参加过企业改革，企业改革就要研究政府和企业的关系，很多职能要转给第三只手，但是很多不转，最后消亡了，消亡就带来很多问题。我在轻工综合管过 56 个协会学会，我到日本就此考察了将近一个月，了解一些情况。

就讲这八个问题，所谓的战略问题，实际上不止这些。下面讲四个问题，这四个问题主要是针对设计师和设计公司的。当然八个问题与四个问题有关系。我这里讲的是从我个人的角度给设计师和设计公司提醒的四个问题。

第一，问题和需求的导向要和大小目标的实现结合。设计讲问题导向、需求导向，但是不要忘了大目标。大目标是什么？美好生活，提高人们生活品质，健康生活。这是一个相对的、动态的目标。所以在历史性的进程当中，会有很多困难、有很多问题，我们要敢于迎接挑战，要提出解决方案，甚至可以去创新需求，把潜在需求变成市场。一个公司有目标，一个设计师也会有目标，既要仰望星空，又要脚踏实地。一个国家、一个民族不能没有仰望星空的人，但更不能没有脚踏实地的人，最好这两个人是一个人或者一半一半，我们作为设计师，眼光要大一点，但是要脚踏实地来解决问题。

第二，综合素质与 T 型人才的问题。我们都讲要提高综合素质，需要复合型人才。我想到 T 型人才，这一横就是知识广博，竖代表有深度，而竖有多长、横有多长是你个人的问题，但是要有一个 T 型比较好。走向市场问题，一定要下点功夫。下点什么功夫？我不知道今天得奖的产品是否上市，如果每次展览以后，一年之内，有 10%—30% 走向市场变成商品，我觉得就是好样的。我希望刘振搞指数统计分析时也有转化率这样的统计。

第三，要把独立思考和协同创新结合。一个设计师不可能完成很多任务，但是每个设计师必须有自己的独立思考，不然团队搞头脑风暴都搞不起来，你头脑也不想，其他人也不想，就等着开会互相刺激，那不行。我们缺乏独立思考精神这是由来已久的，我希望我们在工业设计这一块能成长一大批敢干、善于独立思考的人，还希望针对设计公司存在的小弱散问题，能通过某种模式搞协同创新，解决大一点问题。

第四，读书学习与综合集成。设计创新重要方法是综合、集成、融合、系统，这就要求我们多读一些书，并且终身学习。要发挥网络作用，但应避免知识碎片化。不断学习才能与时俱进，增强想象力，保持好奇心，迸发新灵感。要注意学习成功案例的发展过程，别看人家的公司现在搞得那么好，直接学现在肯定行不通，还必须了解人家是怎么到现在的这个过程。钱学森是我崇拜的伟大的科学家，他晚年研究系统科学，我极为赞赏，也认真学习，可惜未学完。但是我希望大家要学习系统科学等哲学思想，要有系统的思想来搞工业设计。中国系统科学协会的年会把我叫去旁听，旁听两次，第三次让我发言，我讲了“系统哲学和工业设计”，赢得的掌声比他们的专家都多，因为我讲的都是工业设计的例子，他们听了觉得实用。

以上我讲了大小 12 个问题，这次只是点点题目，抛砖引玉。希望大家在工作中能够在完成一次任务、一个产品的时候能够小结一次，一年小结一次，不断提高自己团队和本人的设计创新能力。现在全国乃至全世界都在发展中遇到了一些新的甚至是比较大的挑战，存在众多的不确定性因素。但是正是在这个时机中，经济发展的转型之际，越是这个时候，越需要设计创新。我们要珍惜这个时机，把握这个发展设计创新的前所未有的大好时机，抖擞精神，有所作为，不负众望，把中国设计的水平再上一层楼，尽快由大变强。

最后讲一个具体的希望：作为中国第一个设计之都的深圳市，能够在新的全国全面深化改革开放的大潮中，尽快在全国率先把第一个设计大市建成中国第一个设计强市。

朱钟炎

1948年生人，同济大学建筑与城市规划学院教授、教研室主任、博士生导师，高级工业设计师。毕业于日本国立埼玉大学大学院，获硕士学位。现任上海星秀设计咨询公司总经理，日本株式会社GK Planning and Design中国项目主管，中国工业设计协会北京实用设计制作所副所长、总设计师，《设计》杂志驻东京事务所代表兼记者，中国美术学院、上海设计学院、燕山大学、华东理工大学、湖北工业大学等八所大专院校兼职教授，中国工业设计协会资深会员，上海工业设计协会常务理事。

设计行业必须了解社会和人群

朱钟炎

设计的核心价值是什么？我国设计都发生了怎样的变化？中日设计存在哪些差距？工业设计毕业生如何创业？

带着这些问题，《设计》杂志社主编对中国工业设计协会专家委员会委员，《设计》杂志专家工作委员会委员，同济大学教授、博士生导师朱钟炎进行了一次采访，其中不乏精彩答案。

《设计》：请谈一谈设计的今昔对比。

朱钟炎：以前的设计相对比较单一，最开始设立工业设计系的中央工艺美术学院发展到现在，已经把工艺和科技结合起来了。以前的设计关注的是造型，现在的设计关注的是和人之间的关系，重视功能性，即如何解决问题或如何满足需求，着眼以人为本。设计的内容范围很宽泛，如家用电器、生活日用品等这些是产品设计，还有包括室内的家具设计。环境设计、建筑是个大类，房子周边必须要有环境，生活社区里有座椅、垃圾箱、照明等公共设施，我们称之为城市家具，英国人称之为街具，西班牙叫作城市元素。网络、动画、动漫等这些虚拟的设计，再到现在提出的交互设计、体验设计、服务设计及近未来发展的智能化设计等。

设计行业必须要了解社会和人群，设计是依托于社会及人的问题、需求（包括潜在的问题与需求）进行发展和变化的，要善于发现机会和规律。

我近年主要做智慧城市、城市环境形象、设计创意创新思维方法、老年服务设计这一部分，并不单纯为了设计的商业利润，而是看重实现设计的服务价值。

《设计》：您认为所谓“设计的核心价值”是什么？

朱钟炎：设计的核心是方便、效率、安全，首先要解决问题，设计是帮助你解决问题，并不局限于表面的光鲜亮丽。设计的根本核心是带给大家方便与需求，并不仅仅集中在形式表面的好看，因而系统的设计管理就变得尤为重要。比如说医院的部门分配不合理，各个科室之间转换的时候就非常麻烦，在看病、挂号、拍片子之间都是值得深入进行设计研究的。再比如说北京的地铁出口标示的是“ABCD”，上海地铁则标示的是“1234”，不管是用ABCD，还是用1234表示，目的是要让乘客简洁明了明确识别出入口及目标方向，高效安全地通行。由此可见，设计是需要规范的，设计的意识需要提高，设计的管理需要深化。

《设计》：请您分享一下设计教育领域里的最新动态和趋势，从您的经验来说。

朱钟炎：设计教育这一块，学校不一样，肯定教育也不一样。

比如说同济和别的学校不一样，因为是从建筑学院里面独立出来的。当时我们想搞一个教学改革，所以我们没有系，只是按照几个专业方向来处理。从传统的设计来说就有三四个方向，包括产品设计（也叫工业设计）、平面设计、环境设计。

按照现在的发展趋势，教育必须要进行改革。今年我在华南理工、中国美术学院的讲座和论坛发言，讲的就是关于现在信息化时代的设计教育应该怎么发展。既然叫作发展，那么课程必须要调整改变，否则的话就跟不上形势。讲设计教育的发展，就必须了解现在设计教育的形势。整个社会在变化，这就是大的趋势，最直接的就是政府报告以及十九大报告都指出了今后发展的趋势。从专业角度而言，学校是干什么的？培养设计人才，跟不上形势你培养什么？

所以课程的安排、教学必须要和社会紧密联系。这个就是前提，具体讲，现在的智能化、自动化、网络，将来的物联网，现在的智能化发展得非常快，传统的设计之间都有涉及，这样一来学科之间要打乱，也就是现在我们提倡的专业学科交叉。以前我们设计分三个或者

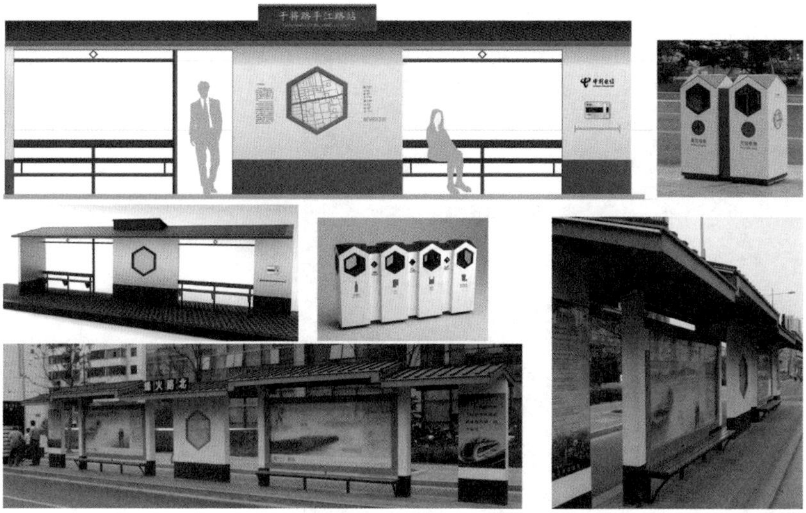

苏州干将路设计与实景　公共设计

四个专业，那么现在我们学校为什么不这样提了呢？它往往从另外一个角度去讲学科的方向，比如说交互设计、服务设计、体验设计，还有通用设计。通用设计在英国叫包容性设计，它是强调为弱势人群服务的设计，它关注老人、儿童、残疾人。还有是无障碍设计，主要关注残疾人群；通用设计关注的是整个人群。随着年龄的增长，人人都会成为弱势群体，老年人走路没有年轻人快，眼睛花了，听力也不行了，反应也不灵敏了，这是生理变化导致的现象。但你还是在这个环境里生活，无论是公共环境还是家里的私密环境，所有的设计必须要考虑这些人的需求。这些就是中国社会未来发展的需求。

中国社会已经在一定程度上进入了老龄化社会，所以设计就必须要考虑这些相关的行业，设计就必须要发展变化。首先要分析形势，研究以后该开什么样的课程。先从大的方向进行分析，有些课程顺理成章地就交叉了。适老化设计，就是针对老年人进行的设计，这个是我们这里的提法，国外叫包容性设计、通用设计，但是适老化设计大家更听得懂，用这样的提法简单明了。适老化设计包括我们日常用的所有生活用品、环境等，所有和你有关联的东西都可以是适老化设计。它和现在的设计不同在哪里？你要考虑老年人的特征、行为特点、心

工业阀门设计（2009）

理特点以及生理特点，即所有器官弱化后的特点，你的设计如何为他们服务，这就叫作适老化设计，在这种情况下又可以把智能化结合起来。但是如何设计呢？那就需要创意思维。我还有个课程就是讲创意思维方法的精品课程。

《设计》：在您看来当下日本设计是一种怎样的状态？据说传统的日本是讲资历的，青年设计师是怎样的状态？中日设计师的差距是怎样的？

朱钟炎：我曾在日本工作学习十几年。20 世纪 50 年代的时候，日本和中国的情况差不多。举个例子来说，我们现在觉得日本的东西很好，但是在 20 世纪 50 年代，我儿时听到大人们说得最多的就是“这个东西不好的，这个东西不牢的，是东洋货”。可想而知，50 年代国人对日本产品的印象并不好。50 年代是个什么概念呢？第二次世界大战后美国占领日本，日本军工改民用生产。美国让它生产，都是模仿照抄美国人提供的生活用品，那个时代日本还没有讲设计。生产后自己国内销也就算了，它还出口到欧洲，结果就像我们现在被人家骂抄袭、山寨。这引起日本社会的重视，松下的老板松下幸之助，到欧洲去考察，认识到什么叫设计，而不是抄袭，回国一下飞机就兴奋地说，现在就是设计的时代。20 世纪 50 年代初日本政府专门制定了一个 G-Mark 优秀设计奖，制定了优秀设计的评选规则，并且制定了惩罚措施，如果谁要把抄袭的产品出口就会被罚得倾家荡产。它们还派人才去国外学习，就像现在我们许多人出国留学一样，了解学习德国设计、意大利设计、北欧设计。

中国人现在走的这条路，欧洲人早就走过了。美国的设计是从欧洲来的，“二战”的时候，欧洲人才涌入美国，促进了美国的设计发展。欧洲的设计发展源于工业革命，大机器生产时代，以水晶宫展览会为代表。日本的设计是先拿来，然后进行消化融合，这就是他们的长处。日本在唐朝的时候向中国学习，包括文字，但是为了普及教育，为了让妇女学习方便，就创造了平假名，相当于我们的简化字，容易书写。日本明治维新之后向欧洲学习，对教育大力投入。清末列强侵华，日本将获得的战争赔款全部投入教育，进一步扩大了“寺子屋”（私塾）平民教育的普及。日本工匠精神浓厚，往往几代人专注于一个行业，做到极致，这是中日差距的一个表现。工匠精神还体现在传统的师傅带徒弟上，将技术传承下去，因此讲究资历的先后（其实中国传统也是这样。古代日本人到大唐来朝贡，学中国的技术，就很谦卑），讲资历其实体现了对师傅、先辈的尊重，也是对技术、经验的尊重，这种对工匠精神的尊重远远高于商业意识。

日本有许多值得我们学习的地方，日本的“忍”文化，即忍辱负重、以图后强，与我们现在讲的民族自尊心、自信心、民族要强大等，道理上是有相似之处的。日本的文化具有非常典型的中国特征，可以说对中国文化的影响深入骨髓。日本的“忍”文化，中国的说法是忍辱负重。日本的酱油、豆腐、造纸等衣食住用行多个方面，都是从中国传入的，但日本又将其消化、融会贯通、改良提升。在对西方的技术引进也是这样，如引进德国的汽车制造技术、啤酒技术、照相机技术等，就像鲁迅说的“拿来主义”，但不是简单地拿来，而是先消化然后再创新提高，日本的进步正是源于此，这样的道理不仅适用于设计一行，各行各业都是适用的。我们现在也开始提倡工匠精神。工匠精神就是要耐得住寂寞，要传承，要深入探究。

日本人的工匠精神体现在将事情做到极致，一代一代传承下去。

《设计》：近 40 年，设计人开始在企业中担任领导职位，甚至是总裁等，您是怎样看待的？

朱钟炎：这是一个很好的现象。进入到高层的设计专业人才是不是有决策权，这个是关键。举个例子，曾经有个企业聘请我做总监，他的要求是我要帮他组建设计团队，虽然有自我设计的意识，但是一年以后，由于老板对开发市场上没有的新产品的创新意识不够，甚至以拿国外的样品进行抄袭模仿当作创新，设计总监做不了主，这样企业是没有办法进行真正开发和创造的。现在的设计环境要比过去好很多，创新意识的培养是需要一个过程的。企业的决策人需要尊重专业人的意见，这一点非常重要。

《设计》：青年创业的风头虽然不再，工业设计专业的人还是大有人在。您怎样看待学生创业？

朱钟炎：中国企业的平均寿命是多少？欧洲、日本的百年以上的企业有多少？日本存续超过 100 年以上的“长寿企业”已突破 2.1 万家。历史超过 200 年的企业有 3146 家，为全球最多，更有 7 家企业历史超过了 1000 年。超过 200 年历史的长寿企业在欧洲也不少，德国有 837 家，222 家在荷兰，还有 196 家在法国。就连仅有 200 多年历史的美国，百年企业也达到 1100 家。而在中国，经营历史超过 150 年的百年企业，仅有 5 家，分别是 1538 年的六必居、1663 年的张小泉、再加上陈李济、广州同仁堂药业以及王老吉。超过 100 年的企业还有青岛啤酒、泸州老窖等。中国企业不仅不长寿，甚至有些短命。有抽样调查显示，中国民营企业的平均寿命仅 3.7 年，而美国企业为 8.2 年，日本企业为 12.5 年（据中新社 2013 年 9 月资料）。中国的百年以上的企业少得可怜，很多品牌都消失了。每天都有大量的企业开门和关门。创业并不容易，创业首先要有科研，还要有很多其他的东西。创办公司最大的负担就是企业成本、场地、人工费，而市场、客户源是

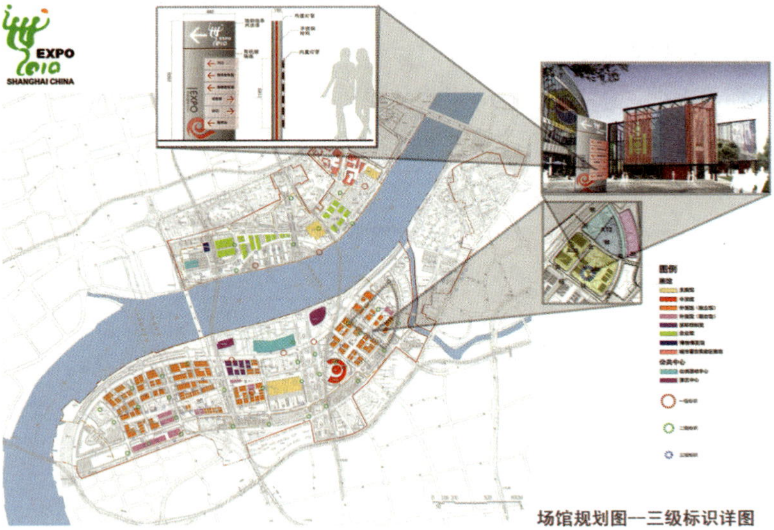

2010 年上海世博会导向系统规划设计 2 场馆布局

生存的关键。对这一切皆生疏的学生，可想而知，创业非常辛苦，十分不容易。纵观欧美商业社会环境，信誉是首要条件，因此，只要你勤奋坚守信誉，那么基本就能生存下去。

日本的学生，一般都是要就职的。先到大公司做 5 年以上，积累经验，条件成熟了就可以帮助自己创业，在工作中，几年来积累下来的人脉对创业是最大的帮助。

学生应该将理论和实践相结合，将理论融于实践，我们应当多鼓励、多支持。

《设计》：在跨学科建设方面，同济大学是如何做的？对其他学校有什么建议？

朱钟炎：我们学校设计创意学院是 2009 年成立的，作为国家教改试点之一。前面已经讲到，现在我们提倡的是专业学科交叉。以前设计分平面、产品、环境、传媒等三四个专业，现在我们不这样提了，从另外一个角度定学科的方向，比如说交互设计、服务设计、体验设计。

现在的交互设计是渗透到各个专业领域的。我们经常结合实际进行研讨，有时就把一个年级的不同专业的班级同学打散，混搭组成小组做课题，调动同学用不同专业的特点共同解决问题，在实践中可以学到专业课堂上学不到的东西。

STAND-HELPING CLOSESTOOL

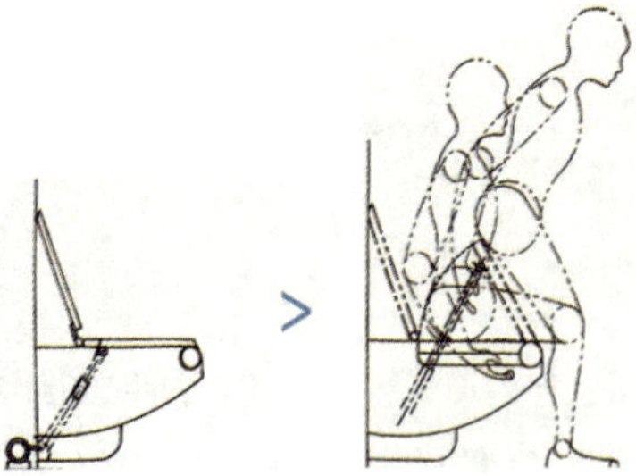

This is a new-style closestool designed for old people and the disabled who can not stand up by themselves easily. Unlike traditional clo-sestool, the toilet seat of STAND-HELPING CL-OSESTOOL turns up forward. Hydraulic oil pu-mp, the primary structure of the drive system, enables the toilet seat to turn up automatica-lly, helping users to stand up.

为老年人设计的智能马桶

课程的设置要根据社会现实的变化发展进行调整。十九大报告指出："加快建设制造强国，加快发展先进制造业，推动互联网、大数据、人工智能和实体经济深度融合……建立以企业为主体、市场为导向、产学研深度融合的技术创新体系……"政府工作报告中也指出："加强新一代人工智能研发应用，在医疗、养老、教育、文化、体育等多领域推进互联网+……弘扬工匠精神，来一场中国制造的品质革命。"现在都是智能化设计，我们现在增加了开源课程（OpenSource）的引入，一年级都是作为基础课程来进行学习的。这个编程课程以前都是软件工程师去学习的东西。这个部分和传统课程是不一样的。我们的教学还重视服务设计、设计心理学，从心理学、用户的角度全方位地进行考虑。

对于各学校来说，特别是综合性大学的设计学科，应该有各自的特色。每个学校的设计学科与各校的特色专业结合形成不同学校的设计专业特色。例如与建筑专业结合的设计专业，体现了家居城市环境的特点；上海海事大学的设计专业体现了海港机械、海洋设备的特点；矿业大学的设计专业，可体现采矿机械设施的特点；电机、化工、纺织、印刷、农林等院校的设计专业都可与相应院校的特色专业结合，形成各自的设计专业特色。

《设计》：前段时间，中国工业设计40年有很多论坛、很多说法，请您也谈谈您的看法？

朱钟炎：现在的设计相对40年前的设计刚起步阶段有很大的发展，以后也会越来越好。当时对设计的理解，仅限于外形设计，社会上把设计等同于画画，觉得设计就是画画，企业里要做设计，领导就想起小张会画画，"画的中国画挺好，就让他画（设计）一下吧"，并且认为设计（= 画画）很简单，根本不尊重设计，"哎，小周，帮帮忙设计（画）一下，画一下就给我。什么？要收费的？二百元差不多吧？五百就太贵了……什么？多少？！不就是画一下吗？你们画画不是很简单吗？帮个忙还收钱啊……"这些话以前我们经常听到，可见社会对设计的认识有多糟糕，并且当时把设计师叫作"美工"，学校开设的专业也称为"工业造型""产品造型"，简称"工造"系，课程都是围绕着造型转，画效果图好就是专业优秀，不重视功能和用户定位，设计的目的模糊。中国工业设计发展到今天，已经有很大的改观，认识到设计的目的是解决问题、满足需求。设计是一个系统工程，设计专业是应用性学科，是针对问题（课题）综合不同学科知识，解析问题（课题），选择运用什么手段（技术），确定何种途径去解决，预测并验证结果。柳先生的“事理学”，就是要求设计需要了解事物的本质，才能做好设计。因此，现代的设计师要求知识面宽，并且随着时代的发展不断更新自己的知识结构，所以学校的设计教育，课程也是需要根据发展做调整，并且要制定鼓励选修交叉学科学分共通的制度，要求设计师具有创新的创意思维，是需要宽泛的知识面作底蕴的。设计学科的发展要求有一个良好的发展空间和土壤，在国家继续改革开放大力发展国民经济的大环境下，周围的相关部门提高对设计的认识，在各个层面上要对设计进行包容与支撑，给予设计更多的独立空间，尊重设计学科的发展。举个例子，国外的设计协会都是专业人士的协会。行政管理层也需要提升认识、了解设计，多尊重设计发展的客观规律。此外，普及设计教育，不仅是学校的事，对全社会的设计教育的普及，其意义更大、更深远。

毕设探索篇

设计之未来

从最初一个陌生的舶来专业，到今天广受关注的国家战略，中国工业设计在这40多年里的变化发展是巨大的。然而，进入后工业时代以来，随着大数据、人工智能、物联网、虚拟现实以及新材料等关键技术的应用，新的经济业态出现了，工业设计的问题空间正在转换，传统工业设计的方法和工具面临被颠覆的挑战。今天，当国家将制造业升级转型、创新软实力提升、文化自信重建等重要使命寄予工业设计的时候，业界和学界都不得不思考一个问题：如何重新定位和缔造工业设计的核心价值。

设计院校作为工业设计人才培养的主体，在探查和回应这一问题时，应该走在最前面。然而国内设计院校同时面临着巨大的挑战：40年前，我们尚可以将日本、德国以及美国等强国的工业设计直接作为学习的范本；40年后，当中国站在世界第一制造大国的位置，并且拥有独特的数字经济业态和社会发展需求时，我们不可能再从曾经的老师那里直接取得这一问题的答案。设计院校在不断深入探索的过程中，越来越需要建立一个开放的教学机制，推动跨学科、跨专业的交流合作，并将业界遇到的新问题、新需求和新挑战直接与教学对接。

“毕设探索篇”为我们观察各设计院校在“定位和缔造工业设计核心价值”这一问题提供了一个极好的窗口。每个受邀的设计院校都对自己的课程教学和毕业设计进行了深度解读。从中我们应该看到，历年的毕业设计展，其实都是设计院校结合自身特色、历史传统、地方产业经济结构以及国家宏观发展战略所构成的复合图像在“工业设计核心价值”问题上的投射。将不同院校的毕业设计作品汇集到一起，也并不是为了一较高下或寻求一个统一的标准。当我们无法为中国的工业设计教育从外部找到直接的学习范本时，内部多元化的视角、思路和行动将成为我们寻求路径过程中必不可少的参照和道标。

何人可

邓嵘

邓嵘，江南大学设计学院工业设计（产品设计）系主任、博士生导师、教授、中国工业设计协会设计教育分会秘书长。发表各类论文十余篇，其中C刊9篇。主持教育部人文社会科学青年基金项目，主持江苏省哲学社会科学项目，主持江苏省教育厅高校重点项目。是江苏省青蓝工程优秀青年骨干教师，2019年度工业设计十佳设计教育工作者。

获得江苏省教育厅文字创意设计大赛产品组金奖，入选文化部首届中国设计大展奖，入选工信部优秀工业设计国家奖，入选光华龙腾奖中国设计业十大杰出青年，获中国创新设计红星奖，入选第十一届、十二届全国美展，获江苏省紫金奖铜奖。曾担任工信部工业设计优秀奖评委，中国创新设计红星奖评委，工信部领军企业家人才培训项目导师。

合作共赢时代
重培养协同创新能力

邓嵘

《设计》：请介绍一下本校工业设计专业的历史沿革及现状。

邓嵘：江南大学工业设计专业是国内高校最早创办的一批工业设计专业之一，当时大量人民生活必需品生产仍然处于缺乏设计的低水平状态。为了更好地发展经济以满足人民生活需求，尤其是轻工日用产品消费需求，1960 年轻工部决定在无锡轻工业学院（江南大学前身）创建中国第一个设计类专业，当时叫轻工日用品造型美术设计专业。直到 1984 年张福昌教授从日本留学回来，创建了无锡轻工业学院工业设计系；同年，柳冠中教授从德国回来创办了中央工艺美术学院工业设计系。

1995 年无锡轻工大学工业设计系提升为国内第一个设计学院。因此，工业设计专业的创建与发展是伴随着整个国家的发展需要和趋势走到今天的。通过几代专业负责人的带领及师生们的共同努力，工业设计（产品设计）专业入选国家特色专业建设点、省第一批品牌专业、“十二五”省重点专业类、省高校品牌专业建设工程一期（排名第一）；所在学科入选“211”工程 1 至 3 期重点项目（全国仅 2 个），第四轮全国设计学学科评估为 A-，软科中国最好学科排名第二。本专业也为我国培养了很多设计院校精英及设计行业领军人才，素有“设计界的黄埔军校”的美誉。

当下我们专业依然同整个国家及世界发展紧密相连，面临新时代带给我们的机遇和挑战。一方面，我们非常珍惜在发展过程中几代人积累下的宝贵办学经验，坚持在历史积淀中凝练专业特色，始终走在全国设计教育创新与改革的前沿，始终结合国家经济转型发展与行业发展需要推动产业变革，在不同历史时期都能把握好历史的脉搏和国际的趋势；另一方面，在设计学科提升为一级学科后，我们也在积极思考工业设计（产品设计）专业将面临的新变化，必须强化大设计理念下的创新设计能力的培养模式，即以设计 3.0、绿色、智能、开放、共享为主要理念，围绕设计的人文特色、设计的价值创造、设计的社会责任、设计为人服务等不同的维度展开新的思考。伴随着社会广泛需求的多样性以及设计在不同领域的延伸，设计范畴从原先的产品外形设计、工程设计到围绕用户的体验与服务，其内涵与广度都在发生变化。跨学科发展、交叉与整合创新是新的教学模式的突破。整合创新实验班、新一轮的人才培养计划以及联合物联网学院申请到了教育部和科技部共同实施的高等学校学科创新引智计划等也都在这方面做出了积极探索。过去我们的创新引领更多地体现在把西方先进的设计教育和理念引入国内，现在不仅要通过引进西方的理念，更需要发掘东方的智慧，扩大我们对世界的积极影响与价值。

《设计》：近年来本校工业设计系最大的变革是什么？

邓嵘：近年来的本科教育改革可以算是我们比较大的变革。正如之前所说，我们当下正面对新时代带给我们的新机遇和新挑战。比如，当互联技术与制造业、服务业深度融合时，就对产业及人才培养提出了新的要求。面对这些变化，我们在国内率先提出了以“整合创新”为导向的设计类人才培养模式改革，主要探索新型人才的核心定位问题及其所需要的关键能力要求，探索基于学科前沿、商业、技术、文化最新发展的人才培养框架及具体实施问题，探索多元学习与创意实现的资源支持平台与保障机制问题。

在改革中主要通过宏观、中观、微观三个层级来开展。在宏观层面，提出以“适应未来转型”为目标，以“整合创新”为人才培养核心，培养适应未来行业领域的、有责任感和受尊重的新型设计师和设计领导者；在中观层面，重点打造五大核心能力，即“国际视野、设计思维、知识整合、集成创新、协作学习”能力；在微观层面，从培养方案、教学研究、实验班试点、协作教学、实践平台建设等方面给予具体支撑，形成从能力要求、到课程、到实践逐步细化的模块式改革系统。

《设计》：近几年毕业设计作品有哪些显著变化？这些变化反映了怎样的现实情况？

邓嵘：大体看来有几点比较明显。首先，近年来的毕业设计作品中对产品服务系统及使用体验的设计增多了，反映了产业需求及我们学校人才培养方面的变化。正如当国家整体从第二产业向第三产业转型时，必然会出现大量的服务设计和体验设计需求。

其次，需要数字化技术支撑的作品增多了，这也反映了我们现代生产制造技术方面的变化，除了大批量的工业生产制造技术外，也出现了数字化定制化的生产制造技术，从而也推动了设计的相应变化。

最后，在课题内容的选择上紧跟国家战略需要、国际经济发展趋势，围绕新兴产业领域的前沿方向越来越多，如健康产业、养老产业、智能交互、移动生活、人工智能、机器人、可持续设计、社会创新、文化创新、传统再造等，真正体现了设计要解决中国社会发展中面临的重大问题。

《设计》：您认为毕业设计展的内容和方式还有哪些可以改进的方面？

邓嵘：内容方面，我想可以增加探索性、实验性内容的比例。我们在本科教育改革中有探索如何进行以“整合创新”为目标的人才培养，但在毕设环节尚缺少有效的支撑与探索。毕设环节可以加强支持小部分团队完成一些跨学科、跨领域的设计创新项目。

在方式上，我想可以进行一些时间规划及传播方式的调整尝试。一方面，在时间规划上可以考虑提前开始，因为目前毕设环节面临的一个挑战是学生的投入有限，很多学生在大学四年级下学期面临找工作与升学的压力，可能会把毕业设计仅仅作为一项任务完成，并不像以往毕业生那样重视。因此，可以考虑将毕业设计提前，与课程进行结合，以提升毕业设计的质量。另一方面，在传播方式上可以考虑与其他传播平台合作。在以往数字媒体不发达的时候，毕业展览会吸引很多观众到现场观看。当传播媒介发生变化时，可以更多地发掘和利用新媒介的优势。

《设计》：随着“90后”“00后”的入校和毕业，新生代给工业设计专业带来了什么？

邓嵘：他们是互联网元年的新生代，正好处在设计教育知识体系与教学手段发生重要变革的时期。当移动互联网进入5G时代，多元化的线上课程会丰富学生的知识来源，学会抓取自己需要的知识与如何合理应用是这一代学生需要的能力。工业设计在数据信息时代的表达与展现方式也发生了变化，新技术的应用是这代人的语言，自我展现与自我营销是这代人的特点，但在这个强调合作与共赢的时代，设计学科面临跨专业合作的挑战时，摆在他们面前的是如何更好地协同创新，更好地能力互补及团队合作。

《设计》：请介绍一下今年毕业设计展的基本情况。

邓嵘：今年的毕业设计展的主题为“未来·价值”，寓意是预见未来，以前瞻的设计研究为未来的世界创造价值，即在未来的技术中彰显人性的指引，在未来的生活中显示技术的影响。设计分为交通工具类、健康设计类、交互设计类、生活设计类、传统文化类等五个大类。本次毕业展比较真实地反映了2015级学生四年的学习所得，其中不乏优秀的作品。它对学生而言，是四年学习生涯的一个句号，对我们教师而言，则是一个对教学及人才培养的交流与反思的机会。

《设计》：毕业设计作品的成果转化情况如何？可否举一两个已经成功转化的案例。

邓嵘：毕业设计作品可以有不同的定位，比如可以定位成实验探索性的，也可以定位成商业落地性的。后者这种定位的毕业设计我们也有做过一些，其中有些得到了企业的支持，进入了生产制造，从作品变为了产品。比如，2016年“基于现代出行方式的新日四轮电动车设计”是与企业合作的设计项目，获得了江苏省优秀毕业设计团队奖。2018年我带领学生做的一批基于超声波清洗技术的设计也成功从作品转为产品。

《设计》：近几年毕业生就业方向和就业大体情况如何？

邓嵘：我对产品设计方向的情况更清楚一些，就着重说一下这个方向的情况吧。本专业本科就业率多年来一直保持较高水平，就业质量逐年稳步提升。2018 年本科毕业 92 人，大约有 40% 的毕业生选择直接就业，约 20% 的毕业生在国内升学深造，约 40% 的毕业生出国深造。年终就业率可以达到 100%。根据毕业生持续调查，毕业生职业期待吻合度为 85%。很多优秀毕业生就职于腾讯、百度、阿里巴巴、华为、美的等互联公司和制造业公司。

范圣玺

范圣玺，同济大学设计创意学院党委书记，教授，博士生导师，同济大学设计学学科专业委员会副主席、同济大学工业设计工程学位评定委员会主任、同济大学天地设计有限公司学术主任、工业设计学科带头人。上海高等学校艺术设计专业指导委员会副主任委员、中国工业设计协会理事、上海工业设计协会常务理事、上海创意工作者协会理事。获上海市教学成果一等奖，优秀学位论文指导教师，荣获“十佳教育工作者”称号，“中国工业设计十年优秀论文”理论贡献奖。

刘震元

刘震元， 同济大学设计创意学院副教授，硕士生导师，工业设计本科专业主任，主持工业设计本科专业教学建设，包括专业培养方案修订、课程体系改革与完善和教学团队建设等工作。所负责的“载运工具及系统创新设计实验室”为上海市设计学 IV 类高峰学科建设和同济大学设计学双一流学科建设重要组成部分。

为人生的意义和世界的未来而学习和创造

范圣玺　刘震元

Tiention 内饰设计　设计者：张毅沁

《设计》：请介绍一下本校工业设计专业的历史发展与现状？

范圣玺：同济大学的设计教育发轫于 20 世纪 40 年代，深受德国“包豪斯”学派的影响，长期以来以建筑学教育为基础，具有“博采众长，兼容并包”的学风。1986 年，同济大学艺术设计系工业设计专业本科开始招生。1993 年正式成立工业设计系。2000 年增设艺术设计专业，同时授工学学士和文学学士学位；同年工业设计系更名为艺术设计系。2009 年 5 月，同济大学借鉴世界设计与创新学科的最新理念与模式，在同济大学艺术设计系的基础上，成立了同济大学设计创意学院。

截至2018年11月，学院有700余名全日制学生（包含本科生450名，研究生256名）。学院共有教职工153名（含外籍教师32名），其中全职教师74名，兼职教师16名，双聘教授3名，专职研究人员20名，行政人员40人。

《设计》：近年来本校工业设计系最大的变革是什么？

范圣玺：我们现在最大的一个特点，是在创新的一个大的情境下面来讨论工业设计。也就是说，我们从原来的只考虑创新链或者产业链里面的某一个片段到现在去考虑设计怎样能够在整个创新链、产业链和价值链的全流程里做出贡献。这不仅仅要解决造型问题、功能问题，还要解决商业问题、服务问题，在整个使用周期的流通周期，包括可持续问题等。所以，同济的工业设计是非常综合全面的。

《设计》：随着“90后”“00后”的入校和毕业，新生代给工业设计专业带来了什么？

刘震元：设计活动本身反映了人的能力，设计行为和设计活动会根据设计师的不同而变化。随着新生代的设计师进入设计行业学习和创造，他们给设计界带来了新的血液、新的视角、新的价值观念，期待新生代的设计师走出自己特色的道路，走出属于他们自己的、国际化的发展道路。

《设计》：请介绍一下今年毕业设计展的基本情况。

范圣玺：今年同济大学设计创意学院毕业设计展的主题是“谱象”。用设计的方式应对时代的议题，以设计的角度看待当下的谱象，是每个设计师面对的新挑战。同学们正试图通过他们的实践去探讨设计在这个时代可以达到的、全新的社会意义。来自媒体与传达设计、工业设计、环境设计三个方向的2015级本科毕业生们以自己所学的专业知识为基础，围绕医疗健康、交通工具、未来生活、人工智能、

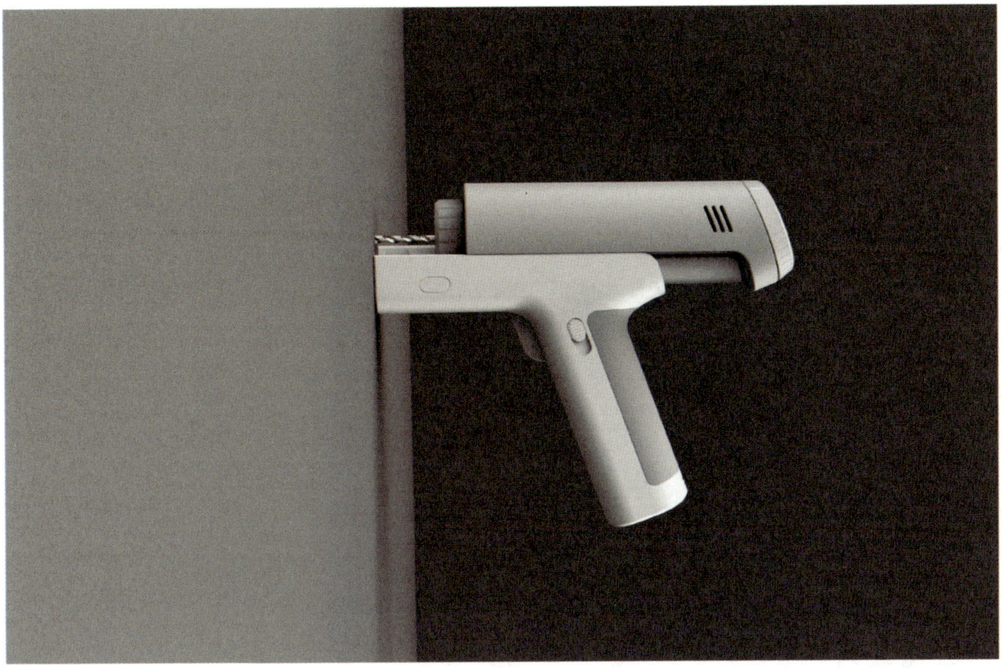

VEC Drill 小型电钻　设计者：申由甲

可持续生活、公共空间、时尚与数字生成、装置艺术等设计命题，呈现出了一系列优秀成果，共计 90 余件作品。

《设计》：近几年的毕业设计作品有哪些显著变化？这些变化反映了怎样的现实情况？

刘震元：现在是一个多元的时代，包括互联网、大数据、先进制造这些非常热的主题。在设计学界，包括设计教育过程中，我们也跟学生进行大量的讨论，为他们未来进入社会准备一些不一样的知识模块。每个人可以根据自己的特点，从自己的兴趣出发，同时又在学院的教育体系下，选择有特色的知识模块，所以毕业设计的类型也会很不一样。我们的毕业设计，每个学生会根据他们的兴趣，选择不同的设计方向，现在是一个很多元的状态。

《设计》：毕业设计作品的成果转化情况如何？可否举一两个已经成功转化的案例。

刘震元：我觉得有代表性的案例是医疗健康、交通出行和家用工具。去年 10 月，我们同济大学设计创意学院联合上海儿童医学中心，举办了主题为“有温度的医疗”的设计联展。联展展示了从 2014 年至 2018 年这五年间诞生的 14 件毕业设计作品，从患儿治疗、家长陪诊乃至医护休息等多角度切入，共同探讨和展望通过设计提升医疗体验的正确打开方式。展览收获了热烈的反响，医院方面也已经启动转化流程。从今年开始，我们设计创意学院要启动第二个系列，不仅同儿童医学中心合作，还将和仁济医院、同济医院展开更广泛的合作。

第二个方面是交通出行。设计创意学院一直在同一些出行企业进行合作，包括科研合作、前瞻性合作等。通过这些合作，学生们的一些优秀设计概念和设计方案有机会得到进一步的深化和落地，包括我们最近同波音公司合作开展的飞机轻量化座椅设计等项目。

另外，像申由甲同学的毕业设计电动工具，就是他在企业实习的过程中针对现实问题产生想法和概念，最终将其转化为毕业设计。其作品不断打磨的过程是一个同产业紧密结合的过程。

《设计》：近几年的毕业生就业方向和就业情况大体是怎样的？

范圣玺：学院本科生毕业后，就业去向非常多元，大约 30% 的学生进入世界著名大学和设计院校，继续攻读硕士学位；大约 30% 的学生选择在本院或国内院校攻读硕士研究生；其余 40% 左右的学生选择就业或进行自主创业。选择就业的毕业生就业单位包括上海大众汽车、IBM（万国商业机器公司）、联想、百度、阿里巴巴、腾讯、华为、万科、绿地、AECOM、Gensler（甘思勒）、SWA（佐佐木与沃克联合公司）、现代设计、同济大学建筑设计研究院等知名企业。学院也鼓励学生根据自己的兴趣选择就业的去向，并提供必要的帮助和支持。

《设计》：您认为毕业设计展的内容和方式还可以在哪些方面有所改进？

刘震元：我们的毕业设计也在不断进步的过程中，下一年的毕业设计将会聚焦在“为人类的进步做出可见的贡献”上，更多地聚焦在真实的世界。学院致力于培养面向国家发展和人类未来的创新设计人才，培养他们用创新思维和方法解决生活中的问题乃至人类命运问题的能力。因此，毕业设计的主题也会进一步扩大，医疗关爱、交通出行等传统主题依然是重要组成部分，我们也会加入一些新的探索，例如航空航天领域，设计如何助力航天事业的发展，依托我们最近开展的火星探索课程为基础，开发新的道场。总之，我们要更加重视设计的愿景驱动和整合式创新的内核，鼓励设计师为人生的意义和世界的未来学习和创造。

何人可

何人可教授毕业于湖南大学建筑系，拥有工学硕士学位，早年曾公派前往丹麦皇家美术学院及美国北卡州立大学留学，毕业后留校任教至今，现为湖南大学设计艺术学院院长、教授、博士生导师，教育部高等学校设计学类专业教学指导委员会副主任委员、工业设计专业教学指导分委员会主任委员、国务院学位委员会设计学科评议组成员、国务院特殊津贴专家。曾荣获万人计划国家级教学名师、光华龙腾奖中国设计贡献奖金质奖章、国家级教学成果一等奖等诸多荣誉。在德国红点、iF、Braun Prize（博朗国际工业设计大赛）、日本 G-Mark 设计奖、美国 Core77 设计奖、法国 Observeur 设计奖以及中国创新设计红星奖等多个国内外知名设计赛事担任评委。

毕业设计要主动结合虚拟现实等关键技术

何人可

《设计》：请介绍一下本校工业设计专业的历史沿革及现状。

何人可：湖南大学工业设计专业始创于 1977 年，是全国最早成立工业设计专业的高校之一。1993 年首批获得工业造型艺术（现设计学）硕士学位授予权，2005 年获得设计艺术学（现设计学）博士学位授予权，2011 年获得设计学一级学科博士授予权，2014 年设立设计学博士后流动站，可以说拥有从学士、硕士、博士到博士后一套完整的工业设计人才培养结构体系。我们于 1993 年、2018 年先后两次获得国家级教学成果一等奖，2017 年在教育部第四次学科评估中被认定为设计学 A 类学科（A-），目前是教育部工业设计专业教学指导分委员会、中国机械行业工业设计学科教学委员会的主任单位。与其他设计院校相比，我们的规模不大，专任教师 40 余人，工业设计专业每年招生 100 人，研究生大约 70 人。

《设计》：近年来本校工业设计系最大的变革是什么？

何人可：进入后工业时代以来，工业设计要解决的问题以及相关方法和工具越来越复杂。为了应对这种复杂性，我们一直在调整课程、优化师资。前几年我们确立了国际化与数字化的发展思路，启动了模块课程机制，所有的课程教学和师资建设都围绕我们提出的三个模块来进行。2018 年获得的国家级教学成果一等奖，这是对我们以往工作的肯定。但获奖之后，之前所有的工作成绩也都“清零”了。我们需要重新开始，面向下一个十年，确立新的发展方向。近几年我们新进了一批年轻教师，都是年轻的博士，有相当一部分有跨学科背景，并

基于国机重工 717GF 平地机的前瞻性造型设计　设计者：陈楚奕

且具有一定的海外教育经历。同时我们也在修订新的培养计划和课程体系，清理“水”课，筛选金课。新培养计划的一个最大变化是，我们更鼓励具有设计背景的老师与其他学科背景老师、校内的专任教师与校外的行业专家进行联合授课。我们希望通过这种方式，让我们的课程教学与业界最新的研究问题、领域知识和方法工具进行对接。

《设计》：随着“90 后”“00 后”的入校和毕业，新生代给工业设计专业带来了什么？

何人可：我个人觉得，与以往相比，新生代学生整体上体现出两个特点。一个是进校的时候基础知识和能力更加全面了。比如，有好几个同学本科期间雅思就考了 7 分甚至 8 分的；还有许多同学在中学阶段就在绘画、编程、手工制作等方面都打下了一定的基础，专业上并非白纸一张。另外一个特点是，新生代学生对自己的未来发展轨迹更加明确，内驱力也更强。很多同学很早就明确了出国、考研的目标，也有同学积极利用假期找实习、找项目，努力丰富自己的作品集。对于老师而言，因为学生学习的目的性很强，如果你的课程不能提供他需要的东西，将会面临巨大的挑战。因为我们给了学生选课的自由，学生不仅可以在选修课中作选择，也可以在大多数必修课中对任课老师进行选择。所以很多时候，学生会提意见，或者用“选课”的方式投票，倒逼老师不断升级自己的课程教学。

《设计》：请介绍一下今年本科毕业设计展的基本情况。

何人可：今年共有 150 余件工业设计本科毕业作品参展，从选题来看，作品涉及工业产品造型、文化创意产品、交通工具与装备、信息与交互、系统可持续与服务 5 个大类。其中，工业产品造型、文化创意产品以及信息与交互设计三类选题数量最多，三类合计占总数的 87%。我们的毕业设计展览是向公众开放的，展览场所就在湖南大学的桃子湖展厅，展览为期 3 天，展览结束后的第二天就进行毕业答辩。根据我们的教学管理要求，所有的毕业设计作品都必须上网且全网公开，大家可以在网址上查看 2019 年本科毕业设计。

《设计》：近几年毕业设计作品有哪些显著的变化？这些变化反映了怎样的现实情况？

何人可：我们毕业设计坚持的一个原则是“实题实做，一人一题”，即毕业设计选题应来源于企业实际项目或者老师的科研课题，且每个同学的课题应该是唯一的、不同的。这个做法给了我们一个探查行业发展和市场变化情况的很好的通道。十几年前，我们毕业设计的选题绝大多数都是工业产品造型，这在一定程度上反映了当时业界对于工业设计核心问题的认识主要是解决“造型问题”。大概是从 2010 年开始，信息与交互类的选题变得越来越多，同时这一时期也是国内移动互联网市场爆发的时期。近几年，毕业设计选题越来越呈现出复杂和交叉的趋势，比如，一些产品相关的选题不仅要求输出产品造型，还要输出与之配套的交互界面，所谓“软硬结合”。另外一些选题强调新技术的应用，比如要求运用计算视觉工具对传统器物中的文化符号和设计知识进行定量分析和处理，或者要求结合新材料、新工艺和 IOT（物联网）技术面向特定场景输出产品设计方案；还有一类选题是从精准扶贫、社会创新以及系统可持续等的社会发展议题出发，自上而下导出相应的产品和服务设计方案。当然，装备和交通工具这类处理复杂极致造型的选题一直都有，但数量不占多数，这块市场对工业设计人员的需求是少量和精英化的。

内蒙古博物院草原文化系列文创产品开发　设计者：秦维炼

通过这几年毕业设计，我深刻感受到，工业设计传统的“造型”问题正在与各种新技术、新领域和新需求交织出一个复杂的、跨学科的问题空间。未来工业设计师的定位，要么是处理复杂极致的造型关系，要么就是展开跨学科合作，运用特定关键技术输出系统性解决方案。所以我们 2020 年在毕业设计选题层面提出了更具体的要求：毕业设计选题需要至少输出一个实物模型并且结合至少一项关键技术，否则不能通过审核。我们希望学生的毕业设计能更主动地结合大数据、人工智能、物联网、虚拟现实、新材料等关键技术。

《设计》：毕业设计的成果转化情况如何？可否举一两个已经转化为成果的案例。

何人可：我们的毕业设计要求是“实题实做”，大部分都是从企业过来的实际课题，是受企业委托设计的，不存在转化的问题。如果说毕业设计方面学校自有成果的转化，可以关注一下我们学院季铁教授新通道项目的文创产品。

《设计》：近几年的毕业设计就业方向和就业情况大体是怎样的？

何人可：工业设计本科毕业后主要有升学和就业两个大的去向。升学方面，我们 2019 年升学比例为 45%，其中一半是前往国外的设计院校就读。在升学出国的同学中，有 34 人考入了 QS 世界大学排名前 20 的设计院校，包括皇家艺术学院、米兰理工大学、伦敦艺术大学、卡内基梅隆大学、埃因霍芬设计学院等。就业方面，进入世界 500 强的人数占 12%，进入中国 500 强的人数占 18%。从地域分布来看，大部分毕业生都前往长三角、珠三角、京津冀地区就业。从行业来看，毕业生主要进入了互联网、信息技术服务以及制造业领域，少量进入金融和传媒领域。薪酬上看，互联网与信息技术服务这类企业开出的薪酬比其他行业高一截。从某种程度上说，互联网公司把我们培养的最优秀的一批毕业生给抢走了。

《设计》：您认为毕业设计展的内容和方式还有哪些可以改进的方面？

何人可：现在每年毕业季，设计院校都会举办毕业展，有的规模还很大。但是，展览往往时间不会很长，而且也不是每个人都有时间到现场观展，所以毕业设计展之后，相关内容的分享、讨论和深度解读也非常重要。现在有不少人在朋友圈晒毕业设计甚至直播毕业设计，尽管有的晒图质量不是很高，评价好坏不一，但你可以感受到大家都有学习、分享毕业设计的强烈需求。另外一些学术期刊，比如《设计》还有《装饰》，也会作毕业设计专题，这算是对各设计院校毕业设计的深度解读。我觉得，如果能有一个统一的平台，让大家随时浏览、分享高校的毕业设计作品，这会是一个非常好的学习方式。我们湖南大学自建了一个平台叫“图钉墙”，近几年来每一个工业设计毕业设计作品都可以在上面查到，这样我们自己的学生就会清楚，什么样的毕业设计是优秀的，自己离优秀还有多少距离。当然，目前这上面只有湖南大学的作品，如果各大设计院校能够合作，将各自的毕业设计作品汇聚到一起展示，并向所有学生开放，那对整个工业设计专业教育都会有所帮助。

胡飞

胡飞，博士，广东工业大学艺术与设计学院执行院长、教授、博士生导师，教育部“长江学者奖励计划”青年学者，教育部高等学校工业设计专业教学分指导委员会委员。中国体验设计发展研究中心执行主任、广东省可持续设计创新工程技术研究中心主任、广东省体验设计集成创新科研团队带头人、广东省机械工程学会工业设计分会理事长、广东省本科高校设计学类专业教学指导委员会副主任委员、广东省本科高校工业设计专业教学指导委员会副主任委员。

博士毕业于清华大学美术学院，师从柳冠中先生；美国伊利诺伊理工大学设计学院访问学者，合作导师佐藤启一（Keiichi Sato）；广东工业大学博士后，合作导师陈新。

扎根于我国制造产业，致力于以用户为中心的集成创新设计研究与实践，近年来聚焦“老龄化”相关的体验设计和服务设计研究。主持国家级和部省级项目20余项；出版著译12部，发表论文70余篇。学术成果获广东省哲学社会科学优秀成果奖、国际跨学科工程会议“最佳学术论文奖”、国际设计工程会议“最佳论文奖”等；产学研成果获第八届、第九届广东省“省长杯”工业设计大赛钻石奖等，个人获光华龙腾奖中国设计业十大杰出青年、广东省五一劳动奖章、南粤优秀教师等荣誉。

“思政命题”引导学生探究时代命题

胡飞

《设计》：近年来本校工业设计系最大的变革是什么？

胡飞：面向学科前沿，瞄准广东战略性新兴产业和传统优势产业，四大专业方向特色鲜明：体验设计方向面向数字创意产业和家电行业，绿色设计方向面向绿色低碳产业和家居行业，智能装备设计方向面向高端装备制造业和汽车行业，电子产品设计方向面向新一代信息技术产业和消费类电子行业。

《设计》：随着“90 后”“00 后”的入校和毕业，新生代给工业设计专业带来了什么？

胡飞：学生国际化视野和交流能力提升显著。通过国际大师工作室、国际工作坊、国际学术会议、国际学术讲座等多种方式，充分导入国外教学资源。与德国不来梅大学和艾森造型艺术学院、新西兰奥克兰理工大学、加拿大艾米丽卡尔艺术与设计大学、芬兰拉赫提应用技术大学等建立联合培养机制，与芬兰阿尔托大学、清华大学、同济大学等联合举办“中芬机遇 100 年挑战赛”，与瑞典皇家艺术学院举办“中瑞设计夏令营”，与西班牙拉里奥哈设计学院共建了“开放设计”国际联合课程及网站等。

《设计》：请介绍一下今年毕业设计展的基本情况。

胡飞：今年工业设计系本科毕业展近日在广东工业大学东风路校区展出，体验设计、绿色设计、智能装备、电子产品四个方向共 156

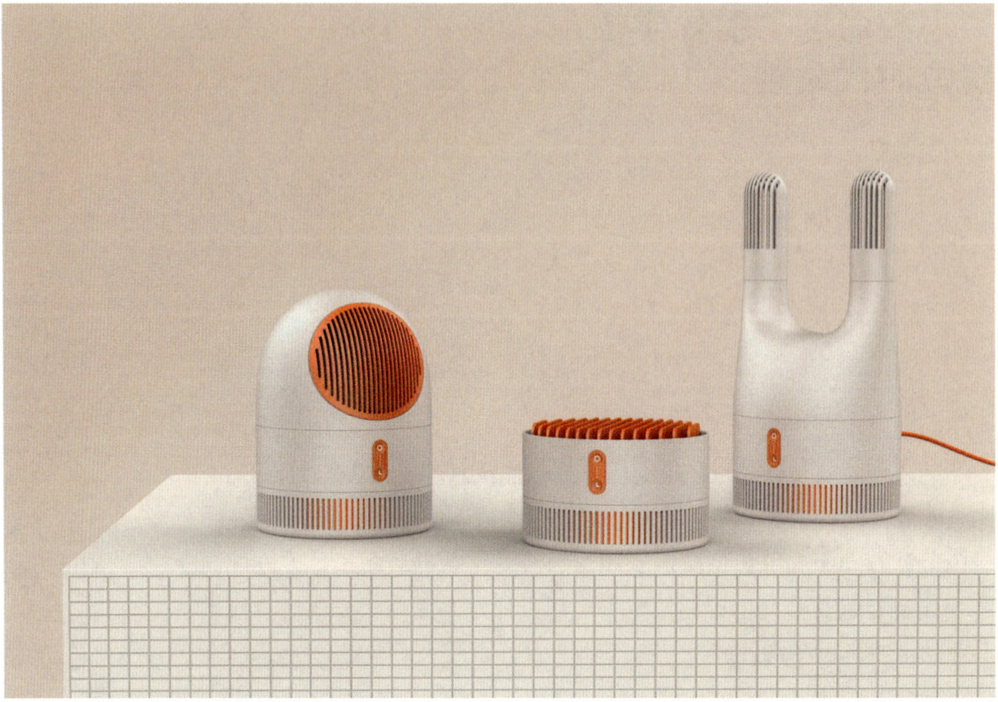

多场景取暖烘干机设计　设计者：林丽芬

件作品。所有作品都制作了海报与实物模型，部分作品还制作了交互原型与演示动画。

《设计》：近几年毕业设计作品有哪些显著的变化？这些变化反映了怎样的现实情况？

胡飞：一、选题上，毕业设计与科学研究深度结合。近年来，我系教师承担了国家社科基金和教育部人文社科基金等省级以上科研课题10余项。以体验设计方向为例，聚焦老年人、盲人等弱势群体和失能人群的设计作品，其选题均来自指导教师张晓晨、潘莉、王炜的教育部项目。这也体现出我院以科研促教学的教学思路。

二、应用上，毕业设计与新兴产业紧密结合。重点面向广东省“十三五”战略性新兴产业培养人才是我院的人才培养方向，这一点在工业设计系毕业展上体现得比较充分。如绿色设计方向，与东莞、云浮等企业合作，基于竹材和石材设计了很多家居用品；又如智能装备设计方向，与广东车企合作的概念车、与佛山数控装备企业合作的机器人等。

三、手段上，毕业设计与数字技术广泛结合。在实物模型上使用电路与编程技术的毕设作品数量明显提高，演示动画的长度与情节完整程度也在逐年稳步提升。这一变化取决于学生的技能掌握程度与知识结构的丰富程度。

《设计》：毕业设计作品的成果转化情况如何？可否举一两个已经转化成功的案例？

胡飞：除了与科研项目结合的概念选题外，大量毕业设计依托东莞华南设计创新院、华南工业设计院、佛山数控装备研究院、云浮设计中心等产学研平台展开。如智能装备设计方向贺先灿同学的毕设作品《自动化联网续打新型 3D 打印机》（指导教师：邹方镇），是与广工大数控装备协同创新研究院所孵化的创业团队的合作项目，设计作品的完成度很高，实用性很强。目前已经展开小批量试产，应用在佛山南海詹天佑杯 3D 创新设计大赛与广东省创意机器人大赛中作为赛事的原型制造设备，目前已经陆续接到了狮山中心小学、桃园小学、桃园中学、松岗中心小学、广州万维图灵智能科技有限公司等单位的生产订单。

又如，绿色设计方向谢珊羚同学的毕设作品“Rainbows”（指导教师：余宇）和赖秋慧同学的毕设作品《釦（扣）》（指导教师：余宇）就是与云浮创新设计中心的合作项目。面向以家装石材背景墙企业为代表的云浮石材行业，针对石材边料处理和二次利用问题展开。把石材边料处理成粉末再加工成标准模块板材，系列设计作品创新性高、实用性强、完成度好，已与天乔石业、安然石材、一草野科技等合作推广。

2040 日产 INFINITI 旗舰电动车概念设计研究　设计者：江明辉

《设计》：近几年的毕业生就业方向和就业情况大体是怎样的？

胡飞：近年来，毕业率和就业率均高达 96%，校企联合培养直接就业率 60%，初次就业月均薪酬超 5400 元。数十人赴美、英、德等国攻读硕士，还有的保送同济大学、湖南大学等国内著名高校。近 90% 的毕业生在省内就业，主要集中在电子信息、家电制造和数字创意等行业，与专业方向高度一致，如多名智能装备设计方向毕业生进入上汽、广汽、广本等企业。毕业生周志聪获广东省五一劳动奖章，受到国务院前总理温家宝接见；禤晋锋为华为全球（巴黎）美学研究中心负责人；黄凯航为广汽 E-linker 概念车主创设计师。受访用人单位对人才培养质量满意度为 95%。

《设计》：您认为毕业设计展的内容和方式还有哪些可以改进的方面？

胡飞：一方面，展览和答辩的形式还可以更加多元化，展示的信息量和科技含量还需进一步提升。另一方面，应该加强毕业设计的社会化宣传，因为毕设展对塑造毕业生的自信心与归属感、对低年级学生的示范效果、对专业建设与学科声誉的展示效应，都是非常明显的。

《设计》：如何在设计教学中充分体现“立德树人”？

胡飞：发挥专业特色，变“自由选题”为“思政命题”，引导学生主动探究城乡发展、贫困人群、弱势群体等时代命题。通过缮居公益、社区养老等主题的社会实践和以青田乡建、为老年人群体设计、为残障人群设计的专业实践，推动立德树人落地生根、润物无声。

例如，自 2015 年开始，渠岩教授带领师生扎根佛山市顺德区青田村，以艺术与设计为手段，探索艺术推动乡村复兴的有效途径。渠岩教授带领学生现场研究，通过青田历史调查、村落脉络溯源、建筑民居梳理、与村民互动共创等方式，提出“青田范式”。受到央视网、搜狐网、新京报网、天涯等网络媒体、《南方日报》《广州日报》《佛山日报》《中国文化报》《羊城晚报》《南方都市报》等 30 余家媒体广泛报道。2018 年 8 月 25 日晚间，央视新闻频道《新闻调查》栏目播出《回归家园》节目，深度报道了 43 分钟；渠岩接受了中央电视台《新闻调查》栏目专访。该项目还在“第三届中国设计大展及公共艺术专题展”（2019 年 1 月）和在北京中华世纪坛举办的“中国艺术乡村建设展”（2019 年 3 月）展出。

又如，从 2017 年暑假开始，我连续三年带领师生参与佛山市顺德区青田村和马冈村的“缮居公益”项目，义务为多户极度贫困家庭提供空间设计和服务设计。“缮居公益”活动受到搜狐网、《南方都市报》、佛山新闻网等媒体的广泛关注。2018 年 12 月 1 日，“设计扶贫、乡村振兴，广东在行动”专题展在琶洲开幕，该项目受到广东省副省长陈良贤、教育部人事司副巡视员赵丹玲等深切关注。

《设计》：“新工科”语境下如何发展工业设计？

胡飞：参照 MIT“新工程教育转型”计划，重构工业设计“新工科”体系。针对四大方向，融入主题“课程串”，如体验设计方向融入人工智能主题、智能装备设计方向融入数字城市主题等。将项目制从四年级毕业设计向三年级专业课、二年级基础课拓展，全面构建以项目为中心的方法体系。

紧扣“新工科”主题，新增“智能硬件基础”“编程基础”等课程，在研省级教改课题探索粤港机器人学院的设计类课程群、面向新一代人工智能技术的信息交互设计课程、基于 OBE（学习产出的教育模式）的体验设计课程等，还出版了工业设计集成创新丛书等 10 余本著作。

梁町

梁町自 20 世纪 80 年代末至 90 年代初从香港理工大学及皇家艺术学院毕业后，在亚洲及欧洲从事工业设计及策略性设计工作。研究方向包括“可持续及社会福祉导向的产品设计”“生活形态设计研究”“民众为本思维”等。曾与 JVC（日本）、Philips（荷兰）、HP（法国 / 美国）、Alessi（意大利）、Eckart Barski（德国）、华为（中国）、Suzuki/Haojue（中国）、Samsung Design（中国），瑞银国际（UBS）、首尔国立大学（韩国）、布谷、汉森（韩国）、CMW（中国香港、日本、德国）等公司和机构合作，负责设计和设计研究等各种先驱项目。

于 1995 年加入香港理工大学设计学院，现任国际设计及企业管理硕士课程创办人及副主任，香港理工大学助理教授，设计学副博导，湖南商学院设计学院访问教授，设计学硕士（国际设计及企管）课程创办人及副主任，产品设计学士课程主任、亚洲生活形态设计实验室负责人、中国生活形态设计研究网（LSDER-China）创始人、韩国未来设计研究院（KFRDI）/ 现代汽车集团（Hyundai） 咨询委员会委员。他还应邀担任华为设备有限公司消费者体验设计中心（CXD）的战略顾问（2008-2013 年）以及分别在日本（2011 年）、中国台湾（2012 年）举行的第二届、第三届国际服务创新设计会议委员会和亚洲设计工程研讨会（2017 年）任委员。

学生设计在转型 应更多关注社会文化和环境问题

梁町

《设计》：请介绍一下本校工业设计专业的历史沿革及现状。

梁町：工业设计作为晚间兼读通用证书课程，始于1964年成立的香港科技学院（HKTC）。20世纪70年代初，学院更名为香港理工学院，新设立的设计系开设了工业设计高级文凭课程。1980年，设计部再次更名为太古设计学院，开设了第一个专注于工业设计的学士学位课程。该学院于1986年前后获准颁发“荣誉学位”。

现在的四年制产品设计荣誉学士学位课程于2010年推出，该课程是从2003年设立的三年制工业与产品设计课程发展而来。目前共有124名学生报读理大设计的产品设计（PD）课程（大一27人，大二24人，大三33人，大四40人）。大多数学生（约83%）来自中国香港本地，15%来自海外，0.5%来自中国大陆。在教学人员方面，目前有1名教学人员和4名助理教授为该学科服务。

《设计》：近年来本校工业设计系最大的变革是什么？

梁町：与2012年之前相比，产品设计（PD）课程的教与学，课程和课程结构有四个主要变化。

1. 与社会设计、广告设计、传播设计、环境和室内设计相结合，产品设计已经重组为在设计学院的设计学士（荣誉）课程下运作的“学科”之一。正因为如此，这种结构通过“共同核心科目”和“共享选修科目”以及设计学院之外的其他设计学科和院系，实现了多学科和跨学科学习。

2. 尽管学院自2000年中期以来一直强调研究和以人为本的设计

方法，但最近在学生和教职员工中进一步推动了以研究驱动和学生主导的学习。由此，自2010年以来，以用户为中心的研究，理论（成文的）知识与基于实践的（默会的）技能的整合一直是产品设计学生学习的重点。

3. 自2007年以来，企业家精神也成为所有学生在产品设计学科中的重点之一，那时有两个与设计创业相关的专业课程，并创立了一个名为SDWorks的独特的半商业平台，从PD计划的多个课题中选择杰出设计作品进行商业化。正如其所述，“SDWorks是一个协助设计学院学生的平台，让他们的设计创意得以实现，并学习、理解制造和生产过程中的问题，得到客户的反馈，从而将学生的设计投入生产，进行商业化。”

4. 最后，为了丰富学习的范围和深度，除了以学科为基础的科目外，设计学院产品设计学科的学生还需要修读大学提供的一般大学要求（GUR）和选修要求（CAR）科目。GUR“旨在扩大学生的视野，促进本科学生的全面发展”，通过服务学习的科目、特定的研讨会和课程，有助于加强学生的语言能力、领导能力、人际关系、沟通技巧能力等。同时，通过4个选修科目群（即“人性，关系和发展”；“社区，组织和全球化”；“历史，文化和世界观”；“科学，技术和环境”），CAR课程有助于“扩大学生的学术领域以外的学习能力，并使他们能够从多学科的角度解决专业和全球问题”。

《设计》：随着“90后”“00后”的入校和毕业，新生代给工业设计专业带来了什么？

梁町：我不认为我可以谈论“00后”一代，因为他们刚刚进入大学，我对他们没有足够的了解。但对于“90后”的学生或毕业生，我相信他们现在已经对工业/产品设计实践产生了以下影响。

1. “90后”诞生于数字时代，他们是“数字原生”（digital native），习惯于借助移动数字设备的24小时工作和交互模式。因此，他们现已成为协助香港设计服务业向物联网及电子商贸时代转型的主要力量。

2. 与前几代不同，“90后”的香港青少年不那么顺从和信任权威，他们大多自有主张。因此，他们也是推动香港初创和小型企业发展的关键因素。当然，这与我们的课程中对创业培训的重视程度相吻合。

3. 由于父母一代人积累的财富，“90 后”为取悦雇主（或教师）和遵循勤奋精神的财务冲动或许较少。他们试图明智地利用时间，寻找更大的自由度，最重要的是在工作中寻求工作满足感和有意义的价值观。其中一些人还会考量社会和环境问题。因此，这也影响了各种本地公司的设计实践。

可能有更多的影响我错过了，但以上是我现在能想到的。

《设计》：请介绍一下今年毕业设计展的基本情况。

梁町：今年是香港理工大学设计年度展首次在主题“超越表面”的基础上设置 7 个子主题。7 个子主题通过学生的设计研究和设计作品，反映了当前的关注焦点（其中包括“幸福 / 平衡 / 和谐”，“慰藉 / 平静 / 安全”和“勇气 / 同理心”）以及未来的愿望（包括“环境变演 ”“引人入胜 / 引发想象”“创意 / 独创性 / 富远见的思考”和“新的开始”）。

《设计》：近几年的毕业设计作品有哪些显著变化？这些变化反映了怎样的现实情况？

梁町：根据我的观察，近年来学生设计作品的主要变化是从设计的技术、经济层面到关注社会文化和环境问题的重大转变。我想，这恰好反映了“90 后”和“00 后”们主观上对探索心灵和身份的渴望。而客观上也反映了中国香港和整个世界都在面临着的社会政治变化（世界范围的社会不平等、经济不稳定、贸易战、民族主义的兴起等）与生态挑战（全球暖化、资源枯竭等）。

新式消防服：FIRE-EXO　设计者：谢英聪

《设计》：毕业设计作品的成果转化情况如何？可否举1—2个已经成功转化的案例。

梁町：在我看来，毕业作品的成果转化对我们学校的影响主要是间接的，但也很深刻。例如两年前，我们的毕业生之一 Emily Tang 启动了一个毕业项目，专注于香港人口老龄化的医疗保健问题。她设计的“Libue”——一个专为老年人（帕金森病）和普通家庭成员设计的兼容性马桶座，虽然在展览结束后没有立即商业化，但 Emily 凭此设计赢得了年度詹姆斯戴森设计奖（James Dyson Award）以及后来的香港青年设计才俊奖。这极大地鼓励她成立了自己的设计工作室——Studio Doozy（一家医疗保健和生活方式设计工作室，致力于设计和制造“为老龄化社会提供更好的产品，让长者在家中快乐健康地生活”）。这是一个深刻的成果转化例子，因为它的影响不在于单一设计的成功，而在于一个具有远见、雄心和设计专业知识的变革推动者的培育与成就，以其源于毕业设计项目背后的意义和愿景去积极、正面地改革社会。还有很多很多类似的例子（例如 TGO，KaCaMa，ASA Innovation，Make in Sample，Sticky Line，Little Jadeite 等）。

《设计》：近几年的毕业生就业方向和就业情况大体是怎样的？

梁町：根据我的了解，过去和近几年我们的产品设计毕业生有四种主要的发展选择：

1. 受雇于本地、区域性或全球性的制造商、设计咨询公司或贸易公司；

2. 进一步留学；

3. 建立自己的设计公司，服务于本地、区域和国际的企业；

4. 建立自己的小生意。

大约 70% 的毕业生选择 1；而大约 20%—25% 的毕业生会选择进一步学习；其余的则会视经验和相关资源，选择 3 或 4。

《设计》：您认为毕业设计展的内容和方式还可以在哪些方面有所改进？

梁町：总的来说，我们的设计展是恰当和精细的，但是当我们面对各种挑战、竞争以及行业和社会的快速变化时，我们应该重新审视年度展览的意义、目的和价值。今后，我们学院的设计展或不应只专注于展示"什么"设计和"如何"设计，而或应更多关注"为什么"设计以及设计展应于"何时"和"何地"进行。通过流行的社交媒体和新的数字平台，我们应该更好地表达展览的关键价值、意义和目的以及它与我们的设计教育愿景和使命的联系。

例如，对于产品设计作品，它可能是"动态"（和"交互式"），而不是"静态"（例如它可能更像是一个活动驱动的节目）。数字媒体和工具应在现场和非现场使用（原则上是全天候的，不受时空限制），以促进设计（和非设计）专业人员和公众的互动，参与设计作品和展品的分享和讨论（非展览驱动）。对于所有这些，我相信需要涉及额外人力和资源，但也需要更明确的愿景、更好的管理战略和规划。

吴尧

澳门城市大学创新设计学院原院长、教授、博士生导师，东南大学建筑学院建筑学专业博士，芬兰阿尔托大学建筑系高级访问学者，澳门科技大学人文艺术学院特聘教授、亚洲遗产管理协会（AAHM）会员、中国古迹遗址保护协会（ICOMOS-CHINA）会员、中国建筑师协会会员、江苏省“青蓝工程”优秀青年骨干教师、国家自然科学基金建筑学专业通讯评审专家、教育部学位与研究生教育论文评审专家等。

努力创造适应数字时代的设计作品

吴尧

《设计》：请介绍一下本校工业设计专业的历史发展与现状。

吴尧：澳门城市大学于 2013 开办设计艺术学士学位课程，其中设有产品造型设计方向。2015 年学校经历院系与专业调整，成立城市管理学院，将设计艺术学士学位课程并入学院本科教育中，同时将产品造型设计方向改为工业设计专业。2018 年城市管理学院正式更名为创新设计学院，所以工业设计专业目前隶属于创新设计学院下的设计艺术学士学位课程中。

创新设计学院在学士学位课程上有自己的特色，即学生入学后的第一学年不分专业，开展平台课程教育，经过一学年的基础课与通识课学习，在第一学年结束时选择专业方向，工业设计专业就是备选专业方向之一。目前共有 65 名本科生在工业设计专业学习，大二 28 人、大三 14 人、大四 23 人。其中约有 60% 的学生来自中国内地，40% 学生来自中国澳门本地。在教学人员方面以年轻教师为主，全职教师十余名，并聘任多位知名教授和行业专家兼职授课。近年来，老师带领学生积极参加各类学术及竞赛活动，成绩斐然，充满了活力与生机。

《设计》：随着“90 后”“00 后”的毕业与入校，新生代给工业设计专业带来了什么？

吴尧：“90 后”与“00 后”是完全没有经历过物质极度匮乏时期的新生代，并且成长在思想与学术思潮相对自由的时代，他们对自我和设计的认知往往不拘束于传统，探索性很强。目前毕业的和在校的学生都是“90 后”与“00 后”，尤其是“90 后”的毕业生与在校生，

猫屋及喂食服务设计 设计者：贺舒媛

他们对工业/产品设计专业的教学与实践已经产生了很多重要的影响。

首先，他们有非常好的眼界与知识广度，在诸多问题上都有自己独特的看法，带有年轻人特有的勇敢气质，不盲目相信所谓权威，思想比较活跃。这恰恰是工业设计专业所需要的心理特质，既保持开放的心态，积极接收一切有意义的信息，又能理性分析其中的优劣，将富有创造性的思想融入设计中，这也是“创新”的意义所在。

其次，中国内地的“90后”与中国澳门本地的“90后”，在对未来的看法上都有趋于一致的态度，都有比较明确的人生规划，相信未来的世界会更好，也愿意付出努力实现自己的理想。这意味着他们从不把自己封闭在校园范围内，愿意与外界进行良好的互动。新生代的这种活力也为工业设计专业的发展带来了契机，反过来促使本专业积极地与学界、业界进行更多的沟通，为学生创造更多的交流机会。

再者，中国澳门是闻名世界的旅游城市，游客与人员的交流都为这座城市带来了活力。澳门本地的“90后”学生都有意愿为城市的发展贡献自己的力量，他们在专业学习的过程中，十分注重对当地文化的继承与保护，希望用自己的设计将这座城市的精华展现给世人。这也符合工业设计专业服务本澳、关注世界的宗旨。

最后，“90 后”是典型的数字时代原住民，他们习惯接收来自网络世界的信息，对信息与知识的快速流动并不会觉得有问题。这要求工业设计专业在教学与专业实践上做出一些相应的调整，以适应新生代学生的生活特征。我们在专业课程的实践上更多地鼓励学生从时代的特征出发，创造出更能适应数字时代的作品，更好地服务这个时代的人。

《设计》：近年来本校工业设计专业最大的变革是什么？

吴尧：我校工业设计专业于 2017 年进行了课程修订，并已通过了澳门高教办的审核，于 2018 年开始招生，所以我校的工业设计专业现在正处于新旧课程交替的时期。课程修订后相较于之前主要有以下几方面的变化。

1. 专业名称由“产品造型设计”改为“工业设计”。意味着未来我校工业设计的发展方向将不局限于产品的造型方面，随着社会的发展将会向更加广泛的领域发展，更加注重学生发现问题并解决问题的能力，融入产品服务设计的理念。

2. 以服务澳门为宗旨。鉴于澳门独特的人文社会与城市空间环境，全球众多奢侈品牌汇聚于此，其中珠宝首饰之市场与受众人群规模更是庞大，因此发展时尚精工类的珠宝设计将成为我校工业设计专业除产品服务设计外的另一大特色方向。

3. 专业发展方向和教学内容上进行了较大范围的调整。工业设计专业在原先“产品造型设计”的基础上，扩展了学科领域与范畴，形成了一套面向大设计时代特点的基于澳门本土特色的专业学科发展体系。以产品设计原理与方法为核心，以珠宝设计为特色科目，以服务设计和整合创新设计为导向的系统课程体系，体现多学科交叉互融，大力发展以珠宝设计、产品设计与服务设计为中心科目的具有前瞻性与国际竞争力的特色专业。

《设计》：请介绍一下今年毕业设计展的基本情况？

吴尧：作为澳门本地的一所非营利性的大学，我们的毕业设计选题越来越注重公益性、特色文化等方面的主题，并突出为澳门城市服务特色。澳门是一个设计潜力非常大的城市，我们引导学生以解决实际问题和需求为出发点，让学生把自己对专业知识的理解在真实的案例中体现出来，包括了生活中的方方面面，包括了产品设计、珠宝设计、包装设计等。

《设计》：近几年的毕业设计作品有哪些显著变化？这些变化反映了怎样的现实情况？

吴尧：由于工业设计专业在本校设置的时间不长，迄今为止只有三届毕业生，毕业设计作品约有 50 件。从这些毕业设计作品来看，一开始学生关注最多的是珠宝设计、旅游纪念品设计以及家居设计，这也符合澳门作为旅游城市的发展状态。但目前学生也越来越关注电子产品与数位产品的设计，尤其是用创新思维关注健康、环保等服务类设计的趋于增多，这也与目前全人类关注的问题息息相关。由此可看出“90 后”的学生能将自己与世界的命运联系起来，用有感召力的普世情怀对待专业、对待生活。

《设计》：毕业设计作品的成果转化情况如何？可否举 1—2 个已经成功转化的案例。

吴尧：我们一直注重毕业设计成果的转化，在起初选题时就引导学生自己寻找真实的设计项目，争取实现“真题真做”。即将走入社会参加工作的学生在本科阶段的最后一个大作业，有必要引导学生向着社会实践的方向引导。“自己的毕业设计可以被采用”，这个出发点极大地鼓励了学生在调研阶段就非常“接地气”，寻找项目实现的可行性，以解决问题为导向去思考设计方案，并且不遗余力地为了最终方案而努力。一个学生家里开小零件制造工厂，他自己争取到了一个民俗博物馆以牡蛎为元素的工艺品设计的单子，发动自己的亲戚、朋友，包括自己的父亲及父亲的朋友，为解决牡蛎壳的研磨、抛光、焊接等问题到处求教，最终以比较经济的办法巧妙地解决了问题。这个过程中，这位学生与人沟通的能力、解决实际问题的能力都得到了极大的提高。

《设计》：您认为毕业设计展的内容和方式还可以在哪些方面有所改进？

吴尧：我们的毕业设计展每年都在我校的文化中心举行，是我校一年一度的重要大型活动，学生的设计作品也受到澳门特区政府及教育部门的高度重视，每年都吸引大量校内外人员参观。因为场地限制，每个设计单元的每块场地都经过了精心设计，包括展示方式、观赏路径、空间利用等各个方面，各个展示空间布局统一而又有变化，具有较好的秩序感，我想这也是我们学校的特色之一。

我认为在澳门未来的毕业展应朝着可持续的方向发展，一个是对环境和资源的可持续利用方式的探讨，另一个是对学生创意设计的可持续理念的推动。前者可尝试在有限的物理空间当中，运用更多的科技手段来辅助展示学生的设计创意，同时也尽量减少展示过程所造成的资源浪费，减轻学生和学校在展览结束后的双重负担。后者则重在展览过程中，面向更多的居民和本地及周边地区的企业。为学生搭建更大的设计交流的平台，为设计创意的落地发展提供更多的转化机会。在展览结束后，持续跟踪并推广质量较高的设计创意，以推动成果转化。

薛文凯

鲁迅美术学院工业设计学院院长、国家级实验教学示范中心——鲁迅美术学院工业设计实验教学中心主任、教授、博士研究生导师。辽宁省教学名师、辽宁省优秀教师、辽宁省教育科研先进个人；首批国家级一流本科专业——产品设计专业负责人、首批国家级一流本科课程——交通工具设计负责人；辽宁省普通高等学校设计学类专业教学指导委员会秘书长、辽宁省工业设计协会副会长、沈阳市工业设计协会会长、中国工业设计协会设计教育分会理事、中国机械工程学会工业设计分会第七届委员会常务委员；担任教育部学位与研究生教育发展中心评审专家、意大利 A' Design 国际设计大赛评审专家等。

长期从事工业设计教学研究与设计实践工作，主要研究产品设计、公共产品设计、交通工具设计等，具有丰富的教学与实践研究经验。主持完成国家社科基金艺术学项目、省级科研课题、省级教学改革研究项目 20 余项；获国内外顶级设计大奖 30 余项；发表核心期刊论文 20 余篇，出版专著、教材 10 余部。

实现“学以致用”“用以促学”的双赢理念

薛文凯

《设计》：请介绍一下本校工业设计专业的历史沿革及现状。

薛文凯：鲁迅美术学院工业设计学院始建于 1979 年，是我国高等院校中最早成立工业设计专业的院系之一。历经 40 年的发展，积淀了深厚的教学内涵，积累了丰富的办学经验，教学、科研、学术水平处于国内同类院校的领先地位。我专业秉承“紧张、严肃、刻苦、虚心”的校训，以鲁艺精神和鲁艺传统为依托，面向国家工业设计人才培养需要，服务区域经济发展，形成了明确的办学定位、目标定位和服务面向定位，立足辽宁，服务东北，辐射全国，面向国际。以培养具有创新精神和实践能力的复合型高级工业设计应用型人才为目标，构建了设计服务市场、服务区域经济，以知识、能力、素质全面协调发展为人才培养目标，以设计服务市场、服务区域经济，知识、能力、素质全面协调发展，通过创新提升产业价值、构建国际化视野的国内一流专业教学体系。目前我院有 21 名专任教师、440 名本科生、44 名硕士研究生。拥有公共设施设计、交通机具设计、产品设计、家具设计四个本科专业方向。我专业先后被授予“辽宁省教育系统先进集体”“辽宁省优秀教学团队”“辽宁省普通高校综合改革试点专业”“辽宁省普通高校优势特色专业”“辽宁省普通高校转型发展试点专业”“辽宁省普通高校向应用型转变示范专业”“辽宁省普通高校首批一流本科教育示范专业”“辽宁省艺术类人才培养基地”“辽宁省家具行业产学研基地”“辽宁省工业设计快速成型研究生创新与学术交流中心”等荣誉称号。2013 年 6 月工业设计实验教学中心被教育部评为“国家级实验教学示范中心”，2014 年本专业在辽宁省普通高等学校本科专业综合评估中排名第一。据不完全统计，从 1979 年至 2019 年共培养毕业生2100余人，为国家和社会培养了大批优秀的设计人才，为服务区域经济与发展做出了巨大贡献。

工业设计学院是国内高等院校中最早展开实验教学改革与创新的院系之一。实验教学中心既保留有传统的手工制作工艺，又有现代的快速成型系统，按其功能特点分别承担不同层次的实验课程和实验项目，形成功能全面、结构合理、技术先进的综合实验教学平台体系以及课堂教学和实践教学良性互动的格局，在我国高校工业设计实验教学中具有很好的示范和引领作用。

依托工业设计国家级实验教学示范中心，构建实验教学联动机制，形成了“1个双师型教学团队”+“3个专业平台”（课堂教学平台、实验教学平台、企业对接平台）+“1个对外服务窗口”的五位一体的实践教学人才培养平台。在实践教学改革中打造跨学科交叉、融合、创新、创业教学新模式，充分体现了“学做融合，创新驱动”的教学理念，形成了工业设计学院独特的专业优势与特色。工业设计专业转型发展内涵定位在“创新教学体系”改革的框架下，向应用型实践教学模式转变，通过教学改革实现由教师为中心向以学生为中心的转变。通过积极参与重大、重点项目实践活动，不断调整优化学科专业结构及专业标准，提高人才培养质量，树立与时俱进的创新教育理念。学院教学成果显著，完成国家级、省部级科研、教改30余项；出版教材、专著37部，其中全体教师共同参与编著的大型《工业设计教程》1至3卷，被教育部评定为“十二五”普通高等教育国家级规划教材；在国内外顶级赛事中荣获中国外观专利金奖、中国创新设计红星奖、第十二届全国美展前三甲、日本Roland罗兰国际创意金奖、德国“红点奖”、法国双面神设计金奖、德国“iF设计奖”、意大利“A’ Design”设计奖、美国IDA（国际设计奖）等，这些教育教学成果推动了本专业的良性发展。

《设计》：近年来本校工业设计专业最大的变革是什么？

薛文凯：变革这个词可能有些夸张，但是近年来工业设计学院的变化还是非常巨大的。2017年底开始，重新打造了工业设计学院的整体形象，这包括新的视觉形象和环境形象。今年我们对工业设计实验教学中心又进行了转型升级改造，这包括高端设备的引进和实验室功能的重新梳理和规划，形成了“1 个多媒体教学平台”＋“5 个实验室”的格局，即一个多媒体教学平台和计算机快速成型实验室、汽车造型设计实验室、CMF（色彩、材质、工艺）实验室、木型制作实验室、综合模型制作实验室。它们各具特色，相互依存，其设备、加工技术手段既能单独使用，又能优势互补、资源共享，真正起到了作为国家级工业设计实验教学中心的示范和引领作用。在教学方面，我们紧密结合工业设计专业特点和社会经济发展需求，优化和改革了本科专业设计课程体系和教学内容，确定了主要专业方向选择的时间、目的和要求。学生在完成通识课后，在对专业课有了一定的了解的基础上，可根据个人的兴趣进一步选择所学方向，这样的课程调整在原有的专业方向学习的基础上增加了半年的时间，能够使学生有更多的时间钻研其专业方向，进一步加强与专业方向的磨合。我们让企业项目进学校，让企业设计师进课堂，实行双师型教学，强化实践教学，突出学生实践应用和创新创业能力培养，提升应用型人才培养质量，实现了“学以致用”“用以促学”的双赢理念，逐步构建起低、中、高互为支撑的递进式课程体系，形成了自己的教学特色。实践证明这次的教学改革是成功的。

《设计》：随着“90 后”“00 后”学生的入校和毕业，新生代给工业设计专业带来了什么？

薛文凯：“90 后”和“00 后”的孩子是伴随着中国社会的发展而成长起来的一代人，在他们成长的过程中，伴随着互联网的开放、大数据、3D 打印技术、人工智能乃至 5G 等新兴技术的发展，在无时无刻不在变革的社会中，每天各种新观念、新鲜的玩意不断冲击着他们的世界。所以，这些新生代学生接受新鲜事物的能力极强，思维更活跃，他们很容易在各种事物之间建立联系。对于同互联网一起成长的“90 后”及“00 后”来说，世界都被装在了他们的智能手机里。信息发达使得这些学生对各种事物接受得更快速，处理问题的角度和方式也就更加多样。工业设计是一种创造性的活动，这些 1990 年至 2000 年出生的孩子在学校学习工业设计专业，在参与教学活动的过程

高架桥下模块化立体停车场设计　设计者：杜鹤勺 SUN

中，往往能够提出很多不同的想法，并将这些“异想天开”的想法在专业学习中付诸实践。他们时常会提出很多新观点、新想法，不时地触动我们教师的神经，甚至倒逼我们必须紧跟时代的步伐，了解和研究新鲜事物，促使我们在新情况下去不断地思考如何教、怎么教！实际上我们有很多不解的问题也会从他们那里学到，在教学的过程中，学生与教师教学相长体现得更强烈。

《设计》：请介绍一下今年毕业设计展的基本情况

薛文凯：今年工业设计学院有 121 名本科生和 13 名硕士研究生毕业。硕士研究生有公共设施设计、虚拟现实设计和家具设计三个研究方向。

本科生分为公共设施设计、交通机具设计、家具设计、产品设计四大专业方向，下分 16 个子课题组，由 18 位指导教师指导。课题分别涵盖了公共产品设计、概念车设计、乘用车设计、汽车车内饰设计、特种车设计、户外运动产品设计、数码小产品设计、交互设计、虚拟现实设计、救援产品设计、家居产品设计、照明产品设计、家具设计、器皿设计等多项内容，每组的设计主张各有不同。公共设施组的特点：全部产品均为等比例的实物样机，充分发挥智能化技术要素的作用，探索将未来科技发展大趋势的智能化应用于公共产品的创新设计之中，通过实验、实践的操作环节，探究公共产品未来设计与发展的可能性。家具设计方向从多元化材质应用的角度出发，思考并研究家具中各种材质的关联作用，以及在设计的过程中学生对家具设计的本质进行探究式学习。交通工具设计方向，今年看点主要在于校企合作的成果展示，设计主题为对未来人们移动出行方式的前瞻性、概念性设计，其中有五件作品在CDN中国汽车设计大赛、上汽设计国际挑战赛、众泰汽车设计大赛等比赛中获奖。另外，在展览形式上与往年有很大的不同，企业提供的赞助多了，模型尺度大了，创造了最大模型尺度达到1600mm之长的历史纪录。硬质模、纯油泥模型以及油泥模型表面镀膜等形式多样化呈现，充分体现研究性特色。在展现学生设计能力的同时也提高了学生在汽车模型制作上的动手能力，这些学生有些在企业直接接受培训，被企业“定制”。产品设计方向分9个课题组，占据了毕业生的“半壁江山”，设计样式较为多元化，采用的设计方法较以往更加开放，呈现的结果也多样化，在多方面进行了探索，为产品设计提供了更多的可能性，给予观者直观的展示效果。

《设计》：近几年毕业设计作品有哪些显著的变化？这些变化反映了怎样的现实情况？

薛文凯：这几年，每年都有些变化，影响变化的因素很多，有社会因素、教师因素、学生因素、校企合作因素等，有些变化是确定的，有些变化是不确定的。我们一直在思考有关毕业设计方面的问题，包括怎么展？如何展？我们更加关注展览形式的变化、展陈的设计，我们深刻理解展览内容和展览形式统一的重要性。受现代科技影响较大，虚拟现实、3D打印技术，人工智能越来越多地介入到毕业设计创意和设计制作之中，乃至我们实验室引进的新的高端设备的运用，都为毕业设计制作展示了不同以往的结果。交互设计、服务设计等新观念介入毕业设计中，文化创意产品和实物样机增多、大赛获奖和毕业设计作品合一、校企联合项目增多；毕业设计不是简简单单的艺术设计，更有高新科技的介入，需要多方位的交叉、融合，IT 人员、计算机编程也介入到毕业设计中，体现出多学科交叉、融合的趋势。每年的毕业设计展览都异彩纷呈，在社会和业界引起广泛的关注。

我们一贯支持学生和企业联合搞毕业设计，而不仅仅是天马行空的概念设计。比如汽车设计方向，这两年来企业投入加大，反映了社会对人才培养的迫切需求，企业的竞争越来越激烈，社会的进步对企业产业的转型需求。学校和企业的沟通在加快，大部分作品由企业项目导入及学生在汽车企业中实习的成果组成。今年的展览合作项目包括一汽集团合作设计的作品两项，上汽集团合作设计的作品两项，东风汽车集团合作设计的作品一项。这些从概念手办模型到实用样机模型的转变，是因为现如今工业设计专业在教育教学的过程中进一步强调了产学研一体化的主张，并将这一主张付诸实践得到的成果。在今后的发展过程中，我们还将进一步加强与企业的紧密联系，力争使学生的毕业设计能够做到和企业无缝对接，使学生的研究成果能够更快转化为实际效益，走到社会中去。这些毕业设计中，校企双方的良性互动说明我们的校企合作确实是朝着预期的方向不断发展，这也预示着在未来几年我们将会达到理想预期状态。

《设计》：毕业设计成果转化得如何，可否举一两个已经转化成功的案例。

薛文凯：毕业设计作品直接转化还不是一个常态的方式，因为影响毕设的因素很多，比如时间上的契合、专利的因素、企业的诉求、产品开发的周期、设计的保密性等，实现转化不容易。不过我们还是有同生产厂家联合研发实现市场转化的产品，比如说 2019 年本科毕业设计中，有个学生受河北华筑纸箱设备制造有限公司委托，设计一台印刷机用于进军外贸市场。该设计目前已经进入到样机制作与样机调试的过程中，并预计在今年 9 月份参加印度的一个展会，计划在一年时间内投入市场。另外，我们还有几件文创产品也处于开发阶段，由于厂家保密的要求尚不便于介绍。

《设计》：近几年的毕业生就业方向和就业情况大体是怎样的？

薛文凯：工业设计学院毕业生就业率和就业质量较高，我们着眼于当前社会环境，把握办学方向，着力提高学生综合素质，培养基础扎实、实践能力强、有创新能力的高素质应用型人才。本专业的毕业生遍及全国各地，他们在职业道德、事业心与责任感、专业知识掌握程度、专业技能熟练程度、动手能力、敬业爱岗、吃苦精神、待人接物、组织管理能力、创新能力、适应能力和身体素质等方面均受到用人单位的较高评价。近三年来，工业设计学院本科毕业生就业率都在90% 以上。通过学院统一开展的毕业生回访及跟踪了解到，毕业生就业与专业相关度较高，2016—2018 年本科毕业生就业相关度分别为80%、88.24%、95.83%。用人单位对学校就业工作的认可度较好，统计用人单位对我院就业服务工作的评价结果显示，用人单位对我院的就业服务工作满意度较高，“招聘接待工作”满意度达到 100%，认为“好”和“较好”的比例之和超过 94%。

《设计》：您认为毕业设计展的内容和方式还有哪些可以改进的方面？

薛文凯：近几年，毕业设计展的内容还是相当丰富的，观看展览的观众日渐增多。目前展览还存在一些问题，比如各个课题方向的内容有趋同化问题，所以也导致了展览结果还存在单一化问题。我们主张的“真题真做”的作品还没有占据主流位置。目前，我们的毕业展整体仍然局限在“实体展板 + 样机模型 + 部分实物”的展示形式，这种展示形式一直延续着！未来的展览内容和形式如何更上一个档次，是一个值得探讨的问题。我们希望的是呈现出多样化的效果，展览的形式一定是内容丰富、好看、耐看的，一定能体现设计院校的风貌。毕业设计一定要关注当下的社会问题、了解社会发展情况、了解科技发展情况，作品要针对性地解决问题。研究生的作品呈现的形式更要注重研究性和相关领域的研究深度，具有文化的内涵。展览一定要不同于企业产品展销会。

张继晓

张继晓教授，北京林业大学艺术设计学院院长，中国美术家协会会员、北京设计学会副会长、中国工业设计协会信息与交互专业委员会主任委员、中国农林高校设计艺术联盟执行主席，从事设计语言与思维、可持续设计与生活方式、乡村设计的研究与教学，关注产品与文化的交融、关注生态及可持续对未来的影响与改变，关注工业化、信息化、智能化过程和设计的关系，关注设计交叉、设计融合、边缘设计、乡村设计，曾参与和主持了包括科技部国家科技支撑课题、北京市社科基金课题、国家林业局项目、中央高校国家发展战略研究项目、中粮集团项目等重要研究项目。

作为专家评委受邀为中国国家设计大奖、北京国际设计周经典奖、中国创新设计红星奖、中国专利金奖等重要国家级奖项进行评审工作，受邀为韩国现代汽车集团、中国驻塞尔维亚大使馆、德国德西公司、工信部、北京市科委做各类学术报告和交流评审工作。

更专业的策展能让毕业生体验设计服务社会的使命感

张继晓

基于机场空间的共享休息舱设计　设计者：杨志宏

《设计》：请介绍一下本校产品设计专业的历史沿革及现状。

张继晓：产品设计专业源于2001年北京林业大学森工学院的工业设计专业（工科类），2013年按学科专业分类要求调整为产品设计专业（艺术类），隶属工业设计系。现有专任教师10人，其中教授3人、副教授5人、讲师2人，专业教师中副教授以上职称占80%；拥有博士学位3人，在海外取得学历及研修者7人。产品设计专业以北京林业大学“知山知水，树木树人”办学理念为指引，依托学校双一流优势学科群，强化学生在生态可持续与交叉创新设计能力，培养

景观灯具设计　设计者：张祎靖

思想品德和人文素养优秀、国际视野宽广，具备扎实专业基础和创新设计能力、团队合作精神、适应时代和国家产业发展需求的高级复合型设计人才。产品设计专业自2019年进入北京市“一流本科专业”，为产品设计专业的发展带来了新的机遇。同时也带来了挑战。

《设计》：近年来本校产品设计专业最大的变革是什么？

张继晓：强化凝练与学校生态可持续学科专业相结合的产品设计专业特色，重新定义和明确教学理念和培养目标，开展以“简约适度、绿色低碳”为目标的可持续产业、可持续生活产品创新转化设计教学，包括中国式可持续生活方式与服务设计、康养智能装备设施设计、林木生物新材料产品转化设计等方向，强化学生在生态绿色和可持续创新设计能力的培养。将生态、绿色、可持续观念贯穿于整体教学过程中，

玛莎拉蒂——音乐家内饰设计　设计者：成瀚

调整和完善了课程体系，实现教学内容的连续性和实效性，保障教学质量和培养目标的顺利实现。

《设计》：近几年毕业设计作品有哪些显著变化？这些变化反映了怎样的现实情况？

张继晓：近几年毕业设计作品更加关注国家战略需求，关注现实社会热点问题，关注中国式绿色生活方式与服务设计，关注传承中国传统文化的创新设计等。将艺术设计专业与北京林业大学的学科专业特色相结合，在专业课、实践课、毕业设计中把材料工程、机械工程、环境工程学科、湿地生态等学科专业的研究成果融入进来，使艺术设计与科研成果、社会需求结合起来。这也符合我们专业的教学理念和培养目标，符合国家倡导的“简约适度、绿色低碳”的可持续发展方向。

《设计》：您认为毕业设计展的内容和方式还有哪些可以改进的方面？

张继晓：目前学生的毕业设计展还局限在校园内，受行业和部分专业机构的关注，但从更广泛的角度看，毕业展览的受众可以再广泛些，未来在这方面还有很大的改进空间，形式可再多样些，在展览场地的选择以及增加更广泛的受众方面可以进行一些突破，走出校园获得社会更广泛的关注和认可，也为设计作品的落地合作创造更多的机会。另外，还需提升本科毕业设计策展的专业性，以此来提升学院社会影响力的同时，也让毕业生体验到设计服务社会的使命感，这也是艺术设计教育毕业环节模式的一种改进和创新。

《设计》：随着“90后”“00后”的入校和毕业，新生代给产品设计专业带来了什么?

张继晓：新生代给产品设计专业带来了新思想和新的生活方式，他们呈现出自由、个体、去中心化的特征，与这个时代信息智能化的“分布式”“碎片化”极为相似，这给产品设计专业人才培养、专业建设等提出了新要求。“90后”“00后”是伴随着转变成长的一代，这就要求我们的设计教育模式、教学内容以及考核方式都需顺应该变化而不断调整。设计教育需要集合最新鲜的信息、最前沿的思维逻辑、最快速与便捷的传授方式、最符合国家与民族发展的理念与价值观，全方位精心钻研与创新发展才能应对。

《设计》：请介绍一下今年毕业设计展的基本情况。

张继晓：今年的产品设计专业毕业设计作品共计30件（组），虽然毕业人数只有30人，但本次毕业展的作品内容是丰富多元的，包括交通工具、工程机械设施、城市公共设施、家具家居产品、医疗保健产品、智能电子产品等。展览面积近200m^2。展览以实物模型和展板组合进行展示，大部分设计作品以等比实物模型展示呈现，部分作品结合动态视频完整体现设计创意与使用场景。毕业展览吸引了大量观众，得到校内外师生和校外专业人士的高度评价和广泛认可，展览在微信公众号发布后，也得到了全国专业院校的赞誉和认可。

《设计》：毕业设计作品成果转化的情况如何？可否举一两个已经成功转化的案例。

张继晓：很多本届毕业设计作品投入本年度一些著名的设计竞赛中并获得奖励，部分设计作品参加了 2019 年在山东烟台举办的规模空前的世界工业设计博览会的高校展区展、南京“紫荆花”设计博览会等，还有部分作品被行业内订阅号介绍并推送，部分作品得到专业公司的认可并制定了生产计划。例如本届毕业设计作品“宠物狗户外饮水杯”已被行业内公司采纳并定制生产；北京林业大学景观灯具设计也得到业界关注和认可，为校园景观形象特色打造提供了可行性方案。

《设计》：近几年毕业生就业方向和就业大体情况如何？

张继晓：北京林业大学艺术设计学院产品设计本科毕业生就业率近年来一直保持在 98% 以上。主要有升学和就业两个大的去向。升学方面，近年来我们的升学比例为 33%，其中一半是前往国外的设计院校就读，包括代尔夫特理工大学、埃因霍芬设计学院、皇家艺术学院、伦敦艺术学院、慕尼黑造型艺术学院、阿尔托大学等。在国内就业方面，大部分毕业生前往京津冀、珠三角、长三角地区就业。从行业来看，毕业生主要进入了互联网、信息服务设计、装备制造业、传媒领域和专业设计公司，少部分自谋职业。总体上看，毕业生适应社会的能力不断提高，社会对我院的人才培养质量一直保持很高的认可度。北林精神就是吃苦耐劳，北林人才就是脚踏大地、务实努力。

支锦亦

支锦亦，教授，博士生导师，西南交通大学建筑与设计学院副院长，人机环境系统设计研究所副所长，教育部高等学校工业设计专业教学指导分委员会委员，艺术设计专业硕士教学指导委员会专家，中国工业设计协会设计教育分会理事。主要从事轨道交通装备的理论研究与设计实践，在交通工具人因工程、乘客行为、设计美学及设计文化理论研究等方面进行多年探索与实践，并取得一系列成果。近年来参与中国标准化高速列车“复兴号”人机工程设计、和谐号 CRH380A、高速检测车 CIT400 以及地铁、城际列车、有轨电车等的设计研究工作。教学实践中贯彻“产学研用”相结合的合作教育模式，探索设计学科建设发展如何与学校发展和社会需求相结合，推动学校以轨道交通装备设计为优势的工业设计学科发展。主持及参与国家级、省部级课题 10 余项，主持及参与其他科研项目 40 余项。出版专著《设计配色研究与应用》《工业设计程序与方法》等，发表论文 40 余篇，授权专利 5 项。设计作品入选 2014 年第十二届全国美展，指导研究生获四川省优秀硕士论文奖（2013），指导学生设计作品获得红点奖、iF 奖等。

新生代设计师肩负着推动工业设计变革发展的使命

支锦亦

《设计》：请介绍一下本校工业设计专业的历史沿革及现状。

支锦亦：西南交通大学工业设计专业创办于 1998 年，是为改善我国当时轨道交通装备设计落后的状况设立。2001 年开始招收设计艺术硕士研究生，2004 年本校工业设计专业获得硕士授权资格，2005 年依托机械工程一级学科获得工业设计博士授权资格，形成了“本 - 硕 - 博”完整的设计人才培养体系，目前实际办学在建筑与设计学院。

工业设计专业建设立足于西南交通大学的交通特色和多学科交叉优势，面向国家需求，本着服务于相关行业领域的目标，借鉴国内外先进教育经验，在科研和设计实践的基础上，以科研项目和前瞻性设计探索促进教学的发展，旨在逐步形成具有交通和地区特色的研究型设计教育体系。经过 20 余年的专业建设和发展，专业已经摸索并形成了以“轨道交通装备设计”为特色的工业设计学科发展方向，建立了以“人机环境系统设计研究所（http://hesdesign.cn/）”“四川省哲学社会科学重点研究基地——现代设计与文化研究中心（http://ycsjwh.swjtu.edu.cn/）”为代表的两个科研学术平台。

《设计》：近年来本校工业设计系最大的变革是什么？

支锦亦：近年来我校工业设计专业非常重视设计思维在教学中的融入，强调设计分析中的问题意识，并提高学生处理设计问题的综合能力，同时注重教学与科研的相互促进，强调政产学研用、前瞻性设计技术、设计实践相结合，致力于培养具有 3 类知识（设计理论与方法、工程技术与应用、人因工程与应用）和 3 项能力（设计思维与整合创新、

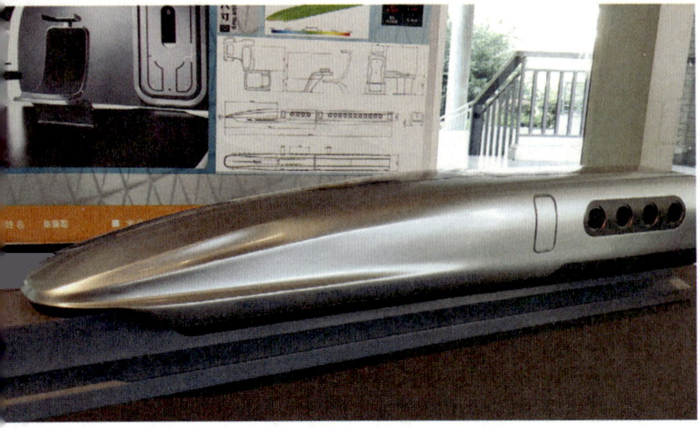

超高速磁悬浮列车概念设计　设计者：陈颖聪

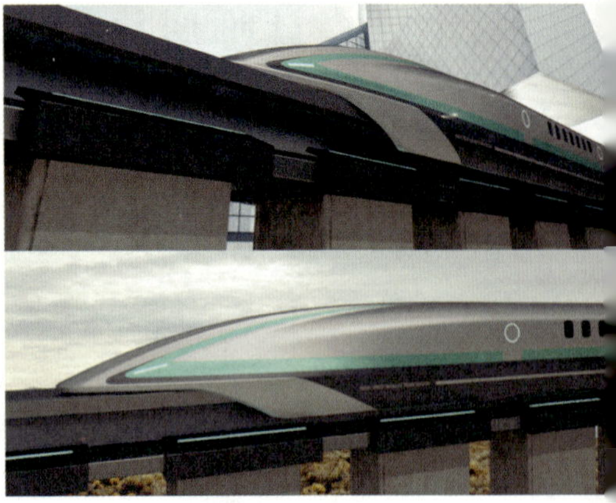

超高速磁悬浮列车概念设计　设计者：毛炫颖

工程实践、协作与沟通）的复合型高素质产品设计人才。目前，本专业的轨道交通领域优势逐步显著，铁路行业的影响力逐渐增强，对西部地区装备研发的贡献显著。此外，专业在巩固轨道交通设计优势的同时，紧跟国际发展趋势，注重智能化与数字化方面的设计教学与科研中的重要意义，与其他院校专业合作，增加并强化传统教学中相关知识与实践的内容。

《设计》：近几年毕业设计作品有哪些显著变化？这些变化反映了怎样的现实情况？

支锦亦：近年来，我校工业设计专业设计作品选题丰富、形态多元，分别从绿色交通、智能家居、可持续化、健康养老、文化语意等层面进行了设计探索创新与表达。毕业设计体现了工业设计专业学生的综合设计能力，他们将艺术与科学、观念与文化很好地结合，专业协同创新与跨专业思维不断涌现，凸显了工业设计系学生的专业情怀与勇于进取的精神。这些变化也反映了当前工业设计专业人才培养过程中，不仅仅关注设计素养和设计发展趋势，更注重培养学生关注国家发展与建设中的多元需求，以促进和推动国家在经济、产业、民生上新的发展。

《设计》：您认为毕业设计展的内容和方式还有哪些可以改进的方面？

支锦亦：在今后的毕业设计展的内容上，我们还要不断加强跨专业整合创新，为高铁时代背景下蓬勃发展的未来社会需求，思考探索一些全新的人机交互理念和生活方式。工业设计的毕业设计就是应当去思考未来会发生什么，这也是我们所希望看到且积极鼓励的。对于毕业设计展的方式，在现场除了模型与展板外，可以更多结合动画视频、数字媒体中的VR、AR（增强现实）技术，让产品样机与观者发生更加密切的互动。再通过流媒体等热门方式，将同学们的毕设作品展示进行实时发布，可以让更多人看到，同时受到更为广泛的关注。

《设计》：随着“90后”“00后”的入校和毕业，新生代给工业设计专业带来了什么？

支锦亦：首先，新生代作为消费者，在互联网中成长并迅速崛起，发展成为社会消费的主流人群。新生代不仅消费需求高，且需求更加多元化、个性化，更喜欢量身定制满足自己独特需求的生活产品。这种突变的社会需求，对工业设计专业的发展既是机遇又是挑战。如何抓住新生代用户的需求，塑造未来新的生活方式，这就需要在设计创新中打破人与物、物与环境的界线，进行跨学科融合。在此基础上进行重构工业设计专业领域格局，并通过人工智能，助力设计创新。其次，新生代作为工业设计师，在各大高校接受工业设计教育后，进入社会，肩负着推动工业设计向前发展的神圣使命。

《设计》：请介绍一下今年毕业设计展的基本情况。

支锦亦：我校工业设计专业不断调整办学思路，不断加强实践能力的教学与训练，形成创新应用型产品设计人才培养模式。在今年的产品毕业设计展中，两个班共计65位同学参加，作品以“为生活而设计”为主题，关注人们生活中亟待解决的问题与国家发展需求，以设计和科技为人们创造美好生活。设计内容涵盖轨道交通、新能源汽车、交互产品、智能家电、绿色家居、健康医疗等六大方向，整体作品注重产品定义、用户使用体验、综合造型、美学性和文化性。其中的轨道交通系列作品是毕设作品中最为闪耀的亮点，凸显我系产品设计专业为我国轨道交通行业企业发展提供有力的人才支撑。

《设计》：请介绍一下本校工业设计人才培养的经验。

支锦亦：西南交通大学立足轨道交通行业，在长期的教学和科研实践中摸索出一套具有轨道交通行业特色的“产—学—研—用”相结合的工业设计研究生培养模式。工业设计专业研究生的培养过程始终坚持贯彻“以学生为中心”的教育理念，在“产—学—研—用”培养过程中始终着眼于学生的学习和发展，力图通过以行业实际项目和多方合作教育为工业设计专业的研究生提供具有轨道交通行业背景的实践平台和交流合作机会，促进学生在该领域的全面发展与成长。

工业设计专业的研究生培养着重强调以轨道交通装备设计研究为特色。对硕士研究生侧重综合设计能力的培养，强调熟练掌握工业设计相关的基础研究工具、共性设计方法、设计问题的多途径求解策略以及积累轨道交通装备设计方面的实践经验；对博士研究生则侧重独立科研能力的培养，主要强调掌握从用户、过程、评价和建模等多角度思考问题和设计实验，能够创造性地探索和实证性地解决轨道交通装备设计中遇到的相关科学问题和工程技术问题。

工业设计专业研究生培养过程的前期强调“明现状、强基础”，重点开展教师与学生之间的理论教学活动：聚焦工业设计专业知识、学校优势资源、行业企业需求，围绕工业设计学科发展前沿以及学科所涉及的基本理论方法、设计技术、设计和研究工具、典型设计案例分析等开展教学活动；中期强调“重实践、重研究”，研究生进入二年级开始引入实际项目，行业企业、高校、科研院所围绕具体的项目开展合作培养，在研究过程中由教师和产研人员组成的导师组会根据项目的具体实施进度定期进行评估、修正，以确保研究和学位论文的合理性、正确性及研究进度；后期强调“重应用、重产出”，研究生进入三年级以后要将理论和实践相结合，总结研究项目并形成设计方案、专利、研究报告、科技论文、软件著作权、专著和学位论文。

“兼柔”竹椅——坐具的实验性竹材设计　设计者：周冶

《设计》：请介绍一下本校工业设计未来的发展计划。

支锦亦：面对新的发展形势，本校工业设计将采取“以轨道交通行业特色工业设计人才培养为主，互联网服务、电子信息、计算机软件等行业背景工业设计人才培养为补充”的综合培养思路。未来将进一步加强具有轨道交通行业特色的工业设计人才培养建设，引进具有互联网服务、电子信息、计算机软件等行业背景知识和资源的高水平工业设计师资，加强与热门行业相关企业、科研院所的项目合作与交流，为国家和行业培养更多的高素质人才。

《设计》：请介绍一下本校工业设计深化专业综合改革的主要举措。

支锦亦：主要举措包括三个方面。

第一，专业总体建设依托轨道交通优势学科群。除了重点加强教学资源建设外，本专业紧密联系本校交通运输工程和相关轨道交通优势学科群来开展教学和设计实践，重点联合建设了本科生课程“交通工具设计”、硕士生课程“交通工具专题设计研究”和博士生课程“交通工具设计前沿”，将轨道交通装备设计确定为所有学生毕业设计优选题目，设计实践及答辩环节聘请轨道交通领域专家把关。

第二，学生培养紧密联系轨道企业。本专业与国内大型轨道列车研制企业建立了长期合作关系，着力培养轨道交通行业企业急需的专业设计人才，重点为我国轨道交通行业企业发展提供有力的人才支撑。

第三，专业课程狠抓应用和落地。注重从“技术—人因—美学—文化”多元求解综合合理方案，力求保证设计方案具备较强可实施性，确保设计方案的应用和落地，如中国可变编组动车组列车，上海6号、8号线、9号线、14号线、17号线等地铁列车均有本专业学生参与研究与设计。

创新驱动设计篇

设计——创造

党的二十大报告指出，教育、科技、人才是全面建设社会主义现代化国家的基础性、战略性支撑。必须坚持科技是第一生产力、人才是第一资源、创新是第一动力，深入实施科教兴国战略、人才强国战略、创新驱动发展战略，开辟发展新领域新赛道，不断塑造发展新动能新优势。

我们要建设的现代化是人与自然和谐共生的现代化，既要创造更多物质财富和精神财富以满足人民日益增长的美好生活需要，也要提供更多优质生态产品以满足人民日益增长的优美生态环境需要。设计能够从方方面面引导创新，参与构建人民的美好生活。人民对提升我国的工业生产水平和相应的生产方式、生产系统等抱有更高的期待，设计需要直面人民对物质生活提出了更高要求的现实。国家工业和信息化部在“十三五”期间推动消费品升级，提出增品种、提品质、创品牌的“三品”战略，创新设计作为科技成果孵化的重要技术手段被广泛重视。创新驱动成为发展的主旋律，国家将设计纳入创新驱动战略，期待设计推动制造产业升级转型发展。

经过改革开放 40 多年的设计实践，显然我们已经意识到仅仅在企业中成立设计中心已经不能解决设计创新的问题，企业已经不满足于设计驱动产品竞争力提升，迫切需要解决设计和企业经营战略的链接，用设计驱动企业组织发展以及广泛地用设计驱动企业的商业战略。

在世界范围的创新活动中，一系列前沿科技已经凸显颠覆制造业体系的态势，物联网、人工智能、自动化、3D 打印、稀土科技等技术与其他产业或者新技术如何演变与发展决定未来的全球制造业态的布局。中国设计快速发展的这些年，我们有全球瞩目的设计成果，但是社会的进步远远超越了设计的发展。

近几年，我一直在研究驱动设计发展的机制，什么样的机制可以驱动设计创新？什么样的机制可以让中国设计跨越“设计陷阱”？从战略的维度、从管理的维度、从文化的维度甚至于从设计标准的维度等。而我们始终没有解决设计领导力的方法论问题，也就无法解决如何让设计有效地组织资源参与企业创新力构建的问题。设计之与企业的未来是一个创造的过程，不是现在进行时，而是未来时。亦或是说，设计是探索人类造物活动的手段，引导创新、引导趋势、引导未来合理合适的生活方式。新的科学体系下，设计的边界变得越来越模糊。量子管理理论认为，在混沌的边缘，每一个创新主体都在一种自由、平衡的状态下工作。在混沌的边界，能量最大、创造性最强，似乎预示着越来越模糊的设计边界，反而容易突破原有的驯服的设计系统，能够“创造”。

目前，在制造业领域，新一轮技术能力的提升主要聚焦于提高生产力和生产效率以及推动消费升级。许多国家已经利用新技术来实现国民经济发展，充分利用新技术应用的新机遇，弯道超车，加速发展，而贯穿其中的重要环节就是设计。设计作为生产性服务业已被广泛作为科技成果孵化的重要工具和手段，作为一门技术，更作为一种管理科学思维、指导产品化的整个流程。然而，设计发展的环境如此复杂，消费者一方面追求品牌消费，一方面“拼多多”也能成为网红。我们的科研机构和高校学术可以与国际接轨，而我们的企业的高技术应用转化能力又极低。我们要做先进制造，但我们的关键新材料却又难以突破。设计可以在小米、海尔、华为等企业发挥创新主导作用，而国际一流的设计师却在长三角的制造企业中沉沙折戟，显然这些都是当下依然无法回避的“设计陷阱”。而逾越“设计陷阱”是件很难的事，即便企业一直在探索解决方案。格特·赛勒“反对设计师将美学范式获得的价值强加于公众”，也拓展了设计是“美的造型的可视化表示”的边界。科学技术、艺术、美学、文化等交叉融合于设计创新已经是一种思维共识。

更多的探索在路上，设计一直在创新、创造，也许就在不远的将来，设计的领导力方法论可以让设计的过程既不缺乏想象力和创造性，又能够有一套合适的方法和规范，让设计创新变得更加充畅、更具合理性。

兰翠芹

曹鹏飞

1989年生人，曲美家居研发部总经理。自成立以来，曲美家居始终以一个创新者的姿态得以在中国家具品牌中成为持续领跑者。2018年，曲美家居更是大动作不断，频频引发业内震动：40亿元并购挪威国宝级躺椅公司 Ekornes ASA，“曲美京东之家”开门迎客，打破传统线下家居卖场单一场景堡垒，创立了融合生活百货和众多休闲业态的曲美零售新模式。

好的原创设计是基于对用户和生活方式的深刻洞察

曹鹏飞

曲美家居自成立以来，始终以一个创新者的姿态得以在中国家具品牌中成为持续领跑者。2018 年，曲美家居更是大动作不断，频频引发业内震动：40 亿元并购挪威国宝级躺椅公司 Ekornes ASA，“曲美京东之家”开门迎客，打破传统线下家居卖场单一场景堡垒，创立了融合生活百货和众多休闲业态的曲美零售新模式。本期创新驱动专题中，曲美家居研发部总经理曹鹏飞分享了曲美对“原创设计”的理解和坚持原创的初心。

“万物”系列 2

《设计》：曲美重视原创设计，如何定义曲美产品的原创风格？

曹鹏飞：曲美将原创设计作为核心驱动力和竞争力，我们的品牌口号（slogan）就是“设计创造生活”，坚持原创设计是我们一直以来都未曾改变的初心。作为生活方式品牌，我觉得曲美的原创风格首先体现在给用户提供一种创新的生活方式上，这种创新不仅仅是指产品外观设计的创新，还包括产品的原材料创新、工艺创新、技术创新等很多个层面。所有的创新，最终都是为了给我们的用户提供一种更美好的生活方式。

其次，一个真正注重原创设计的品牌，不会盲目跟风流行趋势，而是真正地基于对用户的洞察和生活方式的研究来做设计。比如，我们早在新中式风格流行以前就推出了简素风格的“万物”系列。当时很多人可能看不懂，为什么要在北欧风盛行的时候，去做新中式的家具？现在再看，“万物”系列已经成为国内新中式风格家具的代表作，也越来越受消费者青睐。很多时候，我们的原创设计不只是在迎合市场需求，也在力求去引领新潮流。

弯曲木家具 1

《设计》：曲美有很多产品系列，凡希生活、北欧阳光等，前期如何确定每个系列的设计调性？

曹鹏飞：曲美的每个产品系列都代表着一种生活方式，每种生活方式都有自己的风格和调性。那如何定义不同的生活方式呢？前期我们会进行大量的市场调研，进行用户分析，深度研究人们的生活方式，基于目前市场的主流消费需求、前沿设计和流行趋势等多个维度来构建市场主流的生活方式模型。比如说，北欧阳光系列主打的是精致的北欧生活方式，它营造的是一种轻松的、令人愉悦的、舒适休闲的生活氛围，很符合现在快节奏、事务繁忙的都市人群，它让人们能够回归生活，放松地享受生活。当这部分目标顾客看到我们实景样板间的时候，就会跟我们说，这就是他们心目中想要的家。好的设计，能让家居和用户之间找到共鸣。这种共鸣有可能是精神上的，也可能是单纯的产品层面上的。

当我们构建出生活方式模型后，也就基本确定了这个产品系列的设计调性。曲美的产品系列有北欧风，还有古诺凡希和维格尚品，有新中式风格的万物，有轻奢风的凡希生活，还有我们的定制家居系列，基本上覆盖了目前的主流生活方式。

《设计》：最初为何选择与丹麦设计师合作？公司从此拉开了国际合作的序幕。在与国际设计师合作的过程中，筛选标准有哪些？

曹鹏飞：工艺的创新是最初选择和丹麦设计师合作的最大契机。曲美在 1995 年前后从欧洲引进了弯曲木工艺，当时国内弯曲木工艺基本上还是一片空白，家具的同质化现象非常严重。所以弯曲木工艺推出的时候，引起了非常热烈的市场反响，这就是一种工艺上的创新，它让人们开始意识到，简约的家具更时尚、更有范儿，设计的重要性也开始凸显出来。

大家知道弯曲木家具是极简的、造型非常灵活的一种设计，丹麦设计尊崇的也是极简主义，没有过度繁复和华丽的设计，追求的更像是一种繁华过后的宁静、低调内敛、有内涵，和我们曲美的设计理念非常吻合。由于这个契机，我们很快就和丹麦的知名设计师汉瑞克先生、汉斯先生达成了合作，推出了一系列当时非常受市场欢迎的家具产品。

和曲美合作的国际设计师都是有一定知名度和国际影响力的，我们合作的一个非常重要的前提是双方的设计理念是否吻合；其次，是设计师作品的风格、造型以及对生活的诠释和理解，是否符合曲美的品牌定位，是否符合曲美的发展战略；第三，是设计师的设计是否可以落地为符合消费市场的优秀产品，我认为这一点也非常重要，它要能在艺术性和功能性之间找到一个很好的平衡。很多时候，好设计不能成为好产品，就是没能找到这个平衡点。

《设计》：如何定义曲美的客户画像？

曹鹏飞：曲美的客户群体有几个特点：一是追求生活品质，讲究空间格调；二是有一定的文化修养和审美水准，注重美学设计；三是崇尚绿色环保。随着人们环保意识越来越高，大家会越来越关注产品的环保性。

弯曲木家具 2

除了这些共性之外，我们每个产品系列也有不同的人群定位。比如维格尚品针对的是年轻人，年轻的消费群体更注重自我风格的表达，喜欢有个性、有态度的设计，不墨守成规。所以，维格尚品系列无论是配色方案还是造型，都更加前卫和跳脱，营造的是一种轻北欧的生活方式。古诺凡希系列针对中产人群，这个人群已经有了一定的人生阅历和积累，也更加注重生活的品质和品位，所以这个系列主打的是经典北欧生活方式，风格上更偏大气、成熟，空间调性更加典雅。

《设计》：请介绍一下曲美京东之家的特色，与居然之家、红星美凯龙的差异？

曹鹏飞：曲美京东之家是我们去年推出的心血之作，它是一种非常超前的家居零售模式。一层是生活百货和主题样板间，生活百货品牌是我们根据消费大数据筛选出来的品质、好评度和销量都非常高的优势品牌，同时还融入了咖啡、书吧、木作、花艺等不同业态，让我们的家居卖场成了一个放松休闲的好去处。所以，它打破了传统家居卖场的低频消费模式，转变为一个更高频的消费模式，很多泛家居的产品，都能在我们曲美京东之家的卖场里找到。二层是我们 7 大主流家居系列打造的样板间，包括新北欧、万物、维格、凡希生活等，主要针对的是精装房用户。每个样板间外面都有同系列的单品陈列区，给顾客提供多个可选方案。三层针对的是毛坯房客户，除了主题样板间外，还有各类建材主材，真正给顾客提供从硬装、软装到饰品搭配的一站式整装解决方案；同时，在曲美京东之家的卖场里，我们设置了很多智能“黑科技”设备，比如 Mirror+、身临其境等，为顾客提供更多智能体验，增加了逛店的趣味性，优化了购物体验。

相对于居然之家和红星美凯龙，曲美京东之家的“样板间 + 单品陈列”的布局方式，能给顾客更大的选择性和灵活性，给顾客提供多个可选方案，这是其一；其二，相对于众多家居品牌集合的商城业态，我们提供给用户的是有曲美品牌背书的、统一水准的高品质自有产品以及大数据筛选出的优质品牌，真正给用户提供一站式家装服务，大大降低了消费者的决策难度，省去了很多货比三家的时间和精力，帮助用户省时、省力、省心；其三，是精准的营销模式。这种精准是双向的，从我们卖场的角度来说，我们的家居系列和生活百货包括很多休闲业态的入驻，吸引到的是精准顾客和潜在消费者；从顾客的角度来说，我们能提供给到店顾客的又是他们真正需要的产品，所以能有效提升顾客的到店转化率。

《设计》：您为曲美吸纳设计人才会采用怎样的标准？提出怎样的要求？

曹鹏飞：工业设计是一个专业素养要求很高的领域，对设计能力和设计思维要求很高，我们需要的是德才兼备的优秀人才。因而我在选择设计人才的时候，一个是看他的品格，做事是否积极主动，对工作是不是有责任感、有担当；其次是悟性，对设计是否有自己的认知和见解，有没有体系完整的美学基础，这也是做好设计的先决条件；

第三是对空间的感知力，一个优秀的家具设计师一定要有空间感，要有空间思考力和空间表达力，这是一个非常重要的能力，有时候甚至超越对产品本身的认知；第四是善于体察生活，对生活方式有自己深刻的理解。我觉得，能够洞察生活，才能真正地理解生活，才能将自己的设计灵感、设计理念转化为符合用户需求的优秀产品。

除了这四点，还有一个很重要的能力——学习能力，要善于接受新事物。当今这个时代，流行趋势不断变化，新的理念层出不穷，优秀的设计师要保持开放的心态，不断学习。

高楠

中车株洲电力机车有限公司工业设计中心设计总监，教授级高级工程师，中国中车集团资深技术专家，中国妇女第十二次全代会代表、全国妇联第十二届执委。从事轨道交通产品工业设计工作20年，是我国轨道交通产品工业设计资深设计师。毕业于湖南工业大学包装设计学院，后在清华美院进修。她先后主持和参与多个科研项目研制和设计，获国家级专业奖项10余项，授权设计专利超过50余项。由她参与的“基于动力单元的大功率交流传动电力机车组技术研究项目”获得中国铁道学会颁发的“科技进步奖”特等奖，主持或参与的项目获国家科学技术进步二等奖2项、省部级科技进步奖4项、中车级科技进步奖4项。

以工业设计为中心的跨界融合打开“中国智造”新通道

高楠

改革开放以来，中国电力机车产业实现了“从普载到重载、从常速到高速、从直流到交流、从引进到出口”的四大历史性跨越，走完了西方国家近百年才能完成的发展历程。作为最早从事轨道交通产品工业设计的专业设计师，中车株洲电力机车有限公司工业设计中心设计总监高楠见证了工业设计专业的发展，也见证了中国轨道交通产业的发展。在本次访谈中，高楠介绍了中车作为中国高端装备制造业的代表对“大国品牌”的理解，还分享了希望能借助国家级创新平台汇聚更多优势创新资源，推动轨道交通行业的工业设计服务模式升级，聚集优质人才和资源，共同打造“政府—企业—高校—人才”资源与信息互通的良性循环生态，构建行业高端设计交流平台的愿景。

《设计》：改革开放以来，中国设计取得了长足的发展。请您从自己的专业角度出发，谈一谈给您留下深刻印象的几个时间节点和事件。

高楠：我应该算是国内最早从事轨道交通产品工业设计的专业设计师了，参加工作近30年，见证了我们工业设计专业的发展，也见证了中国轨道交通产业的发展。改革开放以来，中国电力机车产业实现了“从普载到重载、从常速到高速、从直流到交流、从引进到出口”的四大历史性跨越，走完了西方国家近百年才能完成的发展历程。

2000年，中国铁路第三次提速。此后三年，我们成功研制出“一箭三星”——蓝箭、中华之星、中原之星和奥星。“中华之星”动车组的设计充分考虑空气动力学因素，采用双拱流线造型，在秦沈客运专线试运中创造了当时中国铁路第一速——321.5km/h（该纪录直到 2008 年 4 月 24 日 CRH2 在京津客运专线上进行高速测试时才被打破）。

2011 年，中国共产党成立 90 周年。这一年，我们为马来西亚量身打造的具有独特伊斯兰文化风情的城际动车组顺利交付，该车辆造型以“马来虎”为创意灵感，每个细节都充分体现了人性化及民族特色，深受当地民众喜爱。也是由此开始，我们中国轨道交通装备企业实现由输出单一“产品”向输出“设计 + 制造 + 服务”的商业模式转型升级。

2018 年，改革开放 40 周年。这一年，“大功率交流传动电力机车系统集成国家重点实验室”“轨道交通车辆系统集成国家工程实验室”“国家级工业设计中心”三大“国字号”科技创新平台在中车株机公司揭幕。这一年，中国首列商用磁浮 2.0 版列车在中车株机公司下线，商用磁浮 3.0 版本列车正在加紧研制中，中国商用磁浮体系建设初建成效。这一年，中国火车头出口德国，标志着中国铁路机车成功服务于世界上最高要求的铁路市场。

《设计》：作为一位资深“中车人”，请您谈谈中车这些年在创新设计驱动方面经历了哪些重要阶段？一路走来，品牌在创新驱动方面发生了怎样的变革？

高楠：习总书记曾三次视察中国中车，每次都讲到“创新”这个关键词。创新可以说是中国中车与生俱来的基因。通过创新，我们成功实现了从跟跑到并跑，再到领跑。

作为中国高端装备制造业的代表，中车对大国品牌的理解是：“战略引领”是核心，“品质取胜”是关键，“创新驱动”是保障，“国际化经营”是必然。

坚持创新驱动，抢占全球行业技术的制高点。中车株机以设计创新引领市场，以产品创新占得先机。瞄准国内客运快捷、货运重载、电气化向西部普及的趋势，率先研制出大功率重载机车、7200kw 高原机车、160km/h 客运机车等多元化、高附加值产品；与神华集团联手，为其量身定制了全球功率最大的新型电力机车。着眼轨道交通向绿色、智能方向发展的趋势，提早储备新技术，占得技术先机。成功研制出世界最大容量的超级电容单体，并开国际先河，研制出以超级电容为驱动力的储能式有轨电车、无轨电车。

近几年来，中车株机走出去，产品从中低端到中高端，出口市场从亚非市场到欧美市场，出口形式也从单一的产品出口转变为产品、资本、技术、服务等多种形式组合出口。

持续的创新能力是品牌不断提升的源动力，不仅助推企业做强做优做大，也推动了行业进步，让我们成为行业发展的先行者。

《设计》：您所率领的中国中车株洲电力机车有限公司工业设计室是轨道交通行业首个“国家级工业设计中心”，更是一支由女性挑大梁、平均年龄 30 岁出头的年轻团队，如此特殊的团队构成是可以选择的结果吗？女设计师为主导，给工作室的设计工作带来哪些便利和挑战？

高楠：随着社会的进步和发展，越来越多的女性在工作中展现了自己的能力和智慧。现在很多高校的设计专业也是女生占多数，所以这并不是我们刻意选择的结果。在工作中，与男性设计师相比，在对产品细节和产品品质的关注、对流行趋势的敏锐度以及对用户心理及用户体验的把握等方面，女性设计师有明显优势。

《设计》：浏览各家媒体的相关报道，突出您女性设计师身份的超过一半，您如何看待被贴上“女工业设计师”标签这件事？女性的特质是否给您的设计工作带来某种优势或挑战？

高楠：“贴标签”这种事，其实不仅在我们设计行业，各行各业都会有，我们最熟悉的就是“女司机”啦。其实没有任何数据说明女司机比男司机的开车事故率更高，但就是被人贴标签。我们设计行业被贴标签并没有什么意外的。我本人从不在意这些标签；相反，我认为女性的特质在设计行业反而有很多优势。从某个方面说，设计行业就是美的行业，女性天然是美的代言人，对设计中美学的把握更敏感。设计行业也是人文行业，女性天然的温婉柔韧往往更能在设计中灵感喷薄，让作品更有魅力。当然，女性设计师所要面对的挑战也是很多的，除了工作以外，家庭也是主要压力的来源，好在我们团队的女设计师们都能很好地平衡家庭和工作之间的关系。

《设计》：您带领团队设计的“新一代动力集中型动车组”获得了 2018 年度的中国智造大奖最高奖项——金智奖，请您介绍一下这件获奖作品。

高楠：新一代动力集中型动车组具有更智能、更舒适、更灵活、更经济等特点。

更智能：通过远程数据集控中心，对列车实施全寿命健康管理，实现故障智能诊断及处理。同时，PIS（乘客信息系统）提供更智能的专属信息推送和音视频点播。更舒适：载客车辆没有布置大功率电气设备，振动噪声小，运行更平稳、更舒适；更灵活：灵活编组模式设计，可根据客流量灵活调整拖车数量，实现运行条件下的自动切换；更经济：能同时应用于既有铁路干线和客运专线，充分利用既有资源，节省新建专有高铁线路的巨大投资。采用统一受流驱动及供电，电气设备集中，制造成本低，维护相对容易，可灵活选用既有检修资源，无需为其专门设置检修基地，全寿命周期成本可降低 30% 以上。

出口马来西亚 SCS 城际动车组

中国最大的机电装备出口项目——南非电力机车

速度最快的米轨动车组——马来西亚 ETS 城际动车组

《设计》：这几年来，制造业的装备改型飞速发展，请您谈谈您所感受到的变化及您实际设计工作中方式方法的改进。

高楠：最大的感受就是过去大家对轨道交通产品更多关注是在产品的性能上，而现在公司、客户更多地关注产品的颜值和用户体验方面。这使我们在设计时所关注的点变得更多维度、更丰富，也给我们的工业设计提出了更高的要求。

近几年，我们开展工业设计美学方法研究，结合公司的产品现状与未来规划，制定出一套公司专属的轨道交通产品工业设计美学方法与策略，以实现公司产品的顶层设计规划，对未来产品的设计与评估产生规范和指导的作用。当然，还包括人机工程、虚拟现实、CMF等一系列的方法手段来提升产品的颜值，使颜值和功能齐头并进。

现在我们的工业设计已经从以前简单的产品造型设计逐渐上升到产业设计，设计内容拓展到产业链和创新链的全流程，包括市场分析、产品开发、产品造型、工艺流程、品牌战略、商业模式设计及服务设计等。

《设计》：您如何看待 AI、VR 等高科技手段在高铁设计中的应用前景？

高楠：人工智能与虚拟现实技术在包括高铁在内的高端装备制造业有着广阔应用前景，能够极大地促进技术发展。

我们工业设计中心现在建有非常先进的 VR 实验室，我们现在很多项目都是在虚拟环境下进行设计验证的。基于 VR 环境下的产品设计，可以实现更精确的用户需求分析，可以将体验设计的思想融入产品概念设计中，更多地关注产品使用者的感受。从最直观、最真切的角度来反映产品设计方案，可在量产前发现问题并及时改进。基于虚拟装配技术，还可以对整车或子系统进行虚拟设计装配和装配工艺仿真，并可以完成机构运动仿真和动态干涉检查。虚拟仿真的应用可以让设计人员“穿越”到车的框架中，结合应力计算的可视化结果，非常直观地检查结构的协调关系、维修可达性。采用虚拟实验技术还可以进行虚拟人机工程学评价、虚拟风洞试验、虚拟碰撞试验等。因此，

双层动车组内饰

通过 VR 技术的应用，使产品设计、仿真计算、设计评审、试验验证等各个环节的效率提高，实现用户需求的精确分析及响应以及工程合理化的提前评估，较大地提升了设计质量，降低产品研制成本，缩短研制周期，是未来设计提升的必要手段。

值得骄傲的是，我们公司还建有全球首个转向架智能制造车间，这也是国家首批智能制造示范项目，包括信息化平台、制造智能化、物流智能化、试验及公用设备智能化等四大模块和 14 条智能化生产线。项目现已基本建成，部分已投入试运行，将实现研发、工艺、仿真试验的数字化以及生产制造、信息采集、物料配送、质量管理的智能化，从而进一步提高生产效率、产品质量和经营效益，改善员工作业环境，降低员工作业强度。

中国中车正在打造智能制造、智能产品、智能服务、智能交通等四大体系。在去年的“德国柏林轨道交通展”上，中国中车发布了智慧列车解决方案，向世界同行展示了“中车智慧”和“中车方案”。智慧列车蓝图融合了卫星通信技术、互联网技术和智能控制技术，将让车厢变成移动办公室、商务洽谈室。在不久的将来，旅客们将有更便捷、更舒适、更有趣的出行体验。

我们工业设计中心目前也有专门针对人工智能技术研究的项目立项，如何让这些高科技手段更好地提升设计手段，影响改造更多传统产业，是我们需要深入思考的问题。AI 的未来发展是不可限量的，未来 AI 大规模地应用到智能制造行业也是必然趋势。在未来的智能制

全球首创的储能式有轨电车——广州海珠现代有轨电车

造行业里，谁掌握了智能制造的人才，谁就掌握了核心力量，VR、AI 方面的人才培养也是刻不容缓，很多企业都有类似需求，所以我们应该加速学习，让人才和趋势一起成长。

《设计》：从一家只能修理蒸汽机车的修理厂，到成为一家能够研制世界最先进磁浮列车的企业，中车株机公司用了 40 年时间，从一个“跟跑者”变成“领跑者”。您为工作室设定的长短期目标分别是怎样的？

高楠：改革开放 40 年来，从学习到创新，从引进来到走出去，从落后到领跑，成为中国高端装备走出去的代表，中车株机实现了从“跟跑者”变成“领跑者”，实现了从“中国制造”向“中国创造”的重大转变，用自主研制的产品深刻影响了中国人民的生活方式。

短期来说，我们希望进一步与国内外的优秀企业和设计机构展开合作，促进以工业设计为中心的跨界融合，通过这种跨界协同设计，引入企业外部设计人才，使企业更好地协同外部智力，激发创新思维，让设计融入到产业链、创新链的全流程中。

同时，我们正在建设工业设计服务平台，探索建立开放式的工业研发设计服务体系，努力在实现设计服务功能的互补融合上取得新突破。通过工业设计平台服务的建设，进行工业设计研发创意、咨询策划创意，培育打造轨道交通装备创意产业平台，打造以工业设计为核心的跨行业、跨专业的设计联盟，加强装备制造、软件开发、工业设

首次出口欧洲的动车组——马其顿动车组

计以及信息服务等相关领域的合作。我们期望，这种以工业设计为中心的跨界融合以及通过要素多元组合衍生出的创新模式，能成为助力“中国智造”的一条新通道。

长远来说，我们也希望能借助国家级创新平台汇聚更多优势创新资源，推动轨道交通行业的工业设计服务模式升级，聚集优质人才和资源，共同打造“政府—企业—高校—人才”资源与信息互通的良性循环生态，构建行业高端设计交流平台。

尊严出行、便利服务是人们对交通运输的诉求，高品质的用户体验是轨道交通行业发展的内在要求。所以，不断满足人民对美好生活的向往，就是我们的奋斗目标。

《设计》：您在为中车吸纳设计人才时会采用怎样的标准？提出怎样的要求？

高楠：首先是团队协作能力。我们非常注重团队建设，要有一支有战斗力、能打硬仗的团队，他们关注的是如何齐心协力攻克一个个难关。因此，除了必要的专业能力外，团队协作能力很重要。

另一个非常重要的标准是学习能力。在信息技术高速发展的时代，设计师们每天使用的是最高端的设备和软件，每天会接触大量新的信息与资讯，所以学习能力非常重要。任何与设计有关的技术、设备、信息都必须了解、擅用，要跟紧时代变化的步伐，使自己不断成长、不断完善、不断创新，这样才能让自己始终站在时代前沿。

刘德（左）

小米科技联合创始人、小米集团高级副总裁、集团组织部部长，美国艺术设计中心学院工业设计硕士、北京理工大学机械工程硕士，曾任北京科技大学工业设计系系主任。入围过 IDEA 决赛、获得迈阿密设计导师奖、中国台湾杰出论文奖、意大利杰出设计奖、LG 国际电子产品设计大赛荣誉奖、大阪亚洲设计研究员、日本设计基金会荣誉奖等。

柳冠中（右）

1943 年出生于重庆，清华大学美术学院责任教授、博士生导师、清华大学首批文科资深教授，《设计》杂志总编，任中国工业设计协会荣誉副会长兼专家工作委员会主任和学术委员会主任、香港理工大学荣誉教授、中南大学艺术学院兼职教授和博士生导师、广东工业大学博士生导师、福州大学厦门工艺美术学院工业设计系客座教授等。是中国设计学科的学术带头人。1984 年创建了我国第一个“工业设计系”。多年来勤奋耕耘、为人师表，奠定了我国工业设计学科的理论基础和教学体系，我国著名的工业设计学术带头人和理论家。

设计驱动型企业让设计的作用发挥到极致

刘德　柳冠中

在本期关于“创新设计驱动”的专题中，杂志有幸给清华大学美术学院教授、博士生导师、首批文科资深教授、《设计》杂志总编柳冠中和小米科技联合创始人、小米集团高级副总裁、集团组织部部长刘德组了个局，由此促生了专题中的一个新模式——对谈。这两位设计理论和实践先驱的对谈围绕着“设计是如何驱动中国企业开疆扩土走向世界”“小米模式”“小米生态链”等话题展开。

●“在很多大型设计公司里，一个设计师的年产值大概只有15万，还不如一个产业工人。对于今后的中国来说，这点是一个十字路口。现在都讲究转型，企业转型、设计公司转型，都在探索自己的路，小米走的路不可忽视，它带来的是一种新型的管理体系。”

——柳冠中

●“我们赋予了设计师一个新的角色——设计者，本身就是产品的甲方。于是设计师对产品所有的思考就开始趋于纯粹、真实，不会为了其他原因去改变原则。”

——刘德

《设计》：小米模式在当前的市场上很有影响力，从创始到现在小米经历了怎样的发展历程?

刘德：我最早在学校做过设计公司，那时对设计服务有了解，但不了解企业怎么做工业设计。这几年做了小米以后，对企业端的感受会强一些。从前我们在做设计公司的时候有个口号——甲方的满意就是我们最大的追求，今天看显然是不正确的。当开始做企业以后，我们就是自己的甲方。这是小米和设计公司最大的差异。

在小米，除了手机有单独的一支设计队伍外，还有其他 200 多个产品品类，而设计师只有 14 人。别人觉得效率高，本质原因是不存在甲方了，设计师就是自己的甲方。大家刚到小米的时候还是有甲方意识的，后来我们花了一段时间改变这个思路，告诉设计师们，设计团队就是甲方，以及要用哪个调子来做东西，这一点很重要。

总结起来有几个特点：第一，动手之前把事情想清楚。我们认为日本白电过于“素”，苹果的科技感过于强，于是让大家去“抓”苹果和日本白电之间的调子，让大家在这个逻辑里做东西；第二，重视基础功能。在设计时把 80% 的注意力都放在产品的基础功能上，通过改掉没用的装饰来满足产品基本功能，即那时所说的两个思路，“造型简约，功能直接”。之后我们发现越这样做，设计出的产品越趋近一致。更有趣的是，品类多了之后很容易就能形成语言，在不同产品里面体现。慢慢地，就形成了小米特有的语言。

为什么小米参加了很多国际奖项的评奖，其中有几个逻辑：第一，设计师需要被认可，于是我们鼓励大家出去参与设计奖的评选。2017 年小米在半年内大概拿到了 200 个设计奖，比如红点、iF、G-Mark 等，拿到的全是金奖，这还是很不容易的，所以我觉得 2017 年是对小米还不错的一年。记得日本 G-Mark 设计奖评委会在给小米颁发金奖时说，其中的原因之一是以此来警醒日本的产业，“如果你们不努力，就会即将被一家中国公司超越。”

我们赋予了设计师一个新的角色——产品的甲方。于是设计师对产品所有的思考就开始趋于纯粹、真实，不会为了其他原因去改变原则。小米所有的设计师训练密度都非常高，团队只需要一个精准的设计逻辑就会很快找到“路子”。

这两年有个很好的现象，中国设计在很多产品领域里都出现了亮点，原因有三：一是目前中国有大量的年轻设计师，二是很大一部分设计师的训练密度已经足够，三是全民美学素养的提高和市场竞争机制。

记得读大一时，我骑自行车从北京理工大学跑到中央工艺美院，就是想了解一下他们是怎么教书的，今天算来有 20 多年了。刚毕业的时候，除了我们自己有追求以外，大家对行业是不了解的。但今天已经完全不一样了，在这段时间里，中国有了巨大的进步。

在这 20 多年里，中国的设计产业从多方面给了设计师动力。第一个动力是早期的探索者和启蒙者，以柳老师为代表，这些人把理念从海外带进来，告诉大家什么是工业设计，在此之前是没有这个行当的。第二个动力是全球制造产业向中国的转移，带来了西方的技术意识。今年中国的工业设计后劲很强，因为产业在这里。第三个动力是继第一波传播者以后，大量的中国学生开始出去读书，把外面的信息带进来，他们跟早期的启蒙者不一样，已经进入了实用阶段；第四个动力是中国市场强大消费的兴起，大家对“好东西”开始有需求。我觉得这是整个中国设计产业强劲的动力。

今天在中国做设计师，在我看来已经非常美好。可贵的是，一旦这个动力形成，从今天往后的 10 年、20 年，会迎来更黄金的时代。随着消费的崛起、消费者的成熟，大家开始对好产品有诉求，再加上有更多的从业者、毕业生出现，中国制造开始精致了。我觉得制造业可能真的会迎来一个天时地利人和的 20 年，党和政府给了今天的设计师一个非常好的时代。

柳冠中：设计师从设计公司走到小米，当家做主了，可以通过探索找到大家都比较认同的一条路。它的前提是小米本身的机制允许，而这个机制的形成是很重要的。因为目前国内大部分设计公司都是中小设计公司，往往是跟着甲方转，我把它叫“打游击”，打一枪换个地方，想发挥都发挥不了。一是需要遵循甲方；二是在这么短的时间之内，想升都升不进去。

由工信部主办的大奖，获奖的基本上都是大企业，因为它有实力。设计公司没有实力和资源，即便想做，周期也决定了它不可能花大力气去做。所以我非常感谢小米这个机制。你说它是一个企业，但它实际上是一个设计驱动的企业，跟一般的以市场拉动的企业不一样。我觉得这是小米最值得大家去学习的地方。通过设计来驱动，同样是一种企业的运作方法。我认为，这是中国今后 10 年乃至 20 年，企业转型或者设计公司转型必须要参照的一种模式。怎样从机制上让设计的作用发挥到极致，这一点很关键。

在很多大型设计公司里，一个设计师的年收入大概只有 15 万，还不如一个产业工人。对于今后的中国来说，这是一个十字路口。现在都讲究转型，企业转型、设计公司转型，都在探索自己的路，小米走的路不可忽视，它带来的是一种新型的管理体系。

《设计》：设计师自己就是甲方，这样的机制是怎么形成的？企业怎么在制定管理机制时让设计的作用发挥到极致？

刘德：一切的原因都是市场竞争驱动。竞争是驱动一切事情的动力。小米早期的主业是做手机，行业竞争非常激烈。所以第一，我们在一个高度竞争的行业里，不得不去寻找有竞争力的抓手，包括技术、供应链、资本的竞争等，设计在竞争中是个重要的环节。小米在早期对设计要求高，我要求这些创业者不能不重视设计。恰恰因为重视，所以在小米的合伙人里面，我是做工业设计出身，早期的七个人里有两个都是设计出身，具有专业背景。

第二个原因，由于对设计格外重视，设计决策会直接上升到公司的终极决策层面。（雷军）雷总对精致的产品设计甚至到了“洁癖”的状态，我很少见到工程师有这样的“设计洁癖”，这是小米的优势。

第三个原因，我们选择各行各业中最优秀的人加入项目团队。这些人有见识，有追求，有良好的教育背景和国际视野。找最强的选手来干，这是小米很重要的口号。一个优秀的工程师能顶一百个甚至一千个用户，所以要找最好的、一线的设计师。中国有很多的年轻设计师训练密度足够，到了一个“碰到了这层窗户纸，但还没捅破”的状态。这样的设计师我们面试了很多。这就造成在小米公司，一个普通的设计师到了别的设计公司可能就是总监级别的。有两类人我们是非常重视的：第一类是有足够训练密度的人，他们对设计有经验，就“差一层窗户纸”；第二类是我们认为在设计领域有天赋的年轻人。这两类人各有好处，有丰富经验的人能力全面，从画草图到和小工厂沟通什么都知道，才能把设计一步一步推下去；第二类年轻人聪明，一旦给他一个对的路径，成长速度会非常快。所以这样组队组得好。

另外，给设计师话语权。小米的生态链模式，让设计师从产品定义到产品设计再到成本控制，在整个过程里话语权很高。不过现在有些过于高了，关于这个我们也在修正。因为有时设计师的个人追求会给企业带来巨大成本，但这是一个形成尊重设计氛围的必要代价。这些代价属于投入，一旦磨合好之后，设计师慢慢也会成熟起来，开始形成成本意识，能与项目经理和产品经理更好地沟通。这大概就是小米体系里的逻辑。为什么我们说设计总监很重要？因为他负责给公司制定逻辑，再物化到产品的形式和造型中去。

所以，一方面是市场竞争的激励，另一方面是团队和团队的意识要足够好。

现在中国可能也会进入到一个 IN-HOUSE（本地化）时代，为什么这么说？因为今天的产品竞争是个综合的竞争，它让技术工艺和加工制造成本结合得史无前例地紧密。这时一个完全“外围”的设计公司没有掌握到这么多信息就“进不来”了。我觉得企业到了综合竞争的阶段，IN-HOUSE 便会开始兴起。在未来十年，这种 IN-HOUSE 可能还有巨大机会，因为这是整个中国社会实现“从无到有，从有到优”的过程。从解决问题到越来越精良，再往后可能会出现多样性。

未来十年，一个雅致生活的时代会慢慢兴起。我们谈雅致生活，可以先谈大消费时代。今天中国已经进入了大消费时代。我们经常用一个例子讲，一个美国人一年用 12 条毛巾，而一个中国人一年用 2 条毛巾，中间差了 10 条。这 10 条毛巾在未来 10 年都会补足。从大消费时代到雅致生活时代，所有东西都开始变得像宋代那样精致。

什么是雅致时代的信号呢？举个例子，大概在 3、4 年前，我的一个朋友来，那时已经是 11 月份了，他拿了一把很精致的扇子，我很惊讶。他说：“这扇子我买了好几把，是要定制的，谁喜欢我就送他一把。”我一看，真的很精致。这件事情让我很感慨。倒推 20 年，做好一把扇子未必能养活得了自己。但今天你能做一把精致的扇子、一个精致的杯子，就可以活得很好。为什么？因为一个新的时代来了。

这样的时代会带来巨大的市场空间。除了大企业里做大批量生产的设计师以外，还会对那些做多样性产品的设计师有要求，在设计领域内会产生巨大的机会以及巨大的进步。我认为是很好的事情。

做设计公司的时候，我们是一个非常崇尚小而美的公司，但当你到了大企业以后会发现不是这样的，可能工作把生活都侵蚀没了。如果说什么是设计师最好的状态，可能愿意做雅致的小产品以及能够实现小而美的公司才是好的。中国还会经历一个大企业时代，但再往前走，可能会像日本那样出现很多小型公司，它会满足商品和社会生活的多样性，这是整个社会成熟的标志。

柳冠中：是的，我们现在讲的小公司和未来讲的小公司完全不是一个维度的，当整个社会的支撑和其他服务都跟上了以后，它才有存在的空间。刘德讲得非常好，面临这个阶段，IN-HOUSE 的设计公司应该要发展了。现在很多企业要找设计合作者更愿意找专业的，而不是一个什么都会做的，这也就说明IN-HOUSE设计的发展趋势在成熟，因为它内部的管理配合太紧密了，这是一个非常明显的规律。20、30年过去了，中国设计从 IN-HOUSE 设计起步，到企业里与设计公司合作，再到像小米这样的模式，的确做得不错。

小米走到这一步体现了一个优势，就是刚才刘德所说的，在下一个阶段，可能又会出现小设计公司做一些精致的产品，而高一层就意味着这不是一个一般的小设计公司，而是在某一点做了很深的研究之后去做的，这就给 IN-HOUSE 设计公司带来了一种必要的支撑。因为它长期在 IN-HOUSE 里，本身运作得很熟练，再进来新的东西就不大容易了。以奔驰公司来说，它有产品设计部、前景设计部，还有一个和院校以及意大利小设计公司合作、专门做汽车的部门。它需要不断补充新的刺激、全新的理念或者全新的使用方式来影响它的前景，把这样的影响引进设计部，从而决定第二年生产设计部做什么东西，这是一个系统。

对于中国来说，通过40年的努力，我们的确有了长足的进步。第一，具备了搞设计的平台，以及具备足够训练度的设计师；第二，出现了一些设计驱动意识比较强的董事长，或者对设计比较有认知的人，比如小米；第三，一些和企业有紧密合作模式的设计公司现在正在成长，它们会和企业签订长期的，比如 3—5 年的战略合作，这个模式在最近已经开始出现明显的苗头，而在过去是不可能的。另外，设计公司应该固定与几个企业进行合作，不能总是“打游击”。当然，永远会有“打游击”的公司，但那属于在成长过程当中积累经验。比如东方麦田，它的做法是和某个企业合作家具，但不再和别的企业合作，这就可以保证其中有四五个团队是固定的，通过和每个行业合作，积累足够多的经验。

对于这样与企业合作的设计公司，我认为当地政府应该给予相应鼓励。一是得奖的鼓励；第二，是在公司进入设计园区的 3 年中，减税免税或者降低房租，鼓励一部分设计公司与企业建立一种伙伴战略关系，我们叫捆绑式的合作。这样会带动企业对设计的认识，在与设计公司的合作中，让设计师全程都可以参与进去。这样一来，不仅是企业对设计的认识提升了，对设计师来说也是锻炼。在合作的过程里，设计师的知识结构与专业服务都会升级，它会越来越精、越来越深。在将来，针对这一方面应该增加舆论导向，政府给予支持，不是简单的资金支持，而是提出政策去鼓励中小设计公司与企业进行捆绑式的合作；第三，刚才提到"精致生活"，我认为需要弄清它的含义，否则容易被商业引导成一种挥霍、浪费、奢华的"精致"。作为设计师，设计驱动式企业，恐怕需要在这方面竖起一个非常鲜明的观点和旗帜，我们鼓励的不是奢华，不是占有，而是服务，最终的产品只是一个载体而已。在今后的 10 年、20 年，国家应该有这样的设计机制产生，企业需要担负起社会责任，尤其是设计公司，小米有这个可能性。但是，今后要更明确的事情是，要引导人们健康消费，不是简单的占有，而是一种简约型的生活。因为中国 13 亿的人口数量太大了，大家稍微多追求一点，整个国家或者社会担负的压力就非常大，会造成大量的资源消耗。

习总书记提出的"中国方案"是非常具有政治远见的口号，绝对不仅仅是一种宣传。中国方案不是走美国的、日本的、意大利的路，这是很难的，但是设计界要有这种理想。如果这样的做法让整个社会都能进步，那么，在今后的 20、30 年，中国会让世界知道我们的理念，而设计师是有可能在这方面贡献力量的。

我是中共党员，共产党讲各尽所能、按需分配，但要有恰当的定位。"能"不是什么能力都可以用，"需"也不是要什么就给什么。这就要求设计工作者发挥作用，不能让只研究经济的人去定，也不能让只研究科技的人去定，设计要起到引导作用。对于社会的规范、道德的进步和伦理的延续，设计师要起到维护作用，因为设计的确在引导消费，在产品或者服务系统当中，除了满足以外还会有一定的限制。从客观上来讲，设计师在引导人，在参与社会规则的制定。今天有学生问我，现在设计上有没有一些标准？我说的确没有，设计的标准要制定出来很难，但是终归会出现一些标准。我们需要社会存在某种基本的水准，不然会失控的，比如资源浪费以及可能出现很多其他的事故。

中国的设计已经到了一个十字路口。在这 40 年中，虽然我们一直以模仿为主，但已经积累了足够的东西，下一步怎么走非常重要。比如企业如何引导、设计公司如何引导，需要更多的交流，所以舆论引导非常重要。而这都需要设计师发挥作用。比如我们一直做沙发，但现在的年轻人早已不坐在电视机前了，为什么还要做沙发？在眼下这种变革的时代，我们的家具做出来，应该是世界的“新物种”，不再是米兰展上的东西了，也不是美国展上的东西，中国将会出现全新的一套按中国人的生活习惯设计的家居系统。随着生活方式节奏的加快，设计需要描绘新的东西。

包括中国文化输出，设计也需要发挥作用。中式的生活是非常平易近人的，又是非常雅致的，不是奢华的，而是有尊严的。不光是小米，我们需要为真正的中式生活树立标杆。在小米现有的机制下，仍然需要沉淀、磨合，比如在今后和更多的投资者合作、融资。现在，国外对中国设计的了解还远不够多，我们需要整理自己的设计体系了。

《设计》：小米的产品经理都是学设计的吗？

刘德：从理论上来说，第一，产品经理的背景可以是非常丰富的，在小米，软件、硬件出身的设计师都可能成为产品经理。第二，为什么在互联网公司里和软件公司里更容易出现产品经理这个角色，因为它是快速迭代的，能够迅速训练出产品经理，而传统产业的产品更换周期慢，无法做到。第三，产品经理是一个小 CEO 的角色，我们是这么理解的。这个角色非常复合，也很难。在小米的生态链体系里，本质上是产品经理驱动的业务逻辑。因为有了好的产品经理，才能够驱动好的产品出现，于是就有了产品经理驱动公司利益的模式。

按国际化逻辑来说，当代中国企业的国际化过程，在某种意义上也是中国文化对外输出的一种重要方式。小米的海外市场数量达到 70 个国家，在 15 个国家中都排名前五名。在这个过程中，别人看到你的产品很精致，性价比高，是很有竞争力的产品，这也是对国家文化形象的输出或者说重塑。小米在世界各地做产品发布会和开店时，都

现场采访图

有万人空巷的场景。当企业的产品足够好，就会拥有很高的产品势能，能够非常容易地进入国际市场。产品的推广在某种意义上也是在推广国家的文化和技术实力。在最近的两三年里，我们对这一点感触很深。去年，小米在海外市场实现了高速的增长。

设计师在中国产品国际化、中国企业国际化的进程中担当了重要角色。由于设计师的参与，产品势能才开始提高，卖到世界各地去，反馈是非常好的。我觉得在中国，可能很少有企业能够形成系统性的产品。但小米在今天已经基本形成了风格，大家一看就知道这是小米的产品。我认为这有两个原因，第一是我们刻意地塑造了产品风格，第二是小米的产品带宽比较宽，比较容易形成家族性的风格。

《设计》：请问刘德先生怎么看中国的设计教育？

刘德：最大的感受是今天的中国设计教育对学生设计训练的密度不够。我们从中国的学校出来，也经历过西方的设计教育，再回来接

李一舟（左一）刘德（左二）柳冠中（左三）将红斌（左四）李杰（右一）

触国内的年轻设计师，就能看到今天中国设计教育里面的一些特点，即对设计基础技能和设计项目这些的训练密度都小，远远达不到培训的要求。这样就导致学生本科毕业以后只完成了设计的科普性教育，然后在工作中再用相当长的一段时间来完成训练。国外的学校会把训练的一部分放到本科期间，比如说学生在校期间做的案例的复杂程度以及数量比起国内要高得多。因为设计是个很综合的学科。在短短的四年里，要想对这么综合的东西产生体会，唯一能做的就是加大训练力度。我觉得这是中国院校应该着力加强的地方。

第二，设计师是一个天生容易转型成产品经理的行当，这是非常有趣的。因为设计师的综合能力比较强，所以在小米的生态链体系里，设计师创业的公司也非常多。设计专业的学生在学校里多学习一些对产品的把握以及如何把握市场用户，包括部分管理的内容，未来是非常好转型的，我想这是非常好的一个现象。

《设计》：小米生态链最强的机制在哪里？

刘德：第一，小米生态链立足于小米这个平台，有巨大的平台支持。第二，所有的生态链公司小米不控股。从分配机制上做到了创业者做大的公司属于自己，而不属于小米。所以从制度上来说，第一是分享，第二是公司不控股。第三，这是一个“商邦”或者“社区”，大家在这里能够相互帮助，找到组织，会形成天然的信任感。这样的生态链公司构成了小米的生态体系，我觉得这也是一个挺有趣的商业现象，因为在这之前没有哪家公司是这么做的。我认为在这个过程中要分享、成全别人、互为放大器。今天小米是这些公司的放大器，当未来有几百家这样的公司，每一家都有几十亿上百亿的流水，它们就是小米巨大的放大器。

吕继刚

BOE（京东方）智慧系统事业群设计总监，前数字艺术事业部总经理，是中国工业设计行业最早的从业者之一。担任京东方自有品牌事业群设计与研发中心负责人期间，首次引入了设计先导的理念来设计新品，带领京东方的设计与开发团队，从最初单一的智能硬件产品设计与开发转化到软硬结合产品的设计与开发，助力集团实施物联网端口战略。

全流程用户体验设计是塑造品牌形象的最好方式

吕继刚

早在2016年11月，BOE（京东方）董事长王东升先生公布了“开放两端、芯屏气/器和”的物联网转型战略。BOE（京东方）的物联网战略转型，实际上有两大鲜明特点：一是聚合了自己的核心技术积累优势，二是敢于面向重大技术变革趋势“押宝”。时至今日，BOE（京东方）已经成为中国重技术驱动的代表企业。BOE（京东方）智慧系统事业群设计总监吕继刚作为工业设计行业最早的从业者之一，不仅见证了中国设计的成长，在担任京东方自有品牌事业群设计与研发中心负责人期间，还首次引入了设计先导的理念来设计新品，带领京东方的设计与开发团队从最初单一的智能硬件产品设计与开发转化到软硬结合产品的设计与开发，助力集团实施物联网端口战略。

《设计》：改革开放以来，中国设计取得了长足的发展，请您从自己的专业角度出发，谈一谈给您留下深刻印象的几个时间节点和事件。

吕继刚：我作为中国工业设计行业最早的从业者之一，见证了中国设计的成长。我们比较关注的设计大奖——德国的iF奖、红点奖、日本的G-Mark奖、美国的IDEA等著名工业设计奖项，这些奖项在10年前基本被国外大公司垄断，很少有国内企业或机构获奖。京东方一直以来就是一家非常注重创新的公司，企业愿景是做地球上最令人尊敬的伟大企业，我们也为这个目标奋斗着。

京东方集团领导层对自己设计开发的产品有近乎苛刻的极致追求，我在担任京东方自有品牌产品设计与研发中心的负责人期间，首次引入了设计先导的理念来设计新品，这在国内公司是很超前的。我们团队在产品企划初期就采用 DESIGN THINKING（设计思维）的理念，对用户在产品使用周期中的每一个环节都进行细致设计，尽量满足用户全流程的良好体验。2014 年底，我带领京东方设计和开发团队开发出了 BOE ALTA 产品，上市当年就获得了 2015 年度的德国 iF 金奖。当我去德国慕尼黑宝马展览馆参加颁奖典礼，站在全球设计界最高领奖台上时，深刻感受到了我们中国企业在工业设计方面取得的巨大进步，这不但是我们设计与开发团队的荣誉，也是我们集团坚持设计创新的结果，同时也是中国产业整体进步的结果。

我体验的第二个标志性事件，是 2016 年 11 月我们公司画屏系统产品的发布。这类艺术类物联网产品在欧美也是全新的领域，中美企业是共同起步的。2016 年 5 月份，在集团的战略布局下，京东方成立了数字艺术事业部，我作为事业部总经理带领团队进入数字艺术领域做相关产品的设计与开发，在我们团队的艰辛努力下，开发完成了画屏系统并实现了全球首发。相比美国硅谷的同类创新企业，我们的理念更加先进，从创新之初就不仅仅满足于开发一个智能硬件，而是打算为艺术机构、艺术家和大众搭建一个桥梁，让全人类创造的经典艺术通过现代科技快速走近大众，让大众能够便捷地欣赏到经典艺术作品，进而提高民众的审美水平，体验到生活的美好。

我们的目标是要搭建一套生态产品，BOE 画屏由“智能硬件终端 + 智能云平台 + 共享内容库 + 增值服务”组成。这时在我们理念中，设计的产品已经不仅仅是一个智能硬件，我们在设计开发硬件的同时设计开发了 APP，搭建艺术内容库和进行数字艺术服务模式创新。产品设计也已经演变成设计一套虚拟和现实结合的系统，我们开创了一个全新的产品门类。BOE 画屏产品一上市就在 2017 年 1 月份的美国 CES（国际消费类电子产品展览会）展上获得了“2017 年度全球显示产品创新应用奖”。作为一个全新的产品，BOE 画屏系统产品一经发布就能在全球消费电子展上获奖，这说明我国在产品应用创新方面获得了很大的突破；同年 9 月，BOE 画屏系统产品在德国 IFA（柏林国际电子消费品展览会）展上再次斩获“2017 年度产品技术创新金奖”。BOE 画屏系统产品连续在全球顶级的电子消费展上获奖，说明我们的设计创新在从设计制造单个产品到设计系统产品的转变中取得了巨大进步，获得了国际同行的认可，这是中国制造到中国创造的经典创新

BOE ALTA

案例。

《设计》：作为资深“京东方人”，请您谈谈京东方这些年在创新设计驱动方面经历了哪些重要阶段？一路走来，品牌在创新驱动方面发生了怎样的变革？

吕继刚：从 2014 年开始，京东方采取了设计引领的策略，开发出了很多经典的智能硬件产品，如 BOE ALTA 新概念电视、BOE MAX 110 英寸超大屏产品、BOE 98 英寸 8k 显示产品等，获得了用户的认可。2016 年开始，集团发布了物联网端口战略，产品创新方向聚焦在物联网产品的设计与开发上，设计团队也从最初单一的智能硬件产品设计与开发转化到软硬结合产品的设计与开发上。产品的形态不再局限于一个硬件或软件，而是软硬结合的系统产品；使用方式也不单单是传统接触式的物理形态的人机交互方式，而是物联网形态的交互方式，这就对设计师提出了更高的要求。我们坚持每一个环节都引入设计思维，来优化用户的使用体验，挖掘用户未被满足的潜在需求，我们坚持注重用户对产品全流程的使用体验，因为优秀的产品和全流程的用户体验设计是塑造品牌形象的最好方式。

《设计》：近年来，京东方持续推出智慧端口产品及解决方案，构建细分物联生态。京东方想要构建的理想的物联生态是什么样的？

吕继刚：京东方作为半导体行业的领军型企业，有非常好的优势发展物联网端口战略，我们坚持显示为主业，围绕主业的优势技术拓展新的应用领域。坚持事业是为了让人生活更美好、更健康的这个大目标进行产品创新，挖掘这些细分化市场中人们未被满足的潜在需求来开发产品。比如我们做的画屏产品系统和系列移动健康产品，目的就是让人们把美和健康带回家，让人们生活更美好。

《设计》：与单纯的互联网企业或者传统 IT 企业相比，BOE 可以充分发挥自己的“硬件产品 + 软件平台 + 场景应用”整体解决方案。有专业媒体分析认为，在物联网与新兴技术融合驱动的新一轮技术革命中，BOE 已经开始在新赛道抢跑，并且展现出清晰的战略执行性和强劲的技术驱动力。对此，请您谈一谈京东方的“技术驱动力”。

吕继刚：京东方是非常注重技术创新的企业。2017 年，京东方新增专利申请量 8678 件，其中发明专利超 85%，累计可使用专利数量超过 6 万件。京东方海外新增专利申请超过 3000 件，IFI Claims（美国商业专利数据库）发布的 2017 年度美国专利授权量统计报告显示，京东方的全球排名由 2016 年的第 40 位跃升至第 21 位，美国专利授权量达 1413 件，同比增长 62%，增速在 TOP50 公司中持续保持第一。多年以来，京东方的技术研发投入比例一直保持在 7%。

京东方也是最先意识到并重视专利问题的国内企业，这也为公司今后的快速发展奠定了基础。我们有世界一流的显示技术，有基于显示技术衍生出的一流传感技术，结合我们这几年在大数据技术、人工智能技术、物联网技术的提前布局，京东方的创新能力可以说厚积薄发。我们这两年陆续推出如画屏这类的物联网产品，把艺术大数据和智能显示终端相结合，建设数字艺术展示和交易平台，同时根据不同应用场景快速开发智能硬件的能力，都体现了京东方深厚的技术储备，有力驱动了京东方的物联网转型。

IFA 产品技术创新金奖

《设计》：京东方2018年度创新成果展上展出了系列柔性AMOLED显示产品、超高清显示系统解决方案、传感器及解决方案、BOE画屏、物联网解决方案、移动健康管理、智慧健康服务等DSH三大事业板块的创新技术、应用和产品。请您结合其中的一两件成果谈一谈京东方的创新设计驱动力。

吕继刚：京东方取得今天的成绩有很多经验值得总结。京东方董事长王东升曾经说过，在京东方25年的发展历程中，最重要的就是“对技术的尊重和对创新的坚持”。同时，京东方有极高的志向、清晰的战略和目标，始终坚持战略定力，无论遇到什么困难，不达目的决不罢休。

半导体显示产业具有技术门槛高、投入强度大、回报周期长等特点，王东升董事长曾提出了显示行业“生存定律”（国际同行将其称为“王氏定律”）——若保持价格不变，显示产品性能每36个月须提升一倍以上，这一周期正在缩短。

凭借着对技术研发的不懈追求，京东方持续将一件件创新产品推向市场。2018年，新品全球首发率达39%，如全球首发的110英寸8K、98英寸8K、75英寸8K等显示产品。京东方还借助显示方面强大的实力，持续为人们生活得更美好、更健康创新出更多的产品解决方案，如我们在数字艺术和移动健康方面进行创新，希望人们可以把美和健康带回家，提高人们的生活水平。我们的团队也转型设计软硬结合的产品，致力于为人们提供全流程的系统解决方案。

《设计》：京东方目前在物联网领域的创新应用和场景是怎样的？

吕继刚：随着国家经济发展进入新常态，国家大力提倡供给侧结构性改革，鼓励产业转型升级，人们不再满足于对物质产品的需求，开始追求更多精神层面的产品。需求的提升又离不开人们审美水平的提升，所以我们希望在全民艺术启蒙、儿童美育等方面提出更多的创新解决方案，让人们更好地感知生活中美好的一面。基于这个目的，我们开发了 BOE 画屏系统产品，从艺术欣赏、艺术传播到少儿艺术启蒙方面，让人们随时随地发现美、体验美、分享美，满足用户多场景的需要。

《设计》：自从 2016 年 BOE IPC 大会（京东方全球创新伙伴大会）上提出“开放两端、芯屏气 / 器和”物联网发展战略以来，京东方已与数千家全球伙伴进行合作。京东方如何选择合作伙伴？合作是如何展开的？

吕继刚：“开放两端”是我们王东升董事长提出的集团向物联网转型的发展战略，即开放应用端和技术端，借助 BOE 强大的显示和传感技术为合作伙伴提供技术支持和设计支持，一起进行细分市场的应用场景创新，满足用户的需求，同时共同开拓市场，实现合作共赢的模式。

《设计》：BOE 画屏系统产品是 BOE 的重要战略性产品，还担负着京东方从技术和商业模式转型先锋者的角色。请您详细介绍一下这个产品的设计研发及其战略意义所在，它未来将在京东方的物联生态中扮演怎样的角色？

吕继刚：随着信息技术的不断发展，艺术品展示产业正向数字化演变。博物馆、艺术馆中的很多文物和艺术品有着重要的历史价值和社会价值，艺术品的数字化展示对文化遗产的保护、传播起着重要作用。在数字艺术领域，BOE 研发了高质量专用显示终端 + 艺术内容云 + 移动应用的数字艺术展示系统，推出了全球首款数字艺术馆——BOE 画屏系统产品，集艺术展示、欣赏和交易于一体，展示数字化的绘画、影像、文物、非物质文化遗产等艺术品，实现科技与艺术的完美结合。画屏产品概念的出现是消费者需求升级和产业达到一定发展阶段的产物，是能满足人们对美好生活追求的产品，京东方要向 2C 方向的物联网产业转型，BOE 画屏系统产品是一个很好的载体，因为 BOE 画屏系统是智能硬件 + 内容平台 + 软件 + 服务组成的系统产品，是基于 BOE 强大的显示技术，融合了 LOT 技术、AI 技术和大数据技术开发的系统产品。数字艺术是京东方显示技术领域的大树上延伸出的一个重要成果，为京东方战略转型提供了好的抓手，BOE 画屏系统产品是集团物联网转型的箭头。

《设计》：从企业设计中心领导者的角度，您可以和《设计》简单分享 1—2 个最近正在关注或研究的领域或问题吗？

吕继刚：从最初的仅仅设计单一的硬件产品到现在的全流程设计，设计的目标也从实体发展为实体与虚拟结合，交互方式也打破了时空限制，这些变化对设计团队而言就是全新的挑战。如何借助设计思维给用户提供全流程的完美体验？如何通过设计思维为企业转型提供助力？这是我现阶段在研究的领域。

《设计》：您在为京东方吸纳设计人才时会采用怎样的标准？提出怎样的要求？

吕继刚：我对设计人才的首要要求是价值观的认同。企业转型充满挑战，我们在新的起点上难免遇到很多困难，没有一致的价值观是很难度过困难期的，所以这一点我觉得很重要。再一点是设计师要具备敏锐的市场洞察力。能深入挖掘用户痛点并用心为用户解决问题的设计师是我们急需的。我们随时欢迎优秀的设计师加盟，京东方为大家提供了很好的创新平台，可以发挥设计师的聪明才智，为 BOE、为中国的设计创新事业做出贡献。

邵景峰

上汽集团技术中心副总设计师兼上汽全球设计总监，1999 年本科毕业于吉林大学汽车工程学院工业设计系，2007 年获得上海交通大学工业设计硕士学位。1999 年至 2011 年就职于上海大众技术中心造型科，历任设计师、外形主设计师、造型科高级经理等职。2011 年 10 月起出任上汽集团乘用车公司技术中心设计部总监，负责荣威和 MG 双品牌的造型设计工作。邵景峰还担任同济大学兼职教授、上海市第十一届青联委员、中国汽车工程学会造型学组副组长、上海市工业设计协会副会长等职务，推动中国自主品牌的汽车设计向国际先进水平前进。

坚决奉行创新驱动、设计向上以赢得未来生存空间

邵景峰

邵景峰 2011 年加入上汽集团乘用车公司，目前担任上汽集团技术中心副总设计师兼全球设计总监，负责荣威和 MG 双品牌的造型设计工作。在本次访谈中，邵景峰深度解读了上汽集团提出的“汽车四化”，即“电动化、智能网联化、共享化、国际化”以及上汽如何从消费者使用场景思考设计，打造出诸多爆款，在 2018 年创造出自主品牌销量突破 70 万的佳绩。此外，邵景峰还透露了上汽设计未来的发展战略，分享了他对“有质感的设计”的理解。

《设计》：改革开放以来，中国设计取得了长足的发展。请您从自己的专业角度出发，谈一谈给您留下深刻印象的几个时间节点和事件。

邵景峰：2019 年是改革开放的第 41 年，也是中国品牌轿车诞生的第 61 年。1958 年是中国汽车设计的一个重要时间点，这一年，红旗、东风、上海的凤凰牌小轿车纷纷诞生，它标志着中国汽车人开始在自主设计的道路上探索，那个时候有一批在汽车造型领域工作并获得成功的前辈设计师们。

从 19 世纪 80 年代合资车企开始建立，中国现代汽车设计能力或者说是基于国际汽车设计的标准流程所形成的设计能力，开始逐渐被培养起来。我 1999 年大学毕业进入上汽大众，2003 年派遣去德国大众总部学习，并不断实践品牌设计理念和设计方法。2006 年的哪吒概念车发布和 2008 年的大众朗逸上市，对我而言是非常重要的时间点，代表我作为中国设计师在合资企业学习所交的一份答卷。不仅是我，那时期上海泛亚的别克未来概念车也获得成功，那段时间在合资企业

锻炼的设计师，目前都是中国车企最重要的设计骨干力量。2006 年也是一个重要的时间点，因为从这一年开始，中国设计师开始正式地交答卷了。

其实，那时的自主品牌已经有了一定程度的发展，但是自主品牌的设计力量却很弱，那时的自主设计还是要依托宾法、乔治亚罗等海外设计机构来帮助完成，一直到 2015 年。2015 年可谓是中国品牌设计大爆发的一年，上汽、广汽、吉利等都推出了高质量的设计作品，并在市场上获得成功。直到这时，中国设计开始在中国消费者心中逐渐清晰起来。

所以，在我心目中重要的三个设计时间点：1958 年，中国品牌轿车诞生，开始尝试自主设计；2006 年，中国设计师在合资企业交答卷；2015 年，中国本土汽车设计开始爆发。

《设计》：作为一个资深“上汽人”，请您谈谈上汽这些年在创新设计驱动方面经历了哪些重要阶段？一路走来，品牌在创新驱动方面发生了怎样的变革？

邵景峰：现在上汽集团是世界五百强的第 36 位，全球车企第七，国内车企第一。这个成就离不开上汽集团对创新设计驱动的重视，尤其是上汽不遗余力地对自主品牌的大力投入。2018 年，我们自主品牌的销量突破 70 万，正是这种创新设计驱动带来的成果。

上汽集团是第一个提出“汽车四化”的企业，即电动化、智能网联化、共享化、国际化。“汽车四化”的提出给我们企业带来了深层次的变革。作为上汽人我深刻地感受到了这种变革带来的巨大影响。比如我们的捷能公司已经成立十年之久，在混合动力与纯电动领域进行了大量持久的投入并取得了非常大的技术成就。这给我们品牌的发展带来了新的竞争机遇。2016 年 7 月 6 日，荣威 RX5 在杭州的云栖小镇上市，开创了互联网汽车新品类。阿里巴巴的王坚博士说：互联网汽车，始自荣威！别人还在做 PPT 的时候，我们的车已经出来了。一声“你好，斑马”，背后展现出来的是企业管理层富有胆识的创新突破。互联网与新能源的关系，不是互联网 + 新能源，而是互联网 × 新能源，这是一种“乘法效应”，产生的放大效果是巨大的，大大丰

全新高能互联网中级车—上汽荣威 i5

富了我们的品牌价值。

《设计》：在您看来，中国汽车消费者的汽车审美和消费倾向在这 20 年来发生了怎样的变化？他们又是如何影响了中国汽车设计的潮流？

邵景峰：2000 年是中国家轿元年，汽车开始走进普通中国家庭。也正是从这一年开始，中国汽车经历了近 20 年的高速发展。不仅汽车在高速发展，整个社会、经济、科技都在高速发展。所以，探讨中国消费者的汽车审美是很难的事情，因为影响因素太多了。我只能提一点我自己的看法。

汽车文化和汽车审美是以汽车消费市场的成熟度为依托的。过去 20 年的增长是爆炸式的，在这个过程中，消费者的审美实际上经历了一个被教育到形成的过程：从无到有，逐渐趋于成熟和理性。如今中国消费者的汽车审美很难用一个绝对的特征来概括，市场的成熟和饱和必然会导致需求的分化。所以，未来的大基调必然是：需求分化、市场分化、审美分化。在这样的背景下，对中国品牌而言，找准自己的品牌定位显得尤为重要。

另一个是认知的变化，这是由互联网的飞速发展造成的。以前的车是体现我的社会地位，现在的车是代表我的品位；以前要选满足家庭的车，现在要选满足我的车。所以，消费者选车，自我想法占的比重越来越大，他可以为了一些想要的东西做出一定牺牲。比如为了要一个好看的溜背造型可以牺牲一些头部空间，为了一个大轮子愿意多掏钱。这对中国品牌而言，是一个机会。我认为中国消费者是比较愿意尝新的，虽没有太多的消费心理包袱，我们的互联网车型仍卖得这么好，就说明了这一点。

《设计》：您曾对媒体表示，未来的5—10年里，全球汽车的设计风暴必然由中国刮起。请您详细阐释一下这个提法的内涵。

邵景峰：设计的核心是体验，设计的落脚点也是体验。回顾历史，我们可以总结出汽车体验的发展脉络。最早的汽车体验更强调“驾驶体验”，以德系车为代表，更强的动力，更扎实的底盘；随着日系车的兴起，“空间体验”成为设计的核心诉求，更舒适的驾乘，更人性化的布局；而在未来，“互联体验”将会成为汽车体验的核心。智能互联网的应用，将便利的体验拓展到整个出行过程，不再局限于车本身。而这个过程，必然是由中国引领。一方面是因为中国的互联网技术在世界上首屈一指，另外一方面是因为我们有着庞大的互联网人口基础，这种大数据学习带来的体验优化是其他国家所不具备的。

我们常讲，做事要“天时地利人和”。“互联体验”的兴起，这是天时；坐拥全球最大的汽车市场，这是地利；改革开放41年培养起来的高水平汽车设计教育和人才储备，这是人和。因此我相信，在未来的5—10年，可以看到中国汽车设计会在全球范围内产生巨大影响力。

《设计》：随着科技和材料的迅速发展变化，汽车设计的方法和流程是否有所变化？

邵景峰：汽车设计的流程和方法一直在变化，不断调整以适应最新的时代要求。智能互联时代带来的最大转变是一种思维的转变。要

电动智能超跑 SUV—上汽荣威 MARVEL X

从传统的技术思维彻底地转向用户思维。在以前中国汽车产业处于起步学习阶段时，我们往往是以技术研发为导向，产品研发的方向受技术研发的影响很大，可以说是设计服从技术。但在未来，一定是技术服务设计。以用户需求为导向，围绕需求痛点来制定产品方向。

我们传统的设计评审流程，是从布置设计，到外观设计，到内饰设计，最后到交互设计。而我们现在上汽设计的流程已经在悄然发生变化。我们会先从场景出发，先做交互设计，再围绕交互思考内饰布局，然后适应内饰布局来做外观设计，最终落到布置设计。互联网讲“生态化反”，我们内部戏称我们这是“流程化反”。这种流程的变化也一定程度体现在我们的产品研发上，比如我们的荣威 Marvel X，从消费者使用场景思考设计。从语音为第一交互的斑马系统，到最大的量产屏幕，到围绕屏幕的内饰布局，最后到表达“情感科技”的外观设计。正是由于这种新流程带来的互联网产品设计思维，让荣威 Marvel X 获得了 2018 年的日本 G-Mark 大奖。未来，我们会有更多这样的作品出现。

《设计》：您曾在一次访谈中着重强调了“有质感的设计”，请您深度解读一下什么是“有质感的汽车设计”。

邵景峰：当前的中国汽车设计存在一些浮躁的气氛，这是时代特点所造成的。我们的汽车产业发展得太快了，一直处于一种奔跑追赶的状态。激烈的竞争不允许设计师停下来好好思考设计方向。同时，我们的汽车产业也处在一个大变革时期，在传承与突破中，设计师也容易迷失方向。在这种浮躁的气氛中产生了很多设计乱象，比如当前的设计同质化。荣威 RX5 成功开启量产互联网汽车之后，市场上迅速出现大量的仿效者，造成一种“创新稀释”。我曾经讲过创新稀释的摩尔速度：以前一个好创意从蓝海到红海，可能会持续 5 年，后来缩短至 3 年，现在，恐怕只有短短的 6 个月的保鲜期。再比如，当前很多设计过度追求“刺激”，一味地“夸张博眼球”。在这个信息社会，注意力是一种资源。但这种设计可能在短时间内吸引了眼球，却没有持久的生命力，这种做法对品牌而言是有损害的。我强调我们要做“有质感的设计”就是在这种背景下提出的。

有质感的设计的含义比较丰富，迪特·拉姆斯（Dieter Rams）曾经提过《好设计的十项原则》，我也仿照提一下我对质感的理解。

首先，我认为有质感的设计是“美的”。“美”是汽车设计的基础，对美的判断是一个设计师最基本的素养。设计师要追求新的东西，但“新”是个相对概念，任何新东西出来 3 个月也就不新了。只有“美”才是一个相对永恒的概念。之前我们在阿里巴巴 2050 创新大会上举办过 “边界”论坛。在这个论坛上有位做二手车市场的嘉宾提过一个概念，叫“设计残值”。如果一个设计在二手车市场中仍然有较高的价值，那毫无疑问，这个设计可以称为一代经典。这要求设计师在追求新设计的同时有着对美的敏锐捕捉。比如我们的荣威品牌设计一直在寻求设计的进化，但“优雅自信”的美学气质一直坚持。

其次，有质感的设计是“鲜明纯粹的”。设计师是一个富有激情的群体，我们必须找到鲜明的主题去诠释我们的品牌精神。同时，设计又是一个漫长复杂的过程，整个周期长达三年。在这个过程中，不同的声音、不同的趋势，可能让设计师迷失初心，不断在自己的设计上加东西……我常说，设计最难的不是做加法，而是做减法！是如何在保持“主题鲜明”的基础上打磨自己的设计。所以，我们在荣威的设计理念中加入了一个词，叫“洗炼”。意思就是好的设计必须经过一轮水火的洗礼，只留下最精华的部分。只有这样，才能让设计在纷繁复杂的市场中保持一种“高辨识度”。

再次，有质感的设计是“有温度的”。随着智能网联化的到来，汽车的属性也在发生改变。汽车不再是冷冰冰的交通工具，而是一个有生命的出行伙伴。因此，质感的维度不再局限于造型本身，而应该上升到情感层面。设计师需要思考设计应该带给消费者怎样的情感。所以，我们的 MG 品牌推出“感性力”设计理念，目的就是用有温度的质感去和消费者达到情感共鸣。

最后，有质感的设计是“设计—工程统一的”。单纯去画一个有质感的设计其实并不是难事，难的是最终把它实现出来。上汽最近几年推出的车型，高质量的曲面光影，精准的匹配，精致的车身线条，这背后都是我们精湛的制造工艺。所以，好的设计必须要实现与工程的统一，造出来的质感才是真正的质感！

《设计》：面对纷繁的市场和“颜值即正义”的消费者标准，上汽是否有坚定的一贯的设计 DNA？您为上汽制定的设计战略是怎样的？

邵景峰：制定清晰的设计理念，我们应该是开创了中国本土品牌的先河。早在 2012 年我们就开始了这项工作。中国市场现在有几百款车型，对消费者而言琳琅满目，根本记不住，这要求我们必须要有清晰的品牌识别意识和认识。同时，企业的目标是生存，是为了让车可以大卖，这就要求我们的设计必须满足绝大多数消费者的审美需求。这两点的平衡应该是一个设计师最难的工作。因此，我们设计团队分别针对荣威和 MG 两个品牌，制定了清晰的设计理念。荣威品牌是“律动设计”，是相对理性的产品设计思维，为用户提供一个可靠贴心的出行产品，就像我们的品牌 Slogan 说的“品位科技，知你知行”。而 MG 品牌是“感性力”设计，是一种偏感性的设计思想，其目的就是让设计可以打动消费者的内心。同时，我们将英伦设计精髓进行国际化呈现，以更好地满足中国消费者的审美需求。无论是荣威的“律动设计”，还是 MG 的“感性力设计”，我们都强调一种“自信”的设计气质，这是我们上汽设计的一个统一 DNA。因为“自信”是我们这个时代的气质，我们的设计也要体现这种积极进取的精神。

关于上汽设计未来的发展，我们有着自己明确的战略。

首先是智能设计战略。汽车未来将向着智能化发展，设计也必须与之相适应。这里面包含两层意思：一是我们的设计要如何营造智能感，让产品实现功能与形象的统一；二是如何将最新的技术加入到我们的设计方法当中，比如我们现在有专门的设计调研小组，通过大数据调研的方式挖掘设计需求，指导设计。

其次是年轻设计战略。这是所有设计师永恒的课题。现在的年轻人都是伴随互联网的发展成长的，互联网深刻地改变了他们的审美认知结构，这对我们而言是一个巨大的挑战。为此，我们经常组织年轻设计师与高层领导的头脑风暴，这种思想的碰撞为我们的设计带来了巨大的收获。

最后是设计向上战略。当前的汽车行业正在面临寒冬，但越是在困难的时候越应该保持定力。中国设计必须要坚定地实现品牌向上、设计向上，只有这样，才能赢得未来的生存空间。

《设计》：上汽集团汽车设计中心的构成是怎样的？是否融合有外国设计师及其设计理念？

邵景峰：国际化是上汽集团“汽车四化”的重要组成部分。因此，我们一直致力打造“国际化设计团队”。以上海为总部基地，辐射海外。当前整个上汽技术中心设计团队主要分成四大板块：荣威设计团队、MG 设计团队、前瞻设计团队和全球运营团队。其中前瞻设计团队又分为上海前瞻工作室、伯明翰前瞻工作室和伦敦前瞻工作室。

2018 年的 9 月 19 日，伦敦前瞻工作室正式启用。伦敦是欧洲艺术与设计氛围最浓郁的地方，有着像皇家艺术学院这种世界级的设计教育机构。我常说设计师是属猫的，闻着腥味就会来。我们以此来吸引全球最顶尖的设计人才，来打造国际顶级水准的原创设计。

我们的团队构成也是国际化的，目前拥有 50 多名外籍设计师。来自英国、荷兰、西班牙、日本、韩国等国家。不同的创意激发方式可以促进团队之间的良性竞争，不同文化的碰撞融合更容易产生优秀的设计方案。这种国际化团队合作深深地影响到了我们的设计理念。比如我们荣威品牌的设计原则“东韵西律”，讲的就是我们的设计要根植东方审美原则，同时把握国际设计趋势。只有这种碰撞融合，才能诞生既能打动中国消费者，又站在时代前沿的设计作品。

《设计》：对于新能源汽车未来的发展，上汽是怎样规划的呢？

邵景峰：我并非专门做产品规划的，所以这个问题很难回答。不过，我可以从我们设计角度总结一下上汽新能源汽车的规划思维，那就是：单一产品的极致打造。其实这种思维在燃油车上体现得淋漓尽致。比如我们的荣威 RX5、荣威 i5，都是将一个产品做到极致！

在新能源汽车的规划上，我们也秉承这种“单一产品极致打造”的思维。我们的荣威 Marvel X 创造了 5 个全球第一，将竞争力从产品维度拓展到服务维度，进行全方位体验打造。举一个例子：当初在设计 Marvel X 时，需要确定采用多大的内饰屏幕。我们认真思考分析后认为，未来屏幕依然是内饰交互的核心，既然要做，那就要称王称霸，不鸣则已，一鸣惊人！于是推出 19.4 英寸的最大量产屏幕。这一点即使在今天看来也是相当大胆的决定。与此同时，我们还充分发掘“互联网 × 新能源”的乘法效应。比如我们的荣威 Ei5，第一次采用了“瓦罐”这种车型。历史上瓦罐这种车型在中国是不成功的，但当遇到了新能源之后，一切就都通了，上市第二个月就成为新能源销量冠军。正是因为这种乘法效应，所以诞生了全球首款纯电动 Wagon，充分证明了我们新能源规划的前瞻性。我相信，在未来，这种前瞻性的产品规划还会持续出现。

《设计》：概念车通常都会展示出品牌未来的发展方向，甚至会影响整个行业的发展，请您介绍一下上汽集团今年推出的几款概念车所要引领的未来方向。

邵景峰：概念车的推出一直是我们比较看重的，上汽前瞻设计的主要职责就是打造概念车，引领未来的设计方向。其实概念车分为好几种，不同的概念车有着不同的目的。有的是为了测试新一代设计语言的市场反馈，有的是为了给量产预热，有的纯粹是为了圈钱，比如前段时间互联网造车那股浪潮。

我们每次推出概念车，背后都有着我们深层次的设计战略考量。2015 年广州车展的时候，我们推出了荣威品牌概念车 Vision R，成为我们这一代设计语言的开启，指导了后续一代荣威品牌设计。可以说，这是中国品牌首次发布品牌概念车，从理念到设计进行体系化的呈现。2017 年上海车展的 MG 品牌概念车 E-motion 承载了新一代 MG 品牌设计理念。我们通过这辆车深度挖掘英伦设计中的精华，打造 MG 品牌新时代的精神符号。后续荣威 Vision-E 概念车、MG X-motion 概念车都在进行新语言的进化、探索、尝试。

在今年，我们肯定还会有新的概念车推出。新的概念将不再局限于设计语言层面，可能更多地呈现我们对未来出行和交互设计的思考。

《设计》：从企业设计中心领导者的角度，您可以和《设计》简单分享 1—2 个最近正在关注或研究的领域或问题吗？

邵景峰：我最近在做项目的同时也看了不少书，试图用一定的学术理论来解释汽车设计上的问题，也可以说是研究，但说心里话，真的好难！设计，太注重实际应用了！不过这种纯理论上的研究，对自己过去 20 多年的工作经验进行梳理，本身也挺有意义的。

过去这么多年，中国汽车设计成长非常迅速。之所以成长迅速是因为我们一直是一个“追随者”的角色。汽车工业发展了这么多年，已经形成比较成熟的设计理论与方法，我们只需要学习、消化、吸收就好了。但汽车从燃油车时代到智能互联纯电动时代，所有传统的设计理论与方法都将会发生改变。从最初的产品定义、设计意图到最后的设计表达，纯电动汽车设计都呈现不一样的思路。关于这一点，全世界的车企都在同一起跑线上，没有成型的理论，只能靠自己来探索新时代下汽车设计的思维与方法。这个领域是我本人和团队目前最关注的地方。

《设计》：您为上汽吸纳设计人才会采用怎样的标准？提出怎样的要求？

邵景峰：上汽设计一直很注重设计教育的投入。因为未来的设计竞争，归根到底是人才的竞争。我们从 2013 年开始就举办“上汽设计国际挑战赛”，到去年为止已经举办了六届。今年第七届大赛开幕工作也在紧张的筹备当中，将会在湖南大学举行。通过大赛，我们不仅仅为上汽收获了人才，也为整个中国汽车产业输送了大量的设计人才。参加过我们大赛的学生，遍布全国各大主机厂。同时，我们也与各大高校建立了较好的“产学研”合作，用实践反哺理论，促进汽车设计的“学理化”发展。这种双向的互动打通了中国汽车设计能力提升的“正向价值链”。

除了国内，我们还把大赛办到了海外。2018 年，我们成功举办了上汽设计国际挑战赛欧洲赛区的赛事。与皇家艺术学院、考文垂大学有着深度的合作，与美国哈佛大学、美国创意设计学院（CCS）、艺术中心设计学院（ACCD）也有着密切的交流合作。所有这些都是为了发掘设计的明日之星。

上汽吸纳设计人才，他们具备扎实的造型基本功、吃苦耐劳的精神这是最基本的。但除此之外，随着时代的发展，设计思维也成为我们去考核人才的重要标准。

首先必须要具有互联网思维，这是时代变革决定的，是企业发展所决定的。其次，要有国际化思维，因为我们是一个国际化团队，我们的设计师必须要有国际化的视野和高度。因此，我们与皇家艺术学院进行设计师的深造培训，已经送去三批设计师，上汽承担所有的经费，花费巨大，可见我们对设计师国际化培养的决心。最后要有跨界思维，未来的设计一定是系统性的，因此需要多领域多方位的人才。比如，我们这里有来自哈佛大学的建筑设计师、交互设计师、来自中兴的手机设计师等。我们吸纳人才要突破人才边界，我也要求我的设计师能够突破能力边界。因为未来的竞争，一定是多维度的竞争。

杨晶

京东 X 事业部自动驾驶业务部总经理。京东 X 事业部成立于 2016 年 5 月，主要工作内容是专注于“互联网 + 物流”，致力于打造着眼未来的智能仓储物流系统。

用无人科技来改造物流和零售基础设施

杨晶

京东X事业部成立于2016年5月，主要工作是专注于“互联网+物流”，致力于打造着眼未来的智能仓储物流系统。本期创新设计驱动专题专访京东X事业部自动驾驶业务部总经理杨晶，聊聊京东X事业部在做好既有的无人仓、无人车、无人机、无人零售几个领域的同时，结合京东在物流、供应链、渠道和AI技术方面的优势和X事业部自身在智能硬件方面的优势，不断探索，开发新产品的创业历程。

《设计》：改革开放以来，中国设计取得了长足的发展。请您从自己的专业角度出发，谈一谈给您留下深刻印象的几个时间节点和事件。

杨晶：我以前从事汽车行业，给我印象最深的是最近这十多年整个民族汽车工业的飞速发展。从最开始学习和模仿国外的先进技术和设计理念到逐渐掌握技术并结合中国市场开发出自主设计、自主知识产权的产品。再加上移动互联网在中国的迅猛发展以及中国对新能源汽车的大力扶持，中国的车企不断突破创新，同时又涌现出了众多的造车新势力，整个行业呈现出一片欣欣向荣、百花齐放的局面。虽然当前受到经济增速放缓的影响，但是总体向上的趋势没有变，发展空间也很大。

京东 X 未来餐厅

京东配送机器人组团亮相雄安新区

《设计》：京东 X 事业部成立于 2016 年 5 月，据官网介绍，主要工作内容是专注于“互联网 + 物流”，致力于打造着眼未来的智能仓储物流系统。目前正自主研发京东全自动物流中心、京东无人机、京东仓储机器人以及京东自动驾驶车辆送货等一系列备受瞩目的尖端智能物流项目”。发展至今，X 事业部的工作内容是否有所拓展或调整？

杨晶：我们的方向一直没有变。X 事业部要用无人科技来改造现有的物流和零售基础设施，降本增效，提升用户体验。在做好既有的无人仓、无人车、无人机、无人零售几个领域的项目的同时，X 事业部也在内部不断孵化创新项目，已经对外发布的包括 X 未来餐厅、智能农业等。同时结合京东在物流、供应链、渠道和 AI 技术方面的优势和 X 事业部自身在智能硬件方面的优势不断探索，开发新产品。

《设计》：请您谈谈近年来京东物流在创新设计驱动方面经历了哪些重要事件。一路走来，京东在创新驱动方面发生了怎样的变革？

杨晶：我们一直以来把创新设计放在第一的位置，我们也一直强调设计师应该更多地去引领创新，而不仅仅实现产品的功能。尤其是

配送机器人取货

无人仓

那些直接面向消费者的产品，一定要去体验生活，真正好的创意一定是从生活中来的。京东要求所有员工每年都要有一到两次的一线支援和轮岗经历，这里面包括我们的设计师，他们会去我们的仓库、配送站、门店、客服等一线部门去支援和轮岗。平时我们也会举办设计沙龙活动，在非正式的场合让设计师与技术、业务人员、客户或者同行进行交流，进行头脑风暴，让产品设计真正能够解决实际问题。我们所有的创意都是这样产生的，然后放到业务场景中去实践，再不断地打磨、改进。

《设计》：目前什么样的人工智能技术在京东 X 事业部应用的最多？有哪些新技术的需求？

杨晶：在环境感知和交互体验方面，基于人工智能的图像识别技术和语音识别技术具有较大的应用场景和应用价值。举例来说，基于人工智能的图像识别和点云识别在自动驾驶车辆或者机器人对外部环境的感知方面起着非常重要的作用。图像识别技术一方面需要不断提高算法的效率，另一方面需要大量的数据来训练算法，从而提高识别准确率。仓储、物流、线下零售，这些京东的自有场景恰恰能提供数据采集的渠道。这也是我们一个很重要的优势。当然，我们在做好核心技术的同时，更需要整合行业的技术资源，例如，硬件方面我们需要价格更低、效率更高的传感器、计算平台、机电一体化部件等；软件方面也有很多专业的细分领域，会有很多合作机会。

《设计》：请问京东无人机物流配送业务目前主要面向广大农村地区开展普及，节省大量的人力、物力，面向城市的布局将如何推进？相比问题集中于路途远、路况差、用户零散的农村地区，在城市普及无人机配送的难点在哪里？未来是否有希望克服？

杨晶：之所以在偏远地区的农村开展是因为相对于陆路交通有成本和时间上的优势，有的地方公路运输需要几个甚至十几个小时，有的地方甚至没有公路，而无人机只需要几十分钟，而且成本更低。在城市中的应用虽然目前还处于起步阶段，基于一些特定的场景，未来还有发展空间。因为城市都面临地面交通的压力，在地面交通遇到瓶颈时必然会向地下和空中去拓展。而且即使在城市，有一些地形也还是非常适合无人机的，例如山城和多海岛城市等。所以我觉得未来无人机在城市的应用，关键还是要找一些特别合适的场景。

《设计》：根据 Elsevier（爱思唯尔）不久前发布的一篇名为《人工智能：知识的创造、转移与应用》的报告，在全球人工智能领域的竞争中，美国处于明显的领先地位。而分析美国领先的重要原因，是其人才更加国际化，产、学、研结合得更为紧密。京东 X 事业部的人员配置是怎样的？您在为团队吸纳人才时会采用怎样的标准？提出怎样的要求？

杨晶：有的企业偏向于更多地招募社会人才，甚至几乎不招应届毕业生，有的企业更偏向于从校招生开始慢慢培养，京东则一直提倡人才的多元化。因此，我们的人才结构是比较丰富的，既有刚毕业或者毕业不久的年轻人，也有来自优秀企业的专家型人才，还有来自高校和研究机构的教授、科学家等。对于各级团队的带头人，公司一直鼓励干部年轻化，敢于用新人，因此整个团队都很有活力。另外，多元化的地域分布也丰富了我们的人才结构。例如，X 事业部在北京、西安、长沙都设有研发中心，京东硅谷研发中心也专门有团队在支持我们。至于人才的标准，不同的岗位有不同的标准，但要求都是一样的，就是要有激情，要拼。

《设计》：京东 X 事业部是京东重点扶持的研究中心，事业部 2019 年的工作重点是什么？未来 3 年的规划是怎样的？

杨晶：X 事业部成立于 2016 年，2017 年以前在技术、产品、团队方面都完成了从“0 到 1”的过程。从 2018 年开始，我们逐渐将重心放在了技术和产品的落地上，未来几年内我们的重点也仍然是技术和产品的落地，让无人科技能够真正服务于我们的客户，能够创造价值。

《设计》：您可以和《设计》简单分享 1—2 个最近正在关注或研究的领域或问题吗？

杨晶：5G 是我们目前比较关注的领域，5G 的出现会对我们的技术和产品的形态产生很深远的影响，会彻底改变与用户之间的交互方式，同时还能解决 4G 时代困扰我们的一些问题，因此把握 5G 商业化的节奏非常重要。我们正在积极地参与其中。按照这个节奏逐步地去升级迭代，并保持领先。

姚映佳

1973年出生于黑龙江省齐齐哈尔市，联想集团副总裁、首席设计官、中国赋能中心总经理。毕业于齐齐哈尔大学，于1996年加入联想，成为联想历史上第一位设计师。中国设计业十大杰出青年，带领团队设计北京奥运会火炬，曾被英国权威消费电子产品杂志*T3*评选为全球科技“100位最具影响力人物”，入选“科技北京”百名领军人才培养工程等。

设计是企业家解决问题最好的助力

姚映佳

联想设计组织是一个围绕着“解决问题”所构建的多专业协同组织，在过去的实践中，获得的经验和形成的特色是独一无二的。面对“消费升级”“产业升级”，其中大量数据获取、传输、分析、增值的需求，在物联网技术普及的未来，设备端的创新和成长量将会倍增，各类新型设备提供者，都努力成为最重要的与数字世界交互的入口。并且围绕服务于用户体验的重要价值，“设备 + 服务”“设备 + 内容”的结合会越来越紧密，新服务、新内容也将通过和设备的有机整合创新，带来能够更好地服务于人的整体解决方案。在联想看来，每一个新的“产业物联网”都应该致力于如何更好地为用户、社会和国家创造更大的价值。作为最开始“运算力”的提供者，这样的趋势非常适合联想从数据入口、数据的搜集、数据存储，到数据分析、数据挖掘和数据的再次应用的全价值链中发挥更加重要的作用。姚映佳表示，联想正在积极把握这样一个历史性的机会，更好地参与到未来的“效率红利”以及整个产业和社会变迁的价值创造中去，让人们的生活和工作变得更加美好。联想采用的“设备 + 服务”创新模式，将会焕发无尽的生命力，成为“智能物联网（SIoT）”生态场景构建和落实发展的基石。

《设计》：改革开放以来，中国设计取得了长足的发展。请您从自己的专业角度出发，谈一谈给您留下深刻印象的几个时间节点和事件。

姚映佳：新中国成立至今有两个时间点给我留下的印象最为深刻。第一个是新中国成立时，祖国的象征——天安门广场。作为一个大型

YOGA 作为一个新品类，基于软硬件一体化创新，它带来的是用户在不同场景中的易用性等价值，也带来了商业上进入北美市场的重要机遇。

的公共设施和视觉识别符号，这个以建筑设计为核心、寓意深刻、充满象征性的设计作品，既突出了当时对未来的憧憬、对美好生活的向往，也把恢宏的气势和大国风范，通过这个载体进行了集中有效的体现。再通过图片、影片等途径的传达沟通，给千千万万中国人，包括对尚在年幼时的我，留下了人生中不可磨灭的深刻印象，在这个整体视觉传达中，设计思考和社会文化、人文精神的充分结合，影响的不仅仅是一代人，更是整个国家发展历程中各个时期人们对于国家的认同感、归属感、对国家的忠诚感等，都在这样一个历史性的大设计载体上得到充分体现，其中很多的视觉符号也成为我们心系祖国、爱国、建设祖国的纽带。无论是典雅的色彩、庄严的轮廓，还是振奋人心的体量、新旧元素的对比等，都成为组成大场景体验的核心要素，感动人心！

第二个时间点是 2008 年的奥运会。中国历史上第一次承办奥运会是亿万人情感的升华和投入。这是把国家、地区文化、全球公平公正的体育精神结合在一起的重大事件和时刻。无论是最开始申办奥运会过程中各种设计元素和载体所体现的我们对于健康体魄、对于更加富强且有影响力的中华文化的期望，还是申办成功之后，会徽的设计、场馆的设计、火炬的设计、开幕式和服饰设计等，都得到了充分的体现和释放。奥运成了一场盛大的、充满历史意义的、全民参与的艺术行为大集合。在这个充满热爱、参与感和历史责任的过程中，每一个人的努力，让国家文化、国家影响力，都达到了一个历史的高点。我

YOGA 新品笔记本

移动产品的快速迭代和进化注定了其市场领先的周期性。认清这个规律，就更深刻地理解了商业运营和竞争战略的规律。

们的设计、创意势能也得到了世界范围的认可，使全世界对中国的立体认知有了新的积累，一个充满活力和无尽发展想象空间的文明大国跃然奔跑在世界文化潮流的前列。这场辉煌的交响乐在各个方面的设计要素协调呼应，也让我们看到了越来越成熟、越来越国际化的中国设计群体的发展和成长！当我们有机会在人类文化创意的原野上畅意飞扬时，中国设计师群体洋溢的是无限美好的热情和力量！

《设计》：作为一个资深“联想人”，请您谈谈联想这些年在创新设计驱动方面经历了哪些重要阶段？一路走来，品牌的创新驱动策略经历了怎样的变革？

姚映佳：从1996年加入联想到今天，我的确可以算一个比较资深的“联想人”。联想的设计经历了萌芽期、学习期、成长期和成熟期四个主要发展阶段。萌芽期从1996年开始，从无到有地建设了联想的设计团队，一直到2000年前后，我们不断探索和思考未来发展的路径，在实践中不断加深对设计及设计体系的理解。2000年至2005年前后，我们进入了学习期，在这个过程中，我们经历了PC（个人电脑）市场的蓬勃及拓展，到我们并购IBM，成为一家国际化的中国企业。在前面两个过程中，我们接触、融合到非常多的世界一流的设计团队和设计师，极大地加强了对全球前瞻设计发展精粹的参与和学习，并加以融会贯通，用跨界的好奇心使具有自我特色的新思维、新思想和新工具不断诞生。2005年至2010年是我们的成长期，不断为全球各个市场和用户群体提供相应的解决方案，同时我们也历史性地参与了奥运火炬、会徽的设计，在这个更加宏大的设计主题和平台上，我们在商业领域所积累的专业能力得到了新的锤炼和提高。我们把更宏大的人类文化、文明需求，通过新技术、新途径，实现为一个历史性的设计体验。在这个成长期，通过跨界融合、宏观主体的参与和思考，我们的专业能力得到一个质的飞跃和成长。2010年至今，联想设计在围绕解决问题和创造价值的过程中，进一步沉淀、总结、发展出一套独特的、国际领先水平的设计机制和设计体系，保证了设计团队、设计能力、设计理论以及设计方法和思维的不断演进。在巨大的市场容积空间里，创新驱动策略有效执行的指南针，是以人为核心，

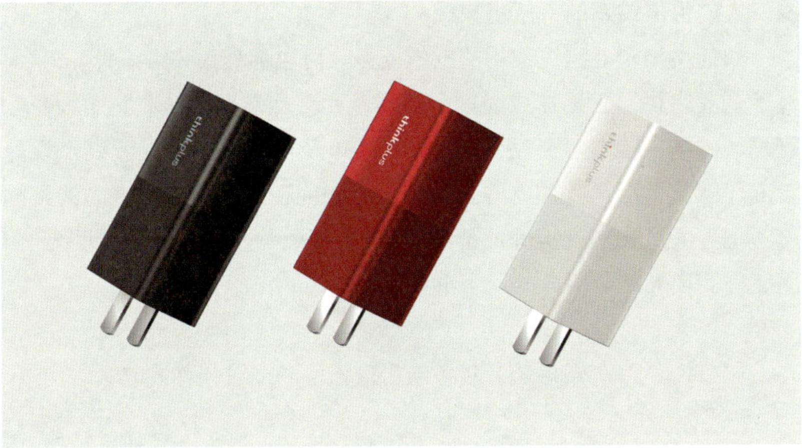

最佳的 TYPE C 尺寸和体量，不仅是关注了使用者的移动体验，更是有效整合产业资源达到的市场领先。

物联网技术是营造“智慧生活方式” 的新支点，它与系统一致的“体验指纹” 结合，在各个感官通道形成关联体验。

围绕人的价值关系的不断重构！

如何构架企业组织架构的创新能力，可以称其为“组织设计力”。对于企业来讲，它正在成为一个新课题和更加重要的核心竞争力，它既是“内功”也是“外功”。在 2013 年获得中国唯一的“红点设计年度团队奖”后，我们就一直在探索，如何在企业组织生产力的架构思考上，尝试和实现更好的“组织设计力”，这将是未来驱动企业由内而外实现品牌新活力的一个重要可能性。

《设计》：请介绍一下联想创新设计中心及其工作内容。

姚映佳：通过联想设计部门名称的变化，就可以看出设计是如何在企业发展过程中驱动解决问题的策略的形成和实施。最开始的部门叫“研发部设计处”，之后在规模成长中成为“工业设计中心”。因多专业协同和集团核心能力建设需要，后更名为“创新设计中心”。再之后，聚焦于完整的端到端产品迭代创新和打造全体验接触点的价值链条，其又改名为“创新和体验中心”。今天的联想设计团队变成了一个更加多维的平台组织：一方面设计团队在各个 BU（业务单元）经营里，支持和巩固现有业务；另一方面设计团队聚焦于思考、创造新商业价值，开拓新业务模式，以“敏捷创新”的全功能型组织，在 SET（Social trend, Economy trend, Technology trend）向 SDT（Social trend, Digital trend, Technology trend）的转变过程中，发挥前瞻“右脑思维”的重要牵引（PULL）和推动（PUSH）价值。这是企业面对大的社会变化、产业环境变化，更加科学促进组织发展和人才发展的重要新认知，是对商业组织创新能力在传统认知上的边界打破，这个新的组织 DNA，也是在数字化大迁移时代，各类企业构建“生存基准面”的机制保证。我们把这种系统化促进产业融合、保障企业品牌定位迁徙顺畅的新组织定位，定名为“赋能中心”，即把企业自身建设的核心能力、战略分享给外界，更重要的是把外界好的产业资源和能力，推动、引入联想内部，和联想的长板及发展需求相结合，孵化和孕育新的成长点和新的服务价值、新的体验内容价值。再一个唯一不变的就是变化本身的新纪元，“共享型经济”的基础很可能就是“分享型组织”的普及，企业组织模式与设计组织模式还将不断有新的变化。而能够确定的是，组织效率和效能的提升将来自于不断进化的新生产力关系模型。

在过去的发展过程中，联想的设计驱动是从“产品－人－组织－产业－社会”这几个维度，不断组合，交叉驱动，让联想的创新经营更加有效。从职责上来讲，我们一直是一个跨界多专业协同团队，创新是一个充满风险的过程，如何更好地解决问题、降低风险，就需要不同专业之间的紧密协同，这既能有效触发可能的创新机会，又保证了敏锐的风险触感。单从传统的产品维度来讲，我们最开始的中早期工作内容，就基本包括了工业设计、平面设计、交互设计、新材料设计、新工艺和机构设计、机电一体化设计等。企业的设计创新组织，在组织责任的立意点上，是一个围绕着“解决问题”，以最优化资源构建的多专业协同组织。

《设计》：以物联网、云计算 / 边缘计算、大数据 / 人工智能等技术为代表的智能化变革，正在引发第四次工业革命。作为传统 PC 行业领军企业，联想如何才能在这第四次工业革命的潮头立于不败之地？创新设计能够起到怎样的作用？

姚映佳：正如前面所谈到的，设计是一个创造性解决问题的过程，也是一个需要最高效组织资源、解决问题的过程。在今天，新技术日新月异、层出不穷，包括我们经常讲到的物联网、云计算、边缘计算、大数据、人工智能等非常热门的词汇，但是如何将它们整合在一起，更好地服务于人的生活和工作、更好地创造价值，这是我们需要思考的根本问题。今天，我们一方面能看到消费端的“场景需求”和“服务需求”正在不断发生变化，同时我们更能看到的是在供给端、产业端正发生着影响更加深刻和长远的变化。在未来，无论是智慧教育、智慧医疗、智慧制造还是智慧交通，在“智慧城市”的区域框架下，产业“智能物联网”正在蓬勃发展，新的链接技术、新的链接能力使我们对解决复杂跨场景、跨领域的问题变为可能，也正是这种可能性，为我们打开了高效解决城市、社会发展问题的大门。“智能物联网”这样的新平台，在深度跨领域协同方面、在深度技术应用方面，都催生了诸多的技术创新需求和解决方案的整合需求。

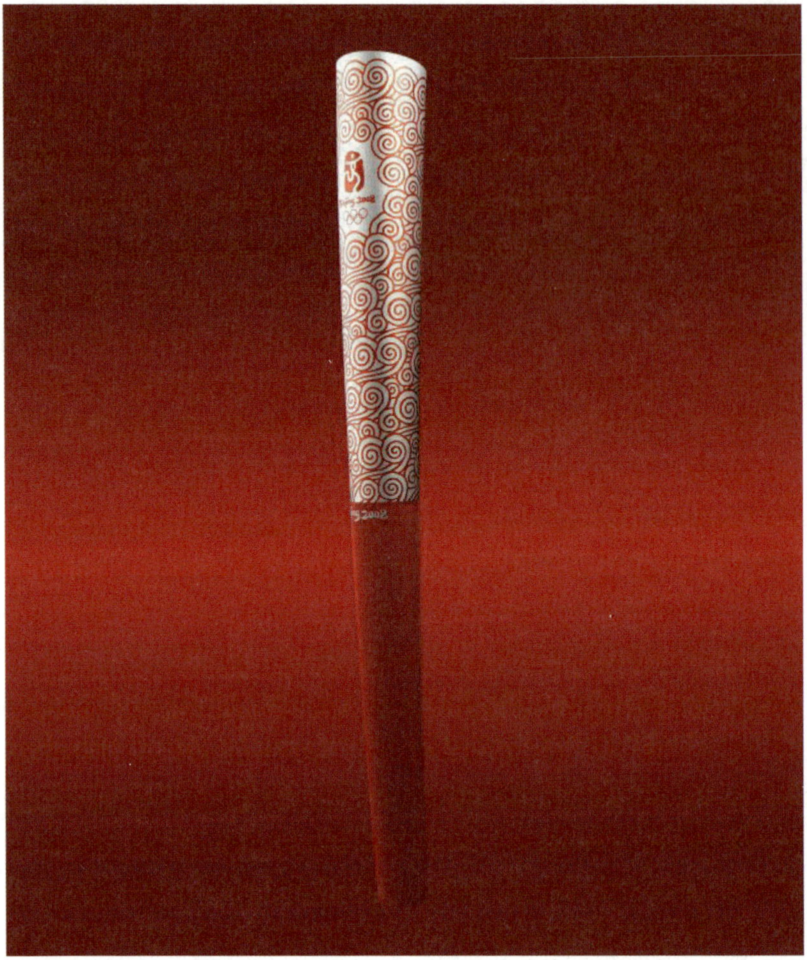

2008火炬——点燃的是文化、民族的凝聚力！是在宏大人文精神平台上的创造力舒展。

产业“智能物联网”的强大势能，正在把联想自身非常优秀的长板——数据运算力，拓展到更加广阔的社会方方面面。运算力的价值纽带，把“数据入口能力”“数据存储能力”“数据分析能力”以及“数据挖掘能力”紧密结合在一起。从数字化生存的角度，在以人为消费核心的社会架构下，设备创新仍将是打开、拓展数据入口的重要手段，个体、组织、产业，通过各种创新的设备数据入口，得以获取更加丰富的产业和生活数据，这是构建数据大厦的地基。有了这个基础，才有可能对数据进行更好的存储以及分析挖掘，也才能根据我们现有体验，透过“表层数据”，以更加有效的“深层数据”关联分析和创新挖掘，去更好地思考改变未来，并形成更加有效率且务实的整体场景解决方案。在这个部分，随着企业、产业对完整“客户旅程”观念的认知、渗透加强，会越来越驱动体验设计、服务设计发挥其应有的重要作用。在 2C 领域，“注意力经济”成为各个企业关注的新维度，简单讲也就是如何通过更好的体验设计来吸引客户，来构建更好的体验消费闭环，我们自身正在实践的，如联想新消费无人店。未来“广义设计创新”将是更好的“场景洞察”和“服务设计”创新方案实现的保证。另一个方面，“体验设计”“服务设计”会在未来的社会消费升级发展中起到关键的转化作用，它会像“酶”一样，催生出各种可能的生产力组合，甚至从根源上，带来消费价值观念的巨变。一个更加融合的未来社会环境里，创新设计所能起到的作用，我们称为“价值设计”。“价值设计”是以未来的场景融合、人机互动、构建新协同新沟通关系为基础，来引导和推动更加成熟的综合解决方案的诞生。在未来的产业“智能物联网”发展中，这些更成熟的综合解决方案需要的是“科学技术”和“人文艺术”更加完美地融合和互相促进。

《设计》：联想有没有传说中的“黑科技”产品？与高校联办的“智能生态高校创新大赛”的获奖作品是否得到了孵化？能否成为成熟的商品上市销售？

姚映佳：我们能够看到，单一的科技很难直接地产生丰富的体验和增值，所以未来在产、学、研结合方面，我们会更加看重短期和长期的结合。我们在与高校联办的“智能生态高校创新大赛”中看到了很多优秀的人才和想法，这些正在我们今天的产品中有所转化，有的想法已经融合到我们的产品中，为我们的产品带来新竞争力的同时，也为用户带来了更好的价值。我们今天谈到的“黑科技”产品，不应仅浮于市场营销宣传的热闹喧嚣，它更多的是大家对“小惊喜”“小创新”“小意外”期望的具象化映射。这个“小”并不是说它的难度小、价值小，而是说我们能否充分关注每一个可能带来变化细节的能力，能够把握这些可能变化成“需求满意度”的细节与新科技、新手段相结合的机遇，这可能是所谓“黑科技”产品的本质，即如何更好地通过综合创新带来让人眼前一亮、会心一笑，甚至是充满惊喜感的好产品、好服务。

《设计》：联想针对“智能物联网 SIoT 2.0 时代”的战略中，创新设计中心的任务是什么？

姚映佳：综合来讲，“黑科技”并不是我们的目的，能够为用户、企业、社会提供更好、更优质的体验方案，创造新价值才是我们真正的目的，这背后绝对不仅仅是技术创新这一个维度，它包括了对社会人文趋势、消费文化、技术产业转化成熟度、心理需求等多方面的结合创造。所以在针对智能物联网 SIoT 2.0 时代，赋能中心的任务就是能够更好地在“产品＋服务”的创新和交付上不断推动产生好的、创造性的解决方案。

未来智能物联网 SIoT 2.0 时代的战略实施，我们需要把联想的运算力和各个行业、各个生活场景的需求相结合，产生更高的效率。“未来是一个效率红利的时代”，我非常认同这样一个在未来产生综合价值的前瞻角度定义和描述我们的未来，未来技术将更好地融合服务于我们的生活和工作，全方位地提高资源利用效率，用更少的资源为人创造更大的价值。

《设计》：作为传统 PC 行业领军企业，联想如何在物联网时代众多新兴智能产品崛起的市场环境中赢得新生代消费者的青睐？

姚映佳：未来联想一方面会更聚焦于以用户为核心，不管是通过“客户旅程”的基本方法还是通过体验及服务设计的专业手段，我们要去更好地理解、洞察、定义和满足用户群体不断变化、不断衍生的新需求。我们能看到一个清晰的大趋势，“80 后”“90 后”甚至“00 后”都在快速成为消费市场的主角，这些年轻用户有着非常活跃的思维，他们有对自我定位新的需求，他们的成长环境决定了他们在消费行为上的清晰“指纹”。这样的群体形成，我认为是未来联想和其他中国企业巨大的本土机会，更是那些致力于创造中国新品牌的有识之士的巨大势能。我们将拥有一大批对结合了新文化、新技术，有独特中国智慧和美学理解的优秀产品，那些怀着深深渴望的“消费共生体”，他们对基于陪伴成长的“自我认知类原创”将充满热情。从这个方面讲，情感关注和认同的驱动力是未来企业发展最大的势能。同时，基于前者，我们要更好地进行“自我迭代”，也就是我们经常说的如何在快速的企业成长过程中完成不断的成长和转型，尽可能减少品牌定位的转移成本，实现最优的蜕变过程。在品牌以及相应战略上，在产品和服务的体现上，企业能够坚持不断关注、兑现和满足对用户群的需求承诺。在未来新兴市场的形成过程中，充满了非常多的可能性，而在对这种可能性的具体把握上，企业需要在快速迭代成长中，完成试错升级，这需要“企业心理”和“企业机体”做好充分的准备。技术的变化和整合是多种多样的，技术的发展和技术本身的品类也是多种多样的，而人类的需求是有迹可循的，它孕育着丰富的创新和洞见引导机会。最简单来讲，我们需要更好地理解文化原生土壤，满怀好奇心，以敏锐视角和触感关注新兴消费群体，他们是未来蓬勃市场的营养基础和推动引擎！

《设计》：从企业设计中心领导者的角度，您可以和《设计》简单分享 1—2 个最近正在关注或研究的领域或问题吗？

姚映佳：面对充满想象空间的“消费 SIoT”“商用 SIoT”以及“产业 SIoT”。最近比较关注的是“医疗物联网”，在全球范围内，医疗大健康行业正在经历一个世界性的关键转变阶段，从过去“家长式医疗”向“民主式医疗”过渡，也就是用户正通过新技术、新服务方案的可能，更好、更主动地参与到自我健康管理和疾病治疗里来。我们能够看到，医院以前是一个院内系统，而未来基于“医疗物联网”，医疗大健康将成为一个院内系统和院外系统相互结合的立体的健康管理和疾病治疗网络。这个网络将具有多场景、多维度、多角色的特点，将跨越今天地域性诊疗的局限，全球性多专家协同诊疗将变成可能。未来，在教育、制造等领域，都会因为这些新的可能性，变得更加充满价值创造的机会。“医疗物联网”还将深刻地体现在将每个人的健康管理由点状变成一个线性的过程，健康的身体是健康生活方式得以

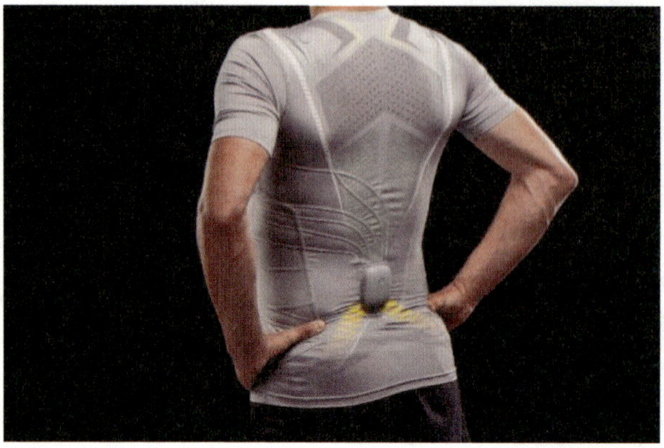 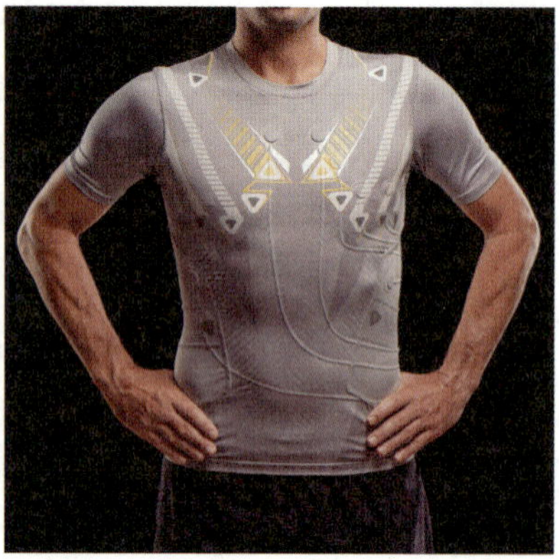

世界第一款12导联ECG（心电衣），作为“新物种”，其技术和服务方案的双实现，是“体验服务型设计”的双引擎。

养成和实现的结果，也就是人们更好的自我管理目标的实现，这当中对客户的生命质量价值提高是不可想象的。关注“医疗物联网”，其实背后体现的是对人的生活内容变迁的兴趣，对人的生活品质和质量提升的关注，是积极思考，投身于分享健康生活方式给全世界的动能促动。

从产业范畴和社会范畴来讲，“医疗物联网”将为国家和社会带来不可估量的巨大综合价值。这个价值来源于我们能够更好地通过信息手段的融合，通过协同创新，带来更高效的社会医疗福利解决方案，带来更加高效、高质量的医疗治疗方案。

每一个新的产业物联网的出现，我们看到的都是如何更好地为用户、社会和国家创造更好的价值。每一个企业和组织，都应该积极把握这样一个历史性的发展阶段，更好地参与到未来的“效率红利”以及整个产业和社会变迁的价值创造中去，让人们的生活和工作变得更加美好。

《设计》：您为联想吸纳设计人才会采用怎样的标准？提出怎样的要求？

姚映佳：设计是要整合优势资源创造性地解决问题，所以我们需要的是“多专业的专才”，能够创造性地通过协作和自身的专业能力

在西班牙巴塞罗那托罗那教堂（Chapel Torre Girona），联想超级计算机之一 Mare Nostrum 4 就建在这个充满文化历史的美丽建筑里。它在 2017 年曾排名欧洲第 2、全球第 11，目前排名全球第 25。这是“科学技术”+“人文艺术”的一次完美邂逅。

新的光交互界面、新的感应技术和物联网技术解决方案相结合，重新定义新零售无人门店的场景创新。

来解决问题，组合有效资源解决人的需求问题、企业的组织和发展问题、社会问题、宏观的国家发展问题，这样的人才是我们特别渴望的。除了对传统观念上技能的重视之外，多文化背景或者多文化认知和洞察力积累也在成为一个重要的能力维度。我相信，如果创新设计领域能够诞生更多这样的复合型人才的话，设计创新将在方方面面发挥更大的价值，也就能够更好地被社会所认知，同时为社会的发展带来更加巨大的动力。在人才纵深的培养上，中国初、高中就能够设立更加专业的 DT（Design and Technology ）课程，是一个非常有助于人才培养和挖掘的机制。

创新设计在今天，仍是一个在不断迭代变化的专业，它一方面是一个越来越有价值的专业领域，另一方面，它会因为和各个行业的融合协同发展，定义越来越丰富，也越来越有新的特征，对场景和人的需求的“洞察力”会成为设计领域发展的重要支点，我们需要更多的新手段和方法的掌握，通过结合对数据的“洞察力”为创意、创新带来更加丰富的元素，同时为创造更大的价值带来新的可能。总的来讲，在今天这样一个新消费、新文化、新技术不断发展的环境里，如果要更好地去适应不可预见的未来，设计应该是一个越来越受到重视、也越来越能够发挥重要价值的融合性学科领域。

在对未来市场的把握中，一个企业只有更深、更好地重视设计，重视体验价值、服务价值的综合性创造，把“科学技术”和“人文艺术”的结合视为一种常态，才能打造出一个更好、更能够基业长青的企业载体和平台。设计组织作为企业的右脑，有效发挥它的潜力，会带来思考上更好的系统性和平衡性，企业自身机体将变得更加智慧和成熟。相信对那些有志于创立世界一流企业，并且在面对挑战时能够勇于不断转型的优秀企业和企业家来说，设计都将是他们事业进程里最好的解决问题的支点、路径和助力。

叶根军

长虹创新设计中心总经理，享受国务院政府特殊津贴专家。担任中国工业设计协会理事、中国用户体验联盟副理事长、四川工业创新设计联盟会长、深圳市设计联合会副会长，致力工业设计。20余年来，先后获得“中国设计业十大杰出青年”“设计20年终生成就人物奖”等荣誉称号。在他的推动下，长虹工业设计成为公司战略规划的重要组成部分，定位为长虹创新体系的发动机，每年完成长虹集团以及其他参股、控股公司的设计服务项目300余项，为公司间接创造近千亿市场价值。2013年4月中心被认定为首批“国家级工业设计中心”。

工业设计已成为长虹创新体系的发动机

叶根军

叶根军，长虹创新设计中心总经理，享受国务院政府特殊津贴专家，四川省学术和技术带头人后备人选。担任中国工业设计协会理事、中国用户体验联盟副理事长、四川工业创新设计联盟会长、深圳市设计联合会副会长，致力工业设计20余年来，先后获得“中国设计业十大杰出青年”“设计20年终生成就人物奖”等荣誉称号。在他的推动下，长虹工业设计成为公司战略规划的重要组成部分，定位为长虹创新体系的发动机，每年完成长虹集团以及其他参股、控股公司的设计服务项目300余项，为公司间接创造近千亿市场价值。2013年4月中心被认定为首批“国家级工业设计中心”。

《设计》：请您谈谈设计在像长虹这样的制造业企业中应该扮演什么样的角色？

叶根军：从近20年的设计管理经验来看，消费者所需要的早已不再是某种单一产品或服务的形式及功能，而是其背后倡导的价值观、理念和生活方式。近年来，围绕工业设计、用户体验设计、创新研究等方面进行发展，工业设计已逐渐成为长虹创新体系的发动机，并形成了从挖掘用户需求到产品定义再到设计实现的系统创新能力。

我认为，企业中的设计，要致力于深刻洞察人类行为，不断变革，创造有意义的生产和生活方式，助力企业转型升级，最终实现其商业目标和社会价值。

《设计》：长虹工业设计中心是中国最早成立的企业设计中心之一，2013 年被评定为首批国家级工业设计中心。请您介绍一下更名后的长虹创新设计中心及其工作内容。

叶根军：长虹创新设计中心于 2003 年成立，原为长虹工业设计中心，是中国最早成立的企业设计中心之一，也是企业最早在成都设立的设计中心。2006 年正式更名为长虹创新设计中心，从工业设计团队变成有用户研究、界面设计、产品设计的团队。成立初期，管理基础相对薄弱，通过建流程、控进度、提质量等管理规范，实现了设计开发流程从无序粗放到科学严谨的转变。通过全面实施对外合作交流，聘请国内外知名专家、学者担任长虹设计顾问；与全国重点设计院校建立产、学、研合作机制，与国外企业进行项目合作等一系列活动，让长虹工业设计能力得到质的飞跃。以创新设计中心为主体的工业设计能力，成为长虹三大核心技术能力之一，在国内设计行业位列第一梯队，红点概念奖获奖总数排名全球前十。2013 年被评定为首批国家级工业设计中心。长虹工业设计中心围绕公司智能战略，以用户为中心，洞察用户本质需求，构建产品生态系统。坚持用户体验的设计，以创新推动公司战略的落地。

中心目前拥有全国首个家电行业国际色彩材料实验室——长虹色彩材料实验室、中国首个由企业和高校合作建立的从事交互设计研究的实验室——长虹交互设计实验室、四川省工业设计重点实验室——长虹用户体验实验室。

《设计》：您所率领的团队正努力蹚出一条“设计驱动式创新”的长虹路径，请您介绍一下这条长虹路径。

叶根军：当前，国民经济步入高质量发展阶段，创新驱动发展战略和“中国制造 2025”深入实施，设计已逐渐成为基础性、前瞻性、战略性工作，成为创新发展的推动者。目前，我所在的团队正努力蹚出一条“设计驱动式创新”的长虹路径，聚集包括设计学、社会学、营销学等各类人才，研究用户需要的是什么，考虑产业发展方向在哪里，开展前瞻性、创造性工作，以满足用户消费需求转变来促进企业转型升级，从而打造具有世界级声誉的中国品牌。

一个全球性的“设计驱动型品牌”时代正在来临，将成为驱动中

家用煮蛋机系列产品

国消费升级、市场升级、产业升级并拉动社会经济加速发展的下一个风口。以用户体验为中心的设计思维，是当下设计界的核心竞争力，驱动企业所有商业活动与行为。产品服务是企业家精神的物化，是企业家精神的载体，通过产品和服务体现出来。

为将这些理想落实到现实生活，目前创新中心还在做另一件有趣的事——研究年轻人。理解他们的思想观念，找到他们的审美偏好。长虹未来目标消费者是年轻人，“把脉”年轻人的喜好，就抓住了市场的脉络。

《设计》：您如何看待技术与设计在创新中的关系？

叶根军：我们以前谈到的更多的是技术的创新、商业模式的创新，我觉得跟我们国家发展之初有一定的关系，因为那时候国内企业基本都是靠技术引进，技术显得非常重要，因为技术是实现产品的重要手段，技术的创新也会带来直接的经济效益。

这些年大家可都看到了，当技术发展到一定程度，它实际上就是

长虹智能厨房机器人 C8

一个通用的东西。现在我们的产品同质化很严重，一开始他们在工业时代，就把设计放到一个很重要的位置，几乎会把设计和技术放在同等重要的位置，我认为，技术是产品的一个实现手段。

《设计》：作为一个资深“长虹人”，请您谈谈工业设计可以与哪些领域相结合？长虹在这些方面又是如何推动的？

叶根军：从以引领产品制造与服务创新角度来说，工业设计与创意、制造、美学、经济学等都可以高度融合。比如：

推动工业设计与传统产业相结合。在与传统农业企业圣迪乐公司合作过程中，我们以满足企业产业转型升级需求为导向，发挥工业设计在价值链中的先导作用，通过持续的商业模式探索、用户体验创新以及品牌策略构建，实现从规模、速度增长向质量、品牌领先转变，推动其成为中国蛋品企业第一品牌。同时，我们正与食品加工、机械装备、军工等多个行业开展合作，将长虹设计创新的影响力延伸到家电产业以外的行业领域，为传统行业转型升级找到新动能。

推动工业设计与智能制造相结合。智能制造是今后一段时期我国

获国际奖项的家用电器产品

制造业发展的主攻方向，也是工业设计发挥前瞻、创新效能的重要着力点。我带领团队围绕人工智能、虚拟现实、大数据等方面技术应用设计创新，构建产品及服务系统，使得以智能产品为核心的娱乐、烹饪、空气、用水智慧家庭系统在长虹公司得以开发实践，不断满足用户的个性化需要，为提升智能制造水平开辟新路子。

推动工业设计与绿色发展相结合。我们希望通过绿色设计途径减少环境污染和能源消耗，使得绿色设计产品逐渐成为市场主流。如我们团队正在研发智能环保火锅机、炒菜机器人等智能厨房系统，通过深刻洞察用户行为，应用大数据整合产业链环节资源，推出全新服务载体，以实现对社会消费价值观和全产业链重构，为用户创造美好生活，为绿色发展做出示范。

《设计》：从企业设计中心领导者的角度，您可以和《设计》简单分享 1—2 个最近正在关注或研究的领域或问题吗？

叶根军：2014 年 9 月我们与东西元素、中国下一代教育基金会、光华设计基金会等共同发起“心灯”项目，作为中国首个以设计驱动发起的绿色照明公益众筹项目，“心灯”在线上线下的捐赠总量已超过了2万盏，2015年获得世界绿色设计银奖，2016年获得国际工业设计博览会太湖奖一等奖，并在2018年作为实践案例，参与国家设计扶贫三年行动方案制定研讨。“心灯”目前所取得的认可，不仅证实了公益众筹的号召力，更预示着设计在公益中扮演越来越重要的角色。

以往面向贫困地区的公益模式，大多是募捐，或者是采购书包文具等物资。尽管收到的善款和物资非常可观，但因缺乏针对性，并未触及当地人的潜在需求，长期效果并不乐观。在交通极不通达的情况下，国家难以在当地普及用电，衣物食品能解决的仅仅只是温饱，而贫困不是靠其他人一时的怜悯与大方就能根治的，唯有知识与见识能够解救。对一个贫困的人来说，让他体会外面世界的物质有多么繁华，只会徒增内心的不平衡。给他一盏灯，他可能今年仍旧节衣缩食，明年还是住着家里漏雨的旧房子。但是我想，当点亮他知识的小灯，引导他走向外面世界的脚步从此将不会停下。

“心灯”的设计采用了高效能的太阳能板以及贴片式LED，能源转换效率高、单位耗电低、使用寿命长，同时采用台灯式外观设计，

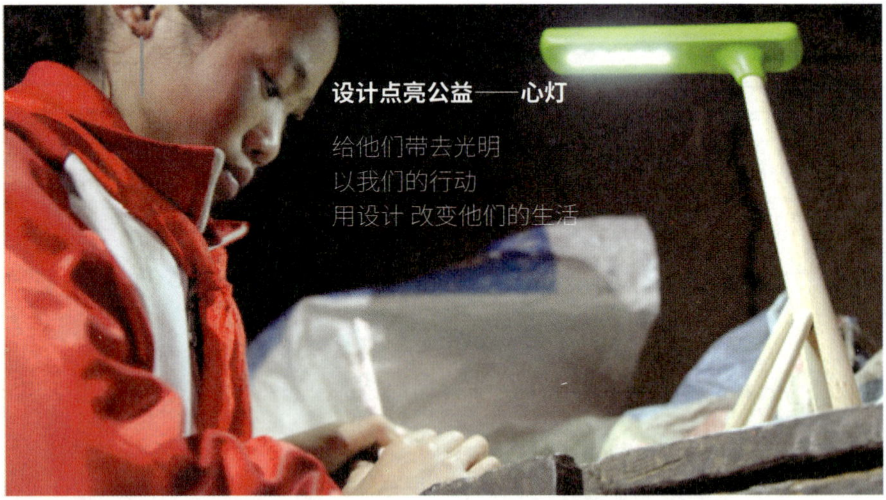

心灯实地使用测试

新疆喀什叶城县心灯捐赠现场

配以可组装、拆卸的支架，使用便捷，携带方便，能够满足孩子们每天生活和学习的照明需求。考虑到产品的使用环境，我们挑选了耐候性极佳的材料，能适应充电时的日照高温与山区夜间的低温；IP55 的防护等级，避免了灰尘与滴水的侵袭，高性能弹性体结合二次注塑工艺，使产品拥有良好的装配稳定性。显色指数高于 80 的灯珠，不仅是还原真实色彩的基础，还为孩子们的眼睛提供了第一道健康保障；与此同时，在低功耗 LED 灯珠的照度限制下，我们选择了最适于学习也是最舒适的色温为 4200K 的正白光；这一切的选择，只是想为他们提供一个真诚而温暖的产品。

在今天我们这个行业中，设计时尚、设计潮流、设计奢侈品等，却鲜有专为贫困人民设计的生活学习必需品。我希望有更多的企业设计中心参与到国家设计扶贫行动中，通过设计提高企业的社会责任。

赵飞龙

科大讯飞读写部副总经理，研究生学历，路桥养护管理技术专业。

好设计是在合适的场景解决用户的关键痛点

赵飞龙

科大讯飞如今已是亚太地区最大的智能语音与人工智能上市公司。除了语音技术，科大讯飞在机器翻译、医学影像、人脸识别、自动驾驶图像理解、自然语言理解等领域也取得巨大突破，并多次在国际比赛中刷新全球纪录。截至 2018 年，科大讯飞的语音系统已为家电、电信、银行、手机、国家安全、交通、旅游、音乐、玩具等多条细分产业链提供语音支持，其产品占据中文语音市场 70% 的份额，在专业领域的应用更是占到 80% 的市场份额，成功改写了由外国巨头控制的中国语音市场格局。本次《设计》专访了科大讯飞读写部的副总经理赵飞龙，详细解读了科大讯飞的人工智能布局以及最新的智能硬件新产品——智能办公本。

《设计》：在正在进行的两会上，科大讯飞再次用自家的“黑科技”抓住了大家的眼球。请您介绍一下亮相的这款神器。

赵飞龙：去年两会我们董事长刘庆峰先生在现场展示了翻译机，即时的中英互译“黑科技”，成为两会代表通道上的一抹亮色。今年两会期间，科大讯飞在北京召开 AI 新品媒体品鉴会。会上，我们展示了最新的智能硬件新产品 ——智能办公本，得到了大批新闻媒体的报道。

智能办公本是科大讯飞首款语音人工智能平板电脑，硬件采用护眼的电子墨水屏，同时它融汇了科大讯飞的智能语音转写、智能语音搜索等多项核心技术，它可以将语音实时转写成文字，就像身边配备了一个记录小助手一样，它也支持手写记录，而且可以做到转写内容和手写笔迹精准匹配。点击手写文字，就能回听回看写下这行字时的

智能办公本产品

录音和转写文本，解决开会时会议内容记不全的问题。它还可以通过一句话，找到想要的笔记。无限的云端存储空间和加密技术让笔记和灵感不再丢失。这款办公本可以说是每一位需要上班开会人群的理想人工智能笔记本。

《设计》：刘庆峰董事长日前在两会上提出，2019 年将是人工智能规模化应用落地年，人工智能的黄金收获期也将从 2019 年开始。建议国家加快人工智能基础设施建设，让人工智能服务于生活的方方面面。科大讯飞如何看待人工智能接下来的发展趋势？

赵飞龙：未来 3—5 年，人工智能会像水和电一样走进我们的生活，2019 年我们会在越来越多的领域看到人工智能的成功应用案例，未来是万物互联的时代，万物互联是继互联网之后最大的产业浪潮，万物互联时代要进入到以语音为主、键盘触摸为辅的全新的人机交互时代。语音是最自然、最便捷的交互方式，这也对语音交互提出了更加迫切的需求和技术期待。在方言识别、噪音处理、口音和远场识别等方面会不断取得技术上的提升，也会带来更多、更实际的场景化应用。

同时认知智能开始真正规模化落地。通过人机耦合的方式，与行业知识深度融合，在各领域开花结果。以科大讯飞为例，在医疗领域，我们在安徽做的智医助理全科辅诊诊疗系统可以说打造了中国的省级样板，并拿到了相关资质许可证书，还有智慧教育、智慧政法、智慧城市、智能汽车等领域都有相应的应用。

坚持源头性创新一直是科大讯飞倡导的发展理念，我们会注重技术整合与合作，特别是将技术与工具类的消费产品相结合，推出更多像智能办公本这样的人工智能技术落地产品。正如刘庆峰先生在以《因为山就在那里》为题的演讲上分享的，面对不断进步的语音识别和合成等人工智能技术的发展与应用，以及不断增长的开发者数量，刘庆峰相信，一个人工智能新 10 年正在到来。尤其是疫情之后，人工智能在解决社会刚需上面的迫切需求正开始显现。

为此，刘庆峰预测了四大发展机遇，既场景驱动、数据支撑、技术驱动、资本助推。中间不仅有利好的加速，还有危机的倒逼，使我们更加迫切的需要人工智能创新。“我觉得人工智能领域在过去几年中可能还存在的部分创新方面的幻想。一部分人可能以为直接拿过来就可以，包装概念就可以，今天我认为我们要回归到创新的根本的本质。要真正的倒逼我们按照科学规律办事，”刘庆峰说道，“四大机遇的相互促进会使得我们人工智能面临着前所未有的发展。”

《设计》：在今年的 CES 展上，科大讯飞全球首发了智能办公本产品，请您介绍一下这个产品的创新设计。

赵飞龙：我们在设计智能办公本时首先考虑的是应用场景。使用纸笔是人类最自然、最舒服的记录方式，普通纸笔的弊端显而易见——记不全，容易丢，难整理。而智能办公本在保留纸质书写感受的同时，还完美地解决了纸笔的弊端，让“记录”这样费时又费力的事情变得轻松又愉快。

我们希望智能办公本能够改变人们记录的习惯，为每一个需要记

智能办公本产品

录的人带来颠覆性的体验。为了有更流畅的书写体验和可媲美真实的纸笔书写感受，我们在屏幕与底板之间进行了悬空设计，还原在一叠纸上书写的笔感，同时表面做了耐磨的微蚀刻处理，复刻了书写时纸笔间摩擦产生的“沙沙感”。我们将产品定位在“轻办公”上，这个“轻”本身是产品的重量，更是对它的应用场景的描述，我们希望用仅仅 7.5mm 的厚度和 360g 的重量，能够覆盖有文字记录需求工作者 80% 的工作场景。

从软件层面，我们可以将录音内容实时转化为文字，转写不准确的地方可以直接用笔和笔势修改，无须二次处理。这样开会时大量信息重点蜂拥而至时，用户可以轻松搞定。在语音转写的过程中，用户可以随时手写添加笔记，只需要勾画些自己感兴趣的重点。此外，工作久了记录的内容将会非常多，想要找到自己需要的内容非常不方便，我们通过人工智能的多轮交互的语音搜索功能解决这个问题。用户可以通过与机器对话，找到想要的笔记，而且手写内容、录音内容也能搜得到。为了更好支持用户工作场景，我们还支持多种邮箱邮件收发，还支持手写回复邮件，可以以“亲笔信”的方式回复他人。

《设计》：从企业科技创新部门领导者的角度，您可以和《设计》简单分享 1—2 个最近正在关注或研究的领域或问题吗？

赵飞龙：我们科大讯飞读写的关注点聚焦在依托人工智能核心技术去改变生活中存在的问题。这里有两个逻辑，一个逻辑是如何通过人工智能技术去替代重复性、机械性的工作，让用户有更多时间去关注创造性工作。未来无论是工作还是生活中，人人都需要一个人工智能的助手，未来一定不是机器代替人，而是人机耦合。比如科大讯飞在教育领域的关注点是如何用人工智能推动因材施教，能够精准分析每一个孩子的学习状况，从而告诉授课老师在课堂上该如何调整教学节奏，告诉孩子们应该做什么作业，大量无效重复学习的时间可以被节约下来。可以看到一个针对几十万学生的统计数据，用了人工智能进行因材施教，在同样作业量下，可以使学生节约 32% 的时间，而且焦虑感下降，成绩持续提高。所以我们希望在用户办公、生活场景中有更多好的产品通过人工智能技术来解决实际问题、提升效率。另外一个逻辑是希望通过我们的产品建立起和用户的链接，刚刚提过语言是人类最自然的交互方式之一，所以在聚焦领域上我们更加关注如何回归人最自然的习惯，我们科大讯飞读写会聚焦“读”和“写”，为用户提供以语音、手写等自然交互为特点的智能办公设备与增值服务。

《设计》：您认为公司在吸纳设计人才时应该采用怎样的标准？提出怎样的要求？

赵飞龙：我认为，设计人才应该具备“可落地的想象力”。科大讯飞读写更偏向于技术型企业，具有工程思维的小伙伴多一些，有时会过于注重逻辑和理性，设计人才在这种环境下更应该有大胆的想象力和创新能力，让技术不仅仅解决实际问题，更能够满足用户的使用体验和对产品“美感”的追求，不是冷冰冰的技术实现，而是可以面向新消费观念的产品；同时，设计人才还需要有落地的设计，为产品的品质负责，让批量生产的产品从设计角度实现最低的不良品率，从用户的角度最大程度地实现使用的便捷性和耐用性。产品是我们面向用户的直接界面，所以我们希望设计人才既是一个有独立判断力的设计师，也应该是用户建议的倾听者。我们相信好的设计是在合适的场景解决用户的关键痛点，让用户获得“世界本该如此”的良好体验。

设计机构篇

工业设计在中国的发展

根据中国工业设计协会的统计，截至 2021 年底，我国共有工业设计行业组织 129 个，工业设计类奖项赛事约 200 个，工业设计类公司和工业设计机构 11000 余家。设计机构作为中国设计产业发展的重要驱动力，其价值创造能力、设计服务水平和评价体系导向在一定程度上影响了中国设计行业的未来。尤其是在全面建设社会主义现代化和中华民族伟大复兴的历史进程中，设计赋能经济高质量发展、城市高效能治理和人民高品质生活的效应得到广泛认可，中央各部门和地方政府纷纷出台相关政策鼓励设计与特色产业要素相结合，以设计创新谋求城市软实力和产业优势提升。

设计作为人造物的艺术活动，自诞生起就与当时的社会生产水平紧密连接在一起。设计群体的分工与组织模式，也与时代的生产条件密切相关。在中国，设计组织形态主要经历了手工艺时期的“物勒工名”层级管理机制、工商业萌芽时期的行会组织、工业生产时期的制造企业与设计公司、数字信息时代的设计自组织形态。伴随工业体系和设计产业的发展，设计机构对工业及社会的影响逐步扩大和深化，工业设计的系统创新能力开始渗入商业、社会、经济等相关领域。与此同时，工业设计的组织和管理工作也开始发生深刻变化，变得更为专业化和系统化。

进入 21 世纪后，随着工业化进程在中国的全面深化，工业设计事业在中国的发展也在加速推进，逐步向先进企业化发展的趋势也更加明显，工业设计部门规模逐步加大，其分工也较以往更加精细化且明确化，设计项目的流程也要求有较好的标准化操作体系，行业对于设计的要求越来越复杂、越来越高。因此，必须依靠科学的设计管理体系来规范具体的项目操作，明确每个部门的分工和相互关系，做到各司其职、互相配合，逐步发展出适应本行业企业发展的较为成熟的设计管理控制体系。

一直以来，我国政府高度重视加强设计机构等工业设计的主体性地位建设，从 2010 年提出“在重点领域扶持发展一批高水平的设计企业”，到 2014 年提出“实施中小企业成长工程，支持专业化的创意和设计企业向专、精、特、新方向发展，打造中小企业集群”，2016 年提出“支持企业创新制造方式和服务业态，发展定制化生产，满足多样化、个性化需求”，2019 年提出“促进设计类中小企业专业化发展”。可以看出，设计机构专业化、个性化和高质量发展的重要导向，除了要为中小企业的发展献智献计，设计机构作为创新性服务业态的定位也得到了充分认可。

2021 年 12 月工业和信息化部会同国家发展改革委、科技部、财政部等十九部门联合发布了《“十四五”促进中小企业发展规划》，其中在重点工程中明确提出“推动工业设计赋能中小企业”，文件提出“支持设立工业设计工作室，培育一批中小型工业设计机构，发挥国家级工业设计中心、国家工业设计研究院等工业设计机构作用，提升工业设计服务能力和水平，为中小企业提供覆盖全生命周期的系统性工业设计服务。加快建设设计类中小企业公共服务平台，面向中小企业建立开放共享的工业设计基础数据资源库。鼓励小型、微型企业创业创新示范基地、中小企业特色产业集群等载体引入工业设计服务机构，为中小企业提供专业化、精准化、特色化工业设计服务。推动中小企业工业设计由外观造型设计向功能化设计发展，工业设计创新范围由产品设计向新材料新工艺设计、创新结构设计、品牌设计、服务设计拓展，引导中小企业将工业设计理念贯穿到研发、生产、管理、营销、售后的全过程，提升企业品牌美誉度、产品和服务附加值。”该文件的出台具有重要的导向意义：一方面，充分肯定了工业设计机构赋能中小企业发展的可能性；另一方面，也反映出国家站在我国制造业从中低端迈向中高端的历史进程中，对中国工业设计产业未来发展提出的殷切希望，为“十四五”期间设计机构的发展指明了方向、规划了路径。

但是，我国设计机构也面临着一些问题，如企业设计需求不足、对设计认知不到位、复合型设计人才欠缺、品牌影响力不足、设计合作缺乏产业链落地支撑、缺乏工业设计综合性服务平台等问题。在此背景下，如何更好助力设计实践探索和设计行业跨越式发展成为摆在众多设计人面前的一道迫切求解之命题。

面对国内外复杂的政治经济环境，站在国内社会经济转型的时代风口下，本期邀请了国内 12 家知名设计机构的负责人，就工业设计机构的发展现状、面临的问题与挑战以及行业产业的未来畅所欲言，共同为中国设计产业的发展出谋划策。

李杰

雷海波

雷海波，太火鸟科技创始人 /CEO，A 股上市公司视觉中国（股票代码 000681）设计师社区创始人及战略顾问。中国工业设计协会常务理事，北京工业设计促进会副秘书长，光华设计基金会理事。资深视觉创意设计媒体人、策展人、社会活动者及跨界合作推手，中国设计贡献奖之年度风云人物，中国工业设计十大杰出推广人物。曾被《互联网周刊》评论为“创意的鼓吹者”，被《新周刊》评选为“改变中国创意的 10 个右脑”。2014 年获得美国著名商业杂志 *Fast Company* 中文版“2014 中国商业年度最具创意人物 100”称号。

雷海波于 2014 年 3 月创办的“太火鸟 ”，堪称中国最火爆的智能硬件和创新产品孵化加速平台，建立了中国首支专注投资设计科技行业的“DFF 设计创始人基金”，致力于推动中国创新设计品牌孵化和创新产品交易。太火鸟科技先后投资孵化了 30 多个设计驱动的创新项目，项目总估值超过 30 亿人民币，项目后续融资额近 10 亿人民币。2018 年，太火鸟推出全新的 B2B 模式设计交易与产品创新 SaaS（软件即服务）平台，平台汇集了数千家国内外顶级的专业设计公司，依托行业领先的人工智能设计交易引擎和设计生产力工具，为制造业企业及品牌方等提供工业设计、产品设计、结构设计、产品策略、平面设计、logo 设计、品牌设计、包装设计、UI（用户界面）设计、用户体验、插画设计等设计交易撮合、设计成果转化、产品创新企业级服务以及包括投资孵化、全渠道分发、知识产权保护等增值服务。

平台将设计服务转化为可量化、模块化的互联网产品

雷海波

《设计》：创办于2014年的“太火鸟”被称为“中国首家社会化创意电商和创新产品孵化加速器”，致力于推动中国创新设计品牌孵化和产品交易。请您谈谈由一位媒体人转身成为创业者的初心和历程。

雷海波：在创立了视觉中国设计师社区十几年后，2014年我创立了“太火鸟”智能硬件孵化平台，希望帮助更多有创意的设计师团队做出优秀的智能硬件产品。当时的太火鸟除了面向设计师创业的硬件产品之外，也面向那些缺乏设计基因、但认同设计重要性的技术主导的硬件团队。但我作为设计师出身，还是将设计师创业创队作为太火鸟“优先关注”的对象。在“视觉中国”超过十年的经历，我们都充分意识到设计和设计师在国内没有受到足够的尊重。即便是互联网科技行业或这些公司自身，也都低估了设计的重要性。但是像Airbnb（爱彼迎），三个联合创始人里有两个是设计师。在这种面向中产阶级的产品或者服务中，设计的重要性必然会越来越凸显。

前几年国内大部分互联网科技产品或服务都在依靠巨大的人口红利获得用户，部分用户对设计并不敏感。但在这之后的几年里，我们发现能够依靠人口红利轻松获取大量用户的阶段已经过去，更多互联网科技产品将会面向中产阶级，而中产阶级对设计感的追求要高得多。

2014年创立太火鸟时我们联合了几位行业内的设计师，包括阿里巴巴十八罗汉中的两位，他们都是设计师出身，一起运营DFF设计创始人基金，投了30多个设计驱动的创新项目。早期太火鸟做分享时，我一直分享“这是设计师创业的很好时代”的理念，当然这个设计师创业主要是指智能硬件的创新创业。当时投的那30多家公司现在有

很多都已经崭露头角，但我们早期投的一些项目陆续上市之后，他们发现不知道到哪里找渠道，到哪里找供应链，所以我们建立了两个渠道品牌，这是太火鸟创立之初的几年我们做的事情。

在这个过程中，我们还发现了一个新的趋势：当第一批设计师创业的公司被我们投得差不多的时候，小米同时也在投，我们再也找不到特别心动的创新项目了。反过来，我们发现，其实应该从更加源头的地方开始培养。什么叫源头呢？这要说起对设计公司的关注。有些设计公司做自有产品已经非常成功了，已经快转型为产品公司了，但还是要保留一个设计公司，这是因为通过这个设计公司可以发现大量的技术，包括技术转化，包括甲方最新的需求，包括其中有很多创业团队。技术出身的创业团队要做硬件，做消费品的时候，都需要找到设计公司。也因此才创建了现在的 B2B 设计交易平台，其实就是通过平台可以发现大量的创新项目，所以我们围绕这个交易平台，在太火鸟原来的智能硬件社区加上最近这两年研发的 SaaS 工具，形成了现在的一套系统。

《设计》：在太火鸟诞生之前，“孵化器”在国内已经存在了颇长的一段时间，太火鸟有哪些模式创新？

雷海波：普通孵化器首先是具有物理空间的孵化，并向在孵团队提供相应的服务。而太火鸟看重的是项目的线上孵化。太火鸟看项目和团队主要看三个方面，称之为三角模型，包括技术创新、设计创新和商业模式创新。其中技术创新和设计创新分别各占一个角，最下面的角则是“商业模式创新”。

在太火鸟关注的团队中，工程师思维主导和设计师思维主导是截然不同的创业模式。工程师主导但缺乏设计思维的硬件团队，很可能会做出功能大而全，但缺乏设计感、美感，对用户真正需求把握不准的硬件产品；而设计师思维主导的团队，则可能会对用户的情感层面需求把握得更准确，但缺乏技术的话又很难将美好的设计实现。另外，供应链、商业策划、线上线下销售渠道等都是问题。通常情况是“工程师有办法没想法，设计师有想法没办法”，而这正是太火鸟的价值所在，也是太火鸟在过去几年里能够孵化出 30 个成功案例的原因。

中国设计界发起助力设计企业获客及数字化转型特别行动

对设计师主导的创业团队，太火鸟可以在技术资源、供应链上提供帮助；对工程师主导的项目，比如有一个很好的技术准备应用，太火鸟则可以帮助它完善设计、对接资源；如果设计思维和技术门槛都有了，也许商业模式是弱项，太火鸟则可以帮助它完善商业策划，产品上市后还可以帮助它进行营销推广和渠道分发。

《设计》：作为产品创新 SaaS 平台，太火鸟与平台上的设计公司是怎样一种关系？您认为现在的设计公司最需要哪些方面的支撑？

雷海波：目前太火鸟平台上已拥有上千家设计公司，这里包括中国头部的 Top10 设计公司，也包括众多的中小型设计公司。今年初我们进行了一个统计，平台上的设计公司主要分为几大类，一类是我们所认为的“明星企业”，它们当中有一些是中国工业设计协会理事单位、各地方省级或市级设计创新中心，获得国内外设计大奖无数，它们当中的一部分已经不再只是为企业提供设计服务的“乙方”，已成为拥有自主产品的创新驱动型公司，我们会更多地在理念和商业模式上交流；另外一大类就是我们所说的传统的“设计服务型”公司，平台会为它们提供商机，帮助它们完成商机对接，撮合交易；还有一部分公司，具有在某些领域非常专业的设计能力、水准、供应链能力，我们已与它们建立了更深层的合作关系，通过我们落地在各地的线下基地，比如位于浙江丽水的“京东智联云—丽水智能设计创新中心”和位于广东顺德的“太火鸟 DesTech 设计科技联合加速基地”，形成了围绕本地产业升级，以设计创新驱动当地发展的更加紧密的合作关系。

设计公司根据不同的类型会有不同的需求，其中最显性的需求就是商机需求。今年年初突然爆发的新冠肺炎疫情让很多设计公司在2—3月份都接不到订单，全国大约有70%的设计公司面临着生存问题。在工业和信息化部工业文化发展中心的大力支持下，2月13日我们联合中国工业设计协会、光华设计基金会等全国50余家设计机构共同发起了“打赢疫情防控阻击战助力设计企业获客及数字化转型特别行动”，在疫情防控期间，平台已为全国数百家设计公司免费提供展示机会，推广了2000余个设计案例，提供了1000余次派单。

和显性需求相对的是隐性需求。我们发现，设计公司在发展的过程中还面临很多其他的问题。这些问题虽然不如订单来得直接，却影响了公司的长期发展，比如公司管理、项目管理、营销能力、商务谈判能力、供应链对接等。以项目管理一项举例，在我们接触的设计公司当中，绝大多数设计公司在管理客户时还使用非常传统的方式，对接项目使用微信、QQ，管理项目使用最初级的 Excel 功能等。这些都制约了设计公司的发展。我们也因此开发了专门针对设计公司的产品创新 SaaS 协作系统，来帮助设计公司做提升和数字化转型。在疫情防控期间，有200多家设计公司通过我们的系统实现了数字化管理，上千名设计公司员工在线推进项目执行，促成了一批新的设计服务订单签订。

《设计》：您在2015年的“中国智能硬件蛋年创新大会”上综合各平台的销售、投资和创新数据发布了一份智能硬件趋势报告，其中有一条总结为“‘智能’红利渐行渐远，产品回归品质和体验”。5年后的今天，智能硬件现状如何？消费者需要什么样的智能产品？

雷海波：我们能够看到智能硬件越来越成熟了，这不是简单说产品更多了，能够有个语音或者手势互动就可以称为智能化产品了，而是其发展更加趋于理性和细分。如同 5 年前所说，“产品回归品质和体验”，一是我们发现越来越多的产品进入了更加细分的领域，越早嗅到某个赛道并且加以深入研究的企业，现在都开始收获红利了。

举个例子，在去年烟台世界工业设计大会上太火鸟主办的论坛上，卢刚亮分享过卡蛙的成功案例，这也是我们孵化的一个典型案例。现在的产品是在存量中寻找细分和增量的部分，这是作为设计师要去把握的一个点，比如做同一个产品，与其更好不如不同；第二就是非计划性的购物频次显著提升，这是目前最大的消费群体的显著特征，消费者更加青睐个性化产品，这是传统制造业做不了的，这就需要设计师；还有一点就是家庭的小型化，4 人以下叫小型化，2 人、丁克、单身就是微型化。小型化和微型化的家庭不再需要大型家庭所需要的产品，1 升的电饭煲、一次能烧开 1 杯水的水壶就够了；再有一点就是“体验”，2015 年版的《科技中的设计》最触动我的就是“摩尔定律不再是满足消费者快乐的唯一路径”，4 核、8 核以及未来更快的机器未必能让用户获得快乐，技术已不是满足消费者快乐的唯一指标，更好的设计、更好的用户体验才真正能让消费者快乐。不管是产品迭代、工作方法、业务流程、跨部门合作、设计师的职能，均以此为标准判断与决策。只要一家公司由衷地认同“用户导向”理念，自然会走上设计驱动型品牌的道路，并用设计思维来引导企业的成长与发展，同时又高度重视和科技的结合。

《设计》：太火鸟对“孵化”产品的选择是否有一套标准？请介绍几款经平台孵化成功的“爆品”的研发及“引爆”过程。

雷海波：如前面所说，太火鸟考察项目和团队主要看三个方面：技术创新、设计创新和商业模式创新，三个要素缺一不可。

2016 至 2018 年连续三年斩获美国 CES 大奖的“FIFISH 飞行鱼”就是一个很典型的例子。这个产品能够获得众多大奖，主要是在关键技术和外观流体力学设计的创新和领先优势以及交互体验的设计，这款水下机器人姿态的控制、1 英寸大靶面光学镜头出色的 4K 实时视频效果一亮相就惊艳全场。这条很特别的“飞行鱼”还搭载了鳍源科技公司自主研发的多个先进核心部件，如水下推进系统、水下摄像和照明系统、控制系统、水下遥控电子通信装置和水上实时显示系统等，可以实时传输来自水下的高清影像，通过搭载 VR，可以体验水下失重的全新沉浸感。

除了技术和设计的创新，我们也看好这个蓝海市场，FIFISH 是第一款消费级的水下机器人，它瞄准的是千亿级别的海洋应用领域。不仅在关键技术上和国内外领先的机构组织合作，而且还结合虚拟现实、直播和社区平台，通过互联网 + 运营打造海洋内容社交平台，这是一个非常广阔的应用推进和更具有深意的颠覆。因此，鳍源获得了太火鸟旗下中国首支科技美学孵化基金的投资，后来又相继获得了小米联合创始人黎万强、创新工场李开复、AC 天使基金及彩虹鱼千万级人民币的天使投资。2019 年 1 月 8 日在美国拉斯维加斯举行的“2019 CES 国际消费电子产品展”上以全系列新品类方式集体亮相，第四度成为媒体、观众关注的焦点。

另一个非常典型的案例就是素士。素士科技初创时我们看重的就是它的设计师主导、拥有自己的技术，同时拥有相当的商业格局。素士的创始人孟凡迪是前华为设计师，也是拿设计大奖拿到手软的那种设计师。他在公司里可以说担任着“CEO+CDO”的双重角色，身为设计师的 CEO 可以为品牌注入很强的设计驱动力量，这也是我们看好这个品牌的重要原因。2019 年 2 月，素士宣布完成 2 亿元的 C 轮融资，是国内个护家电领域中最大的单笔融资。

我们看重素士有一个非常重要的原因就是素士产品的技术含量。素士在和行业巨头飞利浦的专利战中全部胜诉。现在素士已经申请了超过 180 个发明及实用新型专利（不含外观专利）。而且它还研发出很多之前一直被国外大品牌封锁且价格特别高昂的零部件与工艺，比如磁悬浮超声波马达、无锈无金属的刷毛种植技术等。素士 2019 年的研发费用大概是 4000 万至 5000 万，营收占比位居行业前列。素士重视技术创新是在我们选择对它投资时的重要考量因素。

另一个层面就是商业。素士定位在中端市场，2019 年全年出售超过 250 万支电动牙刷，在百元以上价位带的中国品牌中位居第一。它

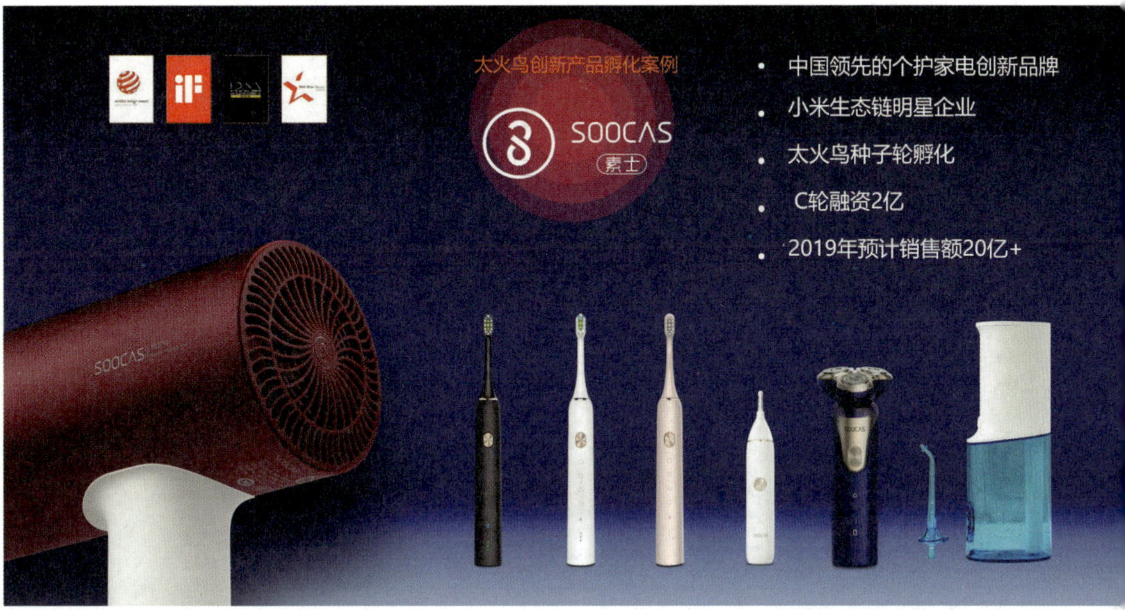

素士早已成为小米生态链明星产品

有非常清晰的市场逻辑：相比于传统大家电，小家电更能满足消费者的细分需求，并且拥有更新换代速度快、产品价格较低、渗透率较低、未来增长空间大等特点。未来头部效应将越来越明显，虽然个护家电领域是一个大的赛道，最后会存在很多玩家，但素士在技术壁垒、产品品质、工业设计、渠道铺设和品牌宣传方面都更具有优势。

《设计》：太火鸟于 2018 年提出了“DesTech”的概念，指利用技术和数据实现设计创新目标的举措和工具，强调以科技赋能设计。请您阐释一下您所理解的设计与科技的关系。

雷海波：2018 年 12 月在广东顺德，我们举办了“2018 DTech 国际设计与科技大会”，这是我们第一次正式提出一个新的定义。“DesTech 设计科技”就是设计和科技二者结合，指的是利用数字技术实现设计创新目标的系列举措和工具，并对设计创新流程中的

2018 年首次提出“DesTech”设计科技概念

产品定义、创新设计、生产制造等关键要素及环节进行数字化、网络化和智能化，从而赋能企业在设计创新活动中提升效率、降低成本、增加收入、提升竞争力、创造新模式。其实它的本质就是通过科技的方式来赋能设计产业，用设计的手段、技术和大数据的方式来提升设计效率的一整套系统，帮助设计公司增加收入、降低成本的一整套工具。这就是我们这几年一直在打造的“中国工业设计的底层操作系统”。

太火鸟平台将设计服务转化为可量化、模块化的互联网产品，基于人工智能、大数据算法应用开发了 AI-D 精准匹配工具。经过机器深度学习，与项目需求、预算、产品定位、设计服务能力等维度进行了精准匹配，以便需求方迅速获得多家设计公司信息并进行沟通，提升供需对接效率。同时，由于量化了设计公司规模、擅长领域、获奖情况、经典案例等模块，人为因素的交易判断失误率大大降低。

另外我们还自主研发了“AI-T”生产力促进工具，整合客户管理和项目管理，打通设计交易和项目管理全流程，使项目从一条商机线索到合同签订到项目完成实现全流程数字化。“AI-T”工具可帮助设计公司建立商机线索分类、客户档案及销售漏斗，结合客户留存、信息提醒、流程审批、文档存储和共享等功能，为设计公司保留资源并促进增长；改变通过 Excel 进行非标信息存储和分类及邮件、微信群沟通难以完整留存等弊端；实现管理在线化、标准化，经营数据可视化。使用工具后，设计公司项目规划和设计周期可缩短 35%，远程协作管理可减少纸张浪费达 55%，运营效率和质量提高 23%，沟通记录和会议纪要实现可同步和追踪，使可追溯率达到 90%；客户管理系统为公司提供广告投放渠道成本数据、客户跟进效率、商务人员人均成单率等数据分析。现在，这个系统不仅获得了中国工业设计协会的 TIA 大奖、中国设计智造大奖等奖项，同时还在疫情防控期间，被工业和信息化部中国工业技术软件产业联盟推荐为“应对疫情的优秀信息化应用解决方案”和教育部工业设计专业教学指导分委员会“在线教学资源指定工业设计专业管理工具”。

《设计》：人工智能在诸多方面能够取代人力，这在带来便利的同时也给一些行业带来了危机，这其中甚至包括了艺术和设计，您如何看待这个趋势？太火鸟也于去年上线了多款人工智能设计工具，在这样的大趋势下，您认为设计师应该具备怎样的素质和能力以应对当今瞬息万变的商业需求，以求更好地发展？

雷海波：人工智能确实改变了很多行业，但是这正是未来发展的大势。我们目前正在和浙江大学、京东 AI 进行联合研发，就是一个基于人工智能的产品设计系统。这个系统从需求方发布设计需求开始就进入了人工智能系统，你可以语音说出“我想设计一个杯子”的需求，我们的 AI 智能产品定义引擎就会根据你说的产品基本属性、因素分析、用户关注点、上市节点等为你进行精准的产品定义，并且很快生成一张草图，甚至建模。这将大大改变设计行业的工作模式，但是设计师的价值也就在于将不再只是一个“美工”或是生产线上完成画图任务的人，他必须向前端延伸，从产品、产业链前端深入研究消费者的行为以及未来产品的走向，从而成为指导消费市场的一个角色，这就是S2B2C（供应链到商家到消费者）反向定制的模式。

今年两会的《政府工作报告》中指出，“要推动制造业升级和新兴产业发展，发展工业互联网，推进智能制造，全面推进‘互联网+’，打造数字经济新优势”。这正是设计师可以利用互联网技术发展的重要时机，同时也对设计师提出了更高的要求，不只是满足于完成需求方的某一个产品设计任务，而是要更深刻地了解消费者、用户体验、个体对产品的需求以及相关的商业知识。设计师要在有深入扎实的技术功底的前提下，拥有更广阔的视野和更丰富的知识储备。

《设计》：中国智造在5G时代要实现对国外的赶超，现在人们看到的更多是科技的力量，设计的价值如何体现？

雷海波：从前我们更关注技术，以可见的硬件发展作为科技力量强大的标志，但是十九大提出的“人民对美好生活的向往”让我们看到，除了可见的硬实力，还需要看不见的软实力，而设计正是软实力的体现。比如我们社会中还有很多病患、老年人、儿童等弱势群体，如何将已经研发出来的技术转化成为能够为他们提供合宜的产品和服务体系，正是设计可以大大发挥作用的地方。正如上一个问题所说，设计师不应该再被称为“美工”，或是为产品做“涂脂抹粉”的工作。一些低技术含量的工作可以交由人工智能去完成，设计师要将自己前置到产品研发的起初去考虑用户的需求，将先进的技术转化为能够提升人民生活品质、改变人们生活方式的产品和服务体系，这样才是设计真正的价值所在。

《设计》：作为一个连续创业成功的“创客”，请您给设计创业者们提点儿建议。

雷海波：坚持。信念。

《设计》：您给太火鸟设置的下一个“小目标”是什么？

雷海波：“一起做更好的设计”，这是太火鸟的口号。我们希望能够通过自己搭建的平台和全中国的设计公司、设计师一起做更好的设计，为大家提供实用、好用的底层操作平台。

李立成

李立成，凸凹出品创始人。浙江凸凹文化发展有限公司董事长，杭州凸凹工业设计有限公司创始人，杭州淘马科技有限公司 CEO。光华龙腾奖中国设计业十大杰出青年、中国十佳工业设计师，拥有 20 年产品创新及设计经验，为逾十家世界 500 强企业及上百家国内一线品牌提供产品策略与设计咨询服务，为约 300 家企业创造了一千多件量产产品。2003 年创办以高端设计咨询服务为主体的设计公司（凸凹设计）。2010 年联合创办跨界科技主攻互联网产品交互设计与体验设计。2013 年创立了基于方式创新的产品孵化器——淘马科技，以及针对设计产业化投资合创的管理机构——凸凹文化。2017 年发起了致力于“原创设计产业化”的知识产权再造（Re-create Intellectual Property，RCIP）产品孵化平台，为更多正在产业化设计圈的同行创造精准的营销推广平台。

李立成从其 20 年置身于工业设计市场的亲身经验来反观当下设计教育，发现不少问题。他建议设计教育不仅要培养学生的动脑能力，还要重视动手能力；建议设计教育院校重视学生职业素养的培养，这个责任感比专业性更重要；此外，在设计教育中，心态的培养也很重要。

设计教育院校应重视职业素养的培养

李立成

《设计》：凸凹设计的发展经历了几个发展阶段？这些阶段又反映了中国工业设计怎样的发展历程？

李立成：凸凹出品从 2003 年成立至今已有近 17 年的光景，大致上有三个阶段来考量公司的发展进程。第一个阶段是 2003 年至 2009 年，其间我们用了六年的时间来打造公司设计服务领域，考量如何在原创设计领域创造出区别于同行的成果以及如何以含金量更高的原创价值去为客户群提供服务。第二个阶段是 2009 年至 2014 年，公司开始注重国际化业务和综合型设计服务方面的提升。第三个阶段是 2014 年末至今，凸凹出品进入从设计服务到设计产业孵化试验乃至产业化、商业化的转型。这三个阶段代表了凸凹设计商业模式的变化：第一个阶段是纯设计服务如何在行业中做出不一样的表现，第二个阶段是在已有的影响力和知名度的前提下如何提升公司的商业能力、变现能力，第三个阶段是如何通过产业化能力来提升原创设计在垂直领域中的商业效力和影响力。

凸凹出品是国内比较早期的工业设计公司，这三个阶段也验证了中国工业设计的发展历程。第一个阶段也是中国工业设计在服务行业从不被接受到逐渐被接纳的一个表现，当时，很多人对工业设计的认知还停留在一个非常基础的阶段，而我们的客户大多是知名度比较高的龙头企业或跨国公司，这些客户群对工业设计的认知是具有一定高度的，同时能给我们带来一些业务投资，供给团队在相对健康的环境中形成自己的商业逻辑和项目流程。第二个阶段我们重视综合性世界服务的原因是中小企业和国内一些非头部企业对工业设计的认知得到了提升，凭借之前为外企和国内头部企业合作的经验，我们顺势而为

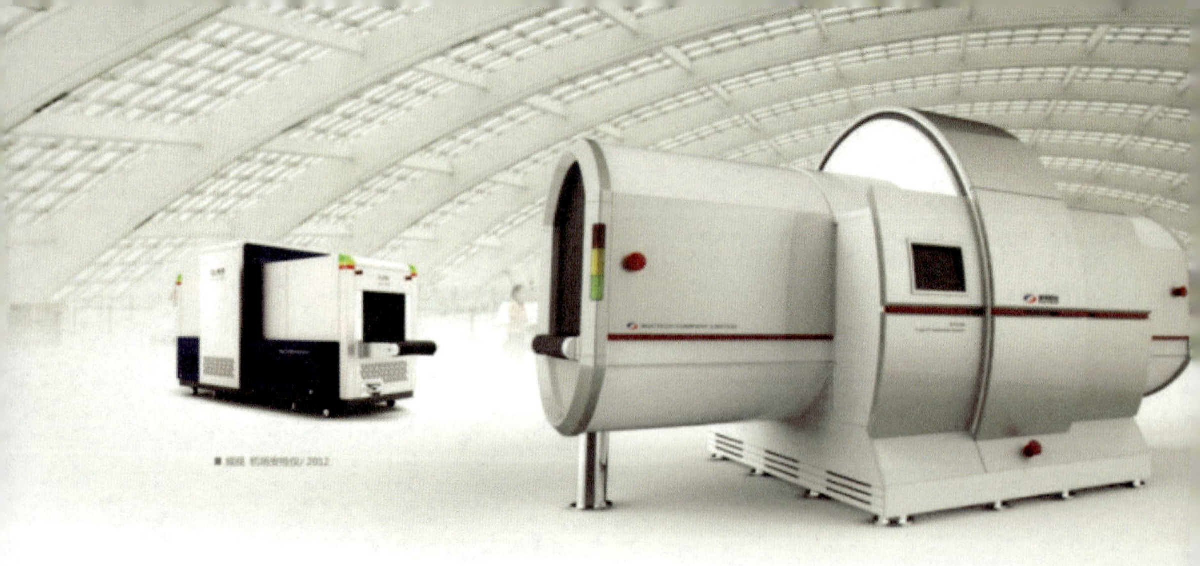

威视机场安检仪

地针对它们对展示设计、体验设计、空间设计、交互设计等综合性服务需求，把公司定义为综合性的服务型公司。第三个阶段，有部分中国工业设计公司开始慢慢步入产业化实践过程，凸凹设计就是早期产业化孵化拓展的一个分支，从本身比较擅长的垂直领域里挖掘商业化和产业化变现能力。

《设计》：近 40 年来，中国工业设计师这个职业发生了怎样的变化？社会对设计价值的认知达到了怎样的水平？

李立成：20 世纪 80 年代，我还处于童年时期，所以让我描述对当时行业现象的见解可能会有失偏颇，所以我还是从 90 年代中期开始讲起吧。当时，国内工业设计还处在一个非常基础的阶段，当时的设计师只是在企业里做一些相对比较出奇的改良产品或优化设计，所以经常被定义成“美工”的角色。到 21 世纪初，国内出现了很多新兴的企业，在工业设计方面形成了比较系统的需求，比如联想开始有了自主创新的台式机和笔记本的设计，那个时候工业设计师的角色在企业里面的定性和定位要比之前美工的地位好很多，但也仅仅是排在结构工程师后的一个辅助工作者。当时的结构工业师也叫结构设计师，属于大工业设计范畴，但他们学习的并非工业设计，而是机电一体化，靠在院校学到的一些基础投身到企业工作中。所以，在 2000 年以后的一段漫长的时间里，很多企业的工业设计停留在一个功能设计和功能结构设计为主的阶段。大约经历了 7、8 年以后，工业设计以及工业设计师的地位发生了翻天覆地的变化，一大波工业设计师站在了企业创新的源头，企业里面开始出现设计总监、首席设计师、用户体验官这样的职位，而这个角色在企业里面得到认可的核心原因，其实在于企业和市场的诉求空前高涨。比如凸凹设计当时为老板电器设计的厨房产品终端取得了爆炸性的成果，这是市场和消费者认可了产品价值的体现，工业设计师因而自然而然地就得到了正确对待。到了当下，工业设计师在企业的地位还在逐渐提高，社会对设计价值的认知也在逐步提升。

《设计》：请您谈谈您职业生涯中亲身体验到的市场、客户及用户的变化。

李立成：我的职业生涯确切来讲是从 2000 年开始的，我从一个产品设计师到 2003 年开始创办公司，再到现在。2000 年我刚好从大学毕业，正是因为没有市场，设计师的工作特别难找，仅一些头部企业才有工业设计的诉求，而这些头部企业会把就业机会给一些头部学校的头部工业设计毕业生，比如当时的清华大学、浙江大学、同济大学、上海交通大学等高等院校都已经设有工业设计专业，而那些二三线的学校出来的工业设计毕业生，就比较难找工作了。当然，这也不是绝对的，就能力而言，任何院校的工业设计师的表现都是值得肯定的，一些毕业于小院校的工业设计师也凭借自身的能力和水准找到了非常好的对口工作。

在上个问题中我也讲到了，从 2008 年开始，工业设计和工业设计师的价值得到了市场的认可，全国范围内的大学都开设了工业设计这个专业，与日益增长的市场诉求形成了同比现象，但并未形成所谓的供不应求。其实，现在工业设计毕业生找不到工作的情况仍难以避免，因为企业级别的增长速度虽然很快，但应届毕业生的数量也非常之大，加之前些年毕业的学生仍在岗，所以市场也会形成一个相对饱和的状态。一方面，我们看到工业设计师有了良好的发展空间；另一方面，年轻的设计师因缺乏经验，即便在设计需求空前高涨的时代，也相对难就业。

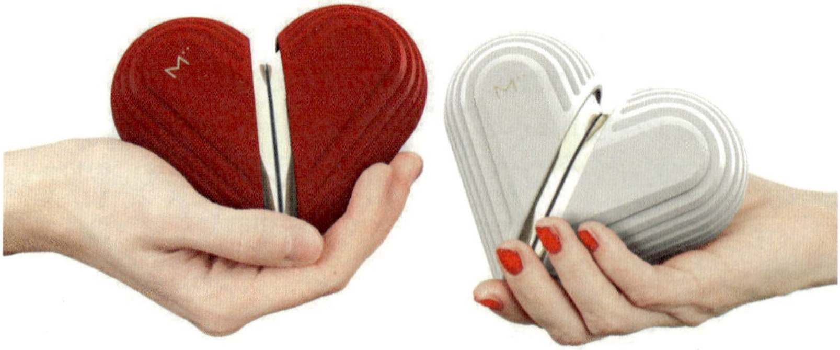

心动·蓝牙音箱

从我创业时期开始讲起，那时候的客户分两种，一种是“听不懂”的人群，针对一些新兴的企业，比如 2003 年我去浙江慈溪——板块经济以小家电为主的片区，当时他们主要以山寨的方式做一些工业设计的投入，我在和他们交流工业设计的时候，他们的印象还停留在“工业设计就是画张图的问题”，仅用一张图稿的构思考量能否形成生产并带来商业效益，所以这些客户群体还没有真正意识到工业设计的价值，也不能满足凸凹设计当时在设计服务行业中的理想目标。于是，我们拓展了华为、松下、英特尔等国际和国内头部企业为客户，这类人群是懂工业设计的，我们也很庆幸这些专业团队能够信赖我们的原创态度。2008 年之后，由于凸凹设计在通信、IT、3C（计算机、通信、消费类电子产品）行业方面的工业设计表现能力，有很多家电行业的客户主动找我们做设计，比如九阳电器、老板电器等。他们对工业设计的诉求非常迫切，需要专业的工业设计公司帮助他们打造原创商品。到了 2014 年前后，已经进入大众创业、万众创新的双创时代，不论是像北上广深这样的发达城市，还是名不见经传的小城市，在产业化前沿的阵地上出现了大量创业型公司，包括一些中小企业也在尝试二次创业。经验的累积让凸凹设计的客户群日益庞大，有些老板亲自牵头做创业项目的客户企业会非常重视设计本身，不在乎设计费用；还有一种以传统经验对设计服务提要求的客户群体，他们对设计服务费用比较在意，希望通过压低设计服务的费用在商业领域中的占比以减少开发成本。这是我体验到的客户群体的一些变化。

Q2 取暖器

飞碟杯

再后来，用户的变化就更明显了。2000 年的时候，用户如果要购买原创商品，无外乎几个头部的国际品牌，比如苹果、SONY 等，而国内的产品原创性并不高，多多少少会有一些国外品牌的影子。到了 2010 年这个分水岭，国内公司的原创设计能力有了较大的提升，用户的购买偏好也慢慢从国外品牌转向国内品牌。双创时代到来之后，新生代品牌在中国本土做原创，以精准的品牌定位、用户定位和创新的产品设计在竞争白热化的市场中脱颖而出，用户对品牌的认知和理解有了提升，因此其产业化的创新成果越来越被年轻人所拥戴。

《设计》：请介绍下凸凹设计正在搭建的以“凸凹设计”为基础、“凸凹孵化”为核心、“凸凹合创”为外延的原创设计商品集成平台。

李立成：以“凸凹设计”为基础的核心是培养优秀的设计师，通过跟优秀的行业客户对接项目，从而形成经验值。

以“凸凹孵化”为核心的逻辑是需要凸凹设计打下的人才基础和对我们所擅长的垂直领域的价值属性作为支撑，比如说我们现在拓展的一些垂直领域，包括年轻人的出行方式，以箱包为起点进行研究和孵化的探迹者品牌。

通过凸凹设计，我们孵化出一个又一个垂直领域的原创项目，基于其得到的产业化成果，我们形成了单体的垂直化合创品牌，以“凸凹合创”为外延的核心就是把孵化出来的成果和团队连接外部产业化资源伙伴共同形成新生的机构，这是由凸凹作为母体孵化出来的项目和团队，结合产业化资源和供应链资源形成合伙制的新公司，在这个形成过程中，我们实现了垂直领域的品牌建设和更大量级的商业项目的重要进步。

《设计》：在当下社会，您认为设计师应该具备怎样的素质和能力以应对当今瞬息万变的商业需求，更好地和产业融合助力企业发展？

李立成：设计师也是有阶段性的。

第一个阶段主要针对一个刚进入社会的应届设计师，他需要具备一些基本能力和技能，不能进入企业后再慢慢学习基础软件和工具。其次，他还需要独立思考的能力，从一个项目出发形成自己的见解和逻辑，得到设计结论。这个设计结论可能只是一个草图或用 Sketch 方式表现出的深入设计的结果，这是作为一个初级设计师所需的职业技能。其次要注意的一点就是虚心地学习，国内很多工业设计专业的学习教育比较同质化，但是不同学校教育出来的学生的维度和专长是不一样的，当下很多初出茅庐的毕业生年轻气盛，但是不能以专长来概括你是一个全能型设计师，一个初级设计师要虚心学习不同定位的能力，形成未来资源拓展的基础。

第二个阶段是当一个设计师做了 2、3 年之后，他要具备独立自主完成一个设计项目的能力，形成自己的逻辑线和方法论，而不是指望设计主管全程指导。其次，就是表达能力，通过图稿、计算机、口语等，说服别人采纳你的方案。

第三个阶段就是设计主管级或总监级，除了独立完成一个设计项目，还要具备谈客户、带团队、带项目组的综合能力，能够从跟客户进行洽谈交流开始，完成对项目全流程的把控。

《设计》：您想给设计教育提点儿什么建议？

李立成：就我从业 20 年置身于工业设计市场的亲身经验来反观当下设计教育，我发现不少问题。我曾考察过德国、日本等国家的一些院校，发现我们国内学生的动手能力真的不强。幻想主义是不行的，只有手脑结合才能成就一个所见即所得的结果，所以我建议设计教育不仅要培养学生的动脑能力，还要重视动手能力。

其次，抛开工业设计师这个角色来讲，职业素质的教育非常重要。职业素质的教育，不是朝九晚五，不是加班加点，而是一个职业设计师的责任感。站在自身角度，考量工作是否舒心、能力有否提升都是无可厚非的，但也要站在公司的角度去思考问题，考量自己能给公司带来什么，这就是职业感的体现。我们曾经招了中国香港和美国的设计师，他们都是年轻的新人设计师，对比我们的工业设计师，他们的职业感根本不在一个层次上。这种职业感可能是院校带来的，也可能是家庭教育所导致的，但是我建议设计教育院校重视学生职业素养的

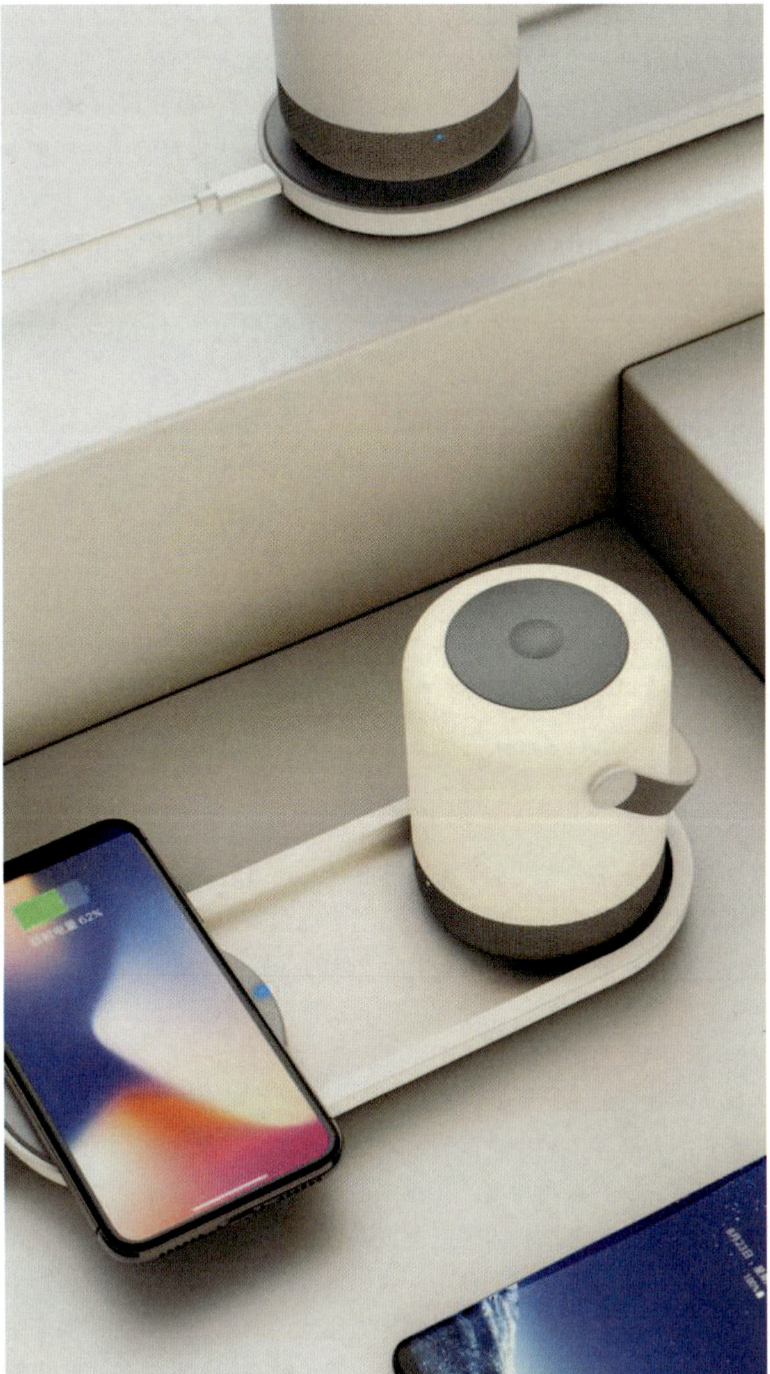

无线充小夜灯

培养，这个责任感甚至比专业性要求更重要。

再次，中国工业设计教育还有一块短板，就是对学生的评价标准不是很健康。一个健康的评价标准能帮助学生得到与当代匹配性的成长，而我们的院校更多处在一个拔苗助长的状态，这是一种与浮躁时代同样急功近利的表现。因此，在设计教育中，心态的培养也很重要。

刘诗锋

刘诗锋，中国国家级工业设计中心广东东方麦田工业设计股份有限公司创始人、董事长，中国设计业十大杰出青年，中国十佳工业设计师，中国电子科技大学等多所高校的工业设计硕士生导师，共获得德国 iF 奖、红点奖、中国红星奖、广东省“省长杯”金奖等各类设计奖项超过 50 项，致力于工业设计实践和管理、家电的创新管理研发等领域。“广东东方麦田工业设计股份有限公司”是中国最具规模的产品综合创新管理咨询和设计服务公司之一，是国家级工业设计中心、 中国十佳工业设计公司、中国设计行业 AAA 级信用企业、国家高新技术企业，获得世界绿色设计组织颁发的“绿色设计企业”称号。

工业设计师是产品经理的摇篮

刘诗锋

《设计》：东方麦田（灵目设计）公司的发展经历了几个发展阶段？这些阶段又反映着中国工业设计怎样的发展历程？

刘诗锋：东方麦田发展至今，经历了五个典型阶段，分别是尝试引领，疑惑；谋生存，疑惑；稳定，疑惑；求发展，疑惑；再次尝试引领，再次疑惑。这是一个一直在疑惑中求突破的螺旋上升的过程，这个过程正好切合了中国工业设计对企业价值持续提升的一个过程。

在解释中国工业设计过去20年发展历程前，我要强调两个观点：一是，中国工业设计发展的核心驱动力是企业在市场竞争倒逼的情况下对工业设计的价值需求，而不是工业设计行业的新思维、新理论，知识服务型行业的发达程度依赖于被服务的主体行业的发达程度，比如说农业也是很需要工业设计的，但在当前中国农业的市场竞争并不成熟，所以工业设计在中国农业领域还没什么作为，以后一定会有。二是，中国制造品牌企业的竞争环境所导致的管理基础、意识、体制等与欧美日等发达国家的企业有很大差别，是差别不是特指差距，这个差别有时体现为中国的工业设计师反而会有更大的价值表现空间。所以，用书本上学的主要来自西方的理论肯定没有错，但不一定适合中国企业的需求。理解这两点，就比较容易理解东方麦田和中国工业设计发展的逻辑。我是一个草莽，只有本科学历，毕业后从来不看任何设计理论方面的书，在无止境的实践中通过交流学习，通过不断地理解企业的需求来调整构建自己公司的能力，逐步走到了今天，我希望最终能形成一套最适合中国大部分发展的设计理论。

第一个阶段是公司创业的第一年，2003年的下半年和2004年上半年。现在回想起来，这是一段尝试引领的纯真而又幼稚的经历，但哪一个阶段在后来回头看不是这样呢？这就是人生的乐趣。我们出来创业的起点还是不错的，大学毕业后我在科龙电器容声冰箱技术部工作了 4 年，主要是担任设计师，后来也参与产品的策划，是技术部跟市场部的一个接口岗位。在容声工作的最后一年，作为当时冰箱行业的龙头企业，容声为了进一步提升自身的市场地位，拿出一百万人民币，在全球范围内寻找顶尖的工业设计服务公司设计一款冰箱。作为该项目的负责人，我找了 IDEO、Frog、GE/Fitch 和飞利浦中国香港设计中心等四家设计服务公司，在沟通的过程中我发现，国际知名设计公司提交的项目建议书不会单单强调外观设计，而是会做市场调研、用户调研、生产制造分析等一系列工作，这与原来自己在工作中只会根据市场部要求画图完全不同。这相当于为我开了一扇窗：工业设计必须这样做才有价值和成就！这其实也是促使我离开容声出来创业的一个重要原因。

结果，学了点皮毛的我就出来创业了，以为自己懂点策划，学了点系统设计方法，就可以引领客户做“真正的工业设计”了，并且还只瞄准知名品牌，小客户都不屑于做。而现实非常骨感，当时国内大部分的品牌企业对工业设计的理解只是纯粹的服务于市场营销的需求，强调外观设计的差异性，基本没有深度，工业设计在管理者眼中

2003 年创业时的办公室

只是“美工”。一个让我永生难忘的故事是，跟一个行业知名家电品牌签完设计合同，我花两周时间走访市场和体验他们的产品，写了一份 30 多页的产品分析报告，包括了全产品线的老问题整改、用户体验感受、产品创新方向等，兴冲冲地去给客户汇报，客户的总经理“啪”地把报告摔在桌子上，“设计效果图呢？！不要糊弄我！”我只能老老实实地回去画外观效果图。好在当时把报告留给了客户，他们的总经理偶尔翻看了报告，尽管不理解这是工业设计要做的事，但还是看到了我们的积极主动性，最终成为公司早期外观设计的稳定大客户。这个总经理至今仍是我的朋友，这都是后话了。

所以第一个阶段是想引领却四处碰壁的过程，以至于让我怀疑中国企业是否真的需要“真正的工业设计”，更本质的原因当然还是我们当时也没有能力做好“真正的工业设计”。这个时段，中国大部分企业所需要的只是市场竞争中跟对手在外观上不同的“美工”，工业设计行业也基本上可称为外观造型设计行业。

中国工业设计的外观造型设计这个阶段一直持续到 2008 年全球经济危机爆发，东方麦田却在这时段经历了另一个阶段。

东方麦田发展的第二个阶段：谋生存，疑惑。系统设计的想法没有办法让客户接受，公司还是要活下来，只能面对现实，主要做浅层的外观设计业务，这种状态一直持续到 2007 年底。我们当时有十几个设计师，只能勉强生存，但赚不到钱，更没有成就感。我一度想放弃，但在家人和朋友的鼓励下还是坚持下来了，当时最大的疑惑是：这个事还值不值得做？

2007 年底，公司终于迎来了转机，进入第三个阶段：稳定，疑惑。当年，中国一个知名品牌公司的总经理看到了我们为其最大的竞争对手设计的新系列产品，就通过中间人找到了我们，邀请东方麦田为其提供长期合作方式的专属设计，一下签了 3 年的战略合作，每年保底设计费过百万。至此，整个公司迎来了无生存压力的发展机会，有机会走向更大的平台。

这个机会的来临和把握有两个因素，一是企业对设计价值认知的觉醒。当时，在某些产品领域，竞争已经很充分，靠外观设计已经难以满足市场需求，企业对产品的功能创新、体验创新、产品线策划甚至产品风格的构建都有了认知和需求。东方麦田签的这个堪称贵人的第一个长期战略合作客户就是当时其所属行业销售额排第一的企业。行业老大面对对手，必须保持引领性，行业的头部企业总是最先驱动创新的。二是尽管那几年客户并不理解系统设计的重要性，但东方麦田一直在坚持，无论客户多么不理解，无论客户给不给更多的钱，都要按照我们自己对工业设计的理解去做市场调研、竞品分析、设计策略等前期工作，再去设计有创新度的产品。这种坚持，在机会来临时起到了关键作用，获得了认可，并最终达成了战略合作。“靓仔，终于有人认可你的想法了。”当第一个战略合作谈定、从客户的办公室出来的时候，东方麦田的两个创始人之一对另一个负责设计的创始人这样说。这个过程实在太不容易了。

2007 年至 2010 年是一个稳定生存的阶段，也是一个高产的收入不错的阶段。2009 年，东方麦田已经有了 40 多个设计师和过千万的纯设计收入，在广州和佛山地区是最大的工业设计公司，但瓶颈和困惑也马上到来：经营收入的增长全靠项目数量的堆叠很辛苦，并没有做出能引领全行业的“创新爆品”；从客户端也反映出，单个产品的创新，通常需经过一两年在市场的成长才给企业带来更大的效益，这也反向导致了，企业在评选设计时偏保守，真正有行业引领性的创新不太敢尝试，工业设计又进入了一个新的困局。

东方麦田的第四个阶段是谋发展的阶段，面对新的困局，公司要有更大的发展，需要在广度和深度上拓展。经过 2008 年全球金融危机的洗礼后，中国的大部分企业对产品经营的认知提高了一个层次，认识到产品不是孤立的，需要将产品线结构和用户需求、技术、制造、品牌、营销有效联结，以提升当经济下行时的抗风险能力。另一方面，电商的兴起，让企业在产品经营时，能快速度过市场的导入和成长期，快速取得大额销售收入。这也是中国企业对“产品经理”这个词开始熟悉和热衷的时代。

在企业需求的驱动下，东方麦田从 2011 年开始，以产品的全生命周期的全价值链的创新服务为核心，构建了产品包装、产品推广、产品展示、产品视频、产品发布等服务部门，即以“产品经理”的身份为客户提供一站式服务，家电企业的市场部的工作都可以由东方麦田一家公司完成，这是横向的广度拓展。同时，也纵向向深度拓展，以产品品类来区分，成立了厨房专项组、卫浴专项组、冰洗专项组、

家居化的饭煲套系　东方麦田作品

智能装备专项组等专项组，聚焦品类，做深度的自主研究积累，推动东方麦田从“设计服务”向某些品类的“行业专家”转型，开始推广公司的新产品——“全案创新设计服务”。

这种改变需要学习和积累，这又是一个痛苦的过程。公司利润大部分投入到学习和研究上，慢慢地也体现出了价值。作为一家设计服务公司，我们自己在厨卫方面就积累了 70 多项实用新型专利，也培养了几个可以担当“产品经理”的设计骨干，这些积累极大地支撑了东方麦田在某些品类全产业业务的扩张，也因为在某些产品品类的专业性和系统的全案服务能力催生了新的设计服务商业模式。除了越来越多的战略合作客户，东方麦田甚至和有些制造企业共同投资成立为其全面专属服务的设计研发创新中心，为其解决产品创新这条线的所有问题。

时间到了 2018 年，东方麦田进入了现今的第五阶段，这个阶段的客户需求又到了更高的层面，需要解决产品战略与其品牌战略、营销战略对接的问题，成为其企业战略的核心之一。不忘初心，历经十几年磨砺，螺旋式上升，又回到了期望通过导入产品创新管理，引领企业乃至产业创新，助力企业倍速增长的原点。现实仍然骨感，尽管企业已认识到创新管理体制的重要性，但是，要改变一个系统比重建一个系统更难，如何打通企业固有管理方式，链接好技术、生产、市场、营销、品牌等环节，是一个已超出设计范畴的事，还需要无尽地探索和学习。

现在，基本抓手已经找到了，两个关键点：第一，建立起能关联企业经营业绩的、数据化的设计投入和收益评估系统；第二，建立企业创新机制的标准，包含体制、人才、研究和策略、跨部门关联协作等内容，并且需要有很好的可执行性。这是东方麦田这几年正在做的事，这里面充满了困惑和挑战。挑战之一是政府和院校对工业设计的理解多来自西方早期理论，对中国企业的需求并不了解。中国工业设计圈和设计传播很有意思，少有企业的管理者参与其中，这导致了最核心的设计行业发展驱动能量在外围，导致企业对工业设计能力和价值判断有偏差。设计圈强调了太多的理论、帮派、设计思想、艺术、人文、文化，以获“设计奖”和各种头衔资质为重要的设计价值评价标准。设计奖又是以圈内的认知为标准，所谓红点、iF 不过是个门槛奖，对设计好手来说不过是信手拈来，获这些奖多仅说明设计师基本及格，离优秀还很远。工业设计圈忽略了好产品对企业的经营价值，缺了企业这个价值转换枢纽，理论、思想、文化都落不了地，这个现象让我们这些探索者获得的支持很少，反而是质疑较多。中国工业设计圈应该好好理解一下世界工业设计协会对工业设计的最新定义，早已不是包豪斯时代的概念和范畴。挑战之二，是企业传统管理思维的惯性太大。

《设计》：近 40 年来，中国工业设计师这个职业发生了怎样的变化？社会对设计价值的认知达到了怎样的水平？

刘诗锋：我只能说近 20 年的变化。20 年前，工业设计师就是美工；10 年前，工业设计师被认可为可以做功能、结构和体验的创新，但还是服务技术和营销的配角角色；现在，特别是在创业的新型公司或产品驱动型公司，工业设计师成了“产品定义”的主导者，还不普遍。有句话说："产品经理是未来商业领袖的摇篮"，我要加一句："工业设计师是产品经理的摇篮"。

社会上除了产业界和设计界的人以外，大部分人都还认为工业设计的价值就是"提高颜值"，甚至是"艺术家"。产业界和设计界，包括大部分工业设计师，对工业设计的价值理解是外观、结构、CMF的综合创新。只有为数不多的人理解，工业设计师的核心价值是基于用户需求、市场竞争、企业经营的产品定义，是可以解构重构产品创造"新物种"的。更少有人能理解工业设计在产品战略、产品线结构、产品质量稳定性、产品风险管控、产品投入减少浪费等方面给企业经营带来的巨大提升价值。

《设计》：公司的发展过程中是否面临过"生死存亡"的时刻？当初是如何化险为夷的？

刘诗锋：设计公司是典型的生存不难、发展难的类型，靠技术吃饭，养活自己不难，养活很多设计师就不容易。

2007年中，东方麦田差点就关门了。公司创立四年，已有了十几个设计师，公司业务发展却一直局限于低端设计领域：一方面为了生存而设计，工作又苦又累、单价又低，像在泥潭里打滚；另一方面也因为公司的管理做得很一般，公司氛围非常差，管控不利，对客户的服务质量不稳定。当时我也不专注自己的事业而日夜玩网游，经常需要借钱发工资，感觉就要撑不下去了。

在这样的生死存亡之际，我决心"自己革自己的命"。我戒掉了网游，除了一个业务人员外，裁掉了公司的全部员工，从零开始探索公司发展。在那之后的一个多月，创始搭档不离不弃，家人和朋友也不断鼓励，我一个人没日没夜地做设计近一个月后，组建了一个全新的团队——4个应届毕业生。带领新团队，我从手把手教画效果图开始，认真对待每一个项目，做分析、做策划，力图完善详备地给客户提供数据，再依据品牌调性给产品设计做出差异化。

很幸运，这4个年轻人都很努力，也很有潜力；很幸运，当时两家中国著名的家电公司给予了我们做系列产品设计的机会。我带着4个新人，加上一位高校老师的帮忙，花了两个月专注于这两个系列产

生态加湿器和鲜封宝　东方麦田设计作品

品，用系统的方法来做，设计出的产品打通了市场与用户之间的隔阂。两个系列的新品市场反馈都极好，客户也从一开始的质疑、误解变为接纳、认可，公司也重新走上了正轨。

《设计》：请您谈谈职业生涯中亲身体验到的市场、客户及用户的变化。

刘诗锋：工业设计服务市场的变化是非常明显的从小到大，需求从有到优的过程。1999 年我大学毕业时，能找到工业设计对口工作的地方只有汽车、家电、电子消费品等少数行业，也只有北京、上海、广东、浙江等几个省（市）可选择，现在几乎各行各业都会用到工业设计，包括银行、酒店等服务行业。有人说中国的工业设计服务市场有 2000 亿，我认为并不夸张，但目前，真实成交的肯定 100 亿都还不到，量很大，但价太低。

客户和对设计的需求已经形成了一个正向的市场生态结构，外观设计还是占到八成以上的需求和市场，这块市场，各设计公司之间的竞争力拉不开，市场价格逐年下降，已成为成熟的红海市场。功能创新、体验设计、服务设计、全案服务等也各有市场，但还不大。比较有意思的是客户的特点，小企业更需要全套服务，大企业反而比较需要纯外观设计，因为大企业一般具备一定的体系和人才。现在另一个较普遍的现象是大企业会把一些研究项目和年度重点项目发包出来给设计公司做，这是因为企业内部团队在一类产品做久了、做疲了，思维无形上受到局限，难以突破，所以企业把这些重点项目外包，实际上是尝试寻找新突破点。

用户的改变非常大。20 年前注重功能，注重品牌背书；10 年前开始，随着各行业厂家品牌越来越多，产品功能同质化现象越来越严重，外观成为重要的关注点和差异竞争力；过去的 5 至 10 年，电商兴起后，颜值被进一步关注，体验也成了用户的重要需求，品牌的作用减小了。现在，年轻用户对品牌更加不关注，主要看产品体验，颜值已成了基本要求，光靠颜值已不够。

《设计》：您用了不到 4 年的时间成为热水器行业里的准专家，这是如何做到的？

刘诗锋：准确地说远不止 4 年。从 2003 年创业开始就做了很多热水器项目，并且一直在做。从 2011 年成立卫浴专项组后，到 2015 年才敢对外说是准专家。

这个过程主要体现在三个方面：一是专项组主动地研究和积累。专项组成立后，日常就有研究和积累工作的安排，比如不管有没有客户的项目，每年都至少会安排几次用户研究，保证我们对用户需求的改变及时掌握，每个季度都会对市场新品、家电展会等信息进行数据库的更新。二是大数据和分析工具的应用。我们购买了相关行业的销售数据，也购买了数据抓取工具，还有付费的全球专利检索系统，让我们可以在市场看到产品前，知道行业品牌将推出的新品或技术方向。然后，东方麦田利用自己发明的数据分析、产品策划工具模型对数据进行加工整理。三是每年我们要完成几十个客户委托的设计项目，并且行业内大大小小、低中高端定位的客户都有，这些频繁的服务让我们不熟悉这个行业都难。

我经常讲，成为行业专家比较难，成为准专家并不难，不需要多大的技巧，方法就这些，要的不过是持之以恒的坚持，三天打鱼两天晒网的研究和信息积累难以体现价值。量变会带来质变，想象一下，如果一个人对这个行业的产品过去10年的发展都很熟悉，只要不傻，怎么也会对下一步的创新有些想法的吧。

《设计》：请您从自己的从业经验出发，谈一谈设计与品牌的关系。

刘诗锋：首先，我们要明确一下什么是品牌。我的理解是，一个消费者对一家公司的所有接触点的综合感受形成的认知，并且有一定的认可度，这种认知和认可才是品牌。所有接触点包括各类相关信息、广告、购买、客户、产品及产品每一次使用过程等。从这个维度讲，中国众多知名的品牌，实际上只有认知度，没有认可度和忠诚度，不是真正的品牌，80% 以上所谓的品牌不过是厂牌。

认识到这一点，我们就非常容易理解工业设计对品牌的价值。首先，产品的使用是品牌最频繁的接触点，所以产品的开箱体验、安装体验、使用体验做好了，才有可能形成品牌，做好产品和产品体验是品牌形成的必要条件，在现在这个信息粉尘化和消费越来越理智的时代，只做广告、不做好产品很难做成真正的品牌；其次，工业设计应该是为产品的全生命周期服务的，除产品本身，购买体验、传播体验、服务体验等也都是工业设计可以设计和创新的。所以，工业设计是品牌形成的有力工具，可以达到投入少而形成忠诚度高的品牌效果。中国未来5至10年，是形成很多垂直品类品牌的黄金时代，应重点通过工业设计做好产品全生命周期的用户触点体验。

《设计》：您认为，中国家电未来黄金10年的支撑点是什么？

刘诗锋：中国家电未来黄金10年的支撑点是“去家电化”。中国家电未来10年的设计趋势有两个方面，一个是智能电子化，一个是家居化。我所说的“智能化”不是现在那些连上互联网控制的所谓“智能化”，现在“智能家电”泛滥，为智能而智能，没有深度研究用户

pepsi 百事可乐立式冷柜

百事可乐立式冷柜设计

去挖掘有效的对接功能，也没有能统一标准和接口的业态出来，还在各自为政。现在这个状态是正常的，新事物都是从粗放到精准，但未来全屋产品有价值地互联的时代一定会到来。

家居化也是一个潮流，用户买一个产品一定是买其功能而不是形式。现在家里的电器太多了，很多功能重叠、模块重叠，家电早已不是身份的象征，而是回归到功能结果的本质，家也需要回归到生活空间的本质，所以家电一定需要往家居化走，以用户的最底层功能结果需求为主线来重新定义。比如说燃气热水器，就是一个提供热水的机器，挂在阳台里没人操作它、也不怎么关注它，那在机器上放一堆功能操作按键和大屏界面显然是毫无必要的，最终的热水解决方案一定会解构为看不见的极简版的室外机和真正的触点，如花洒的组合。还有厨房，数不尽的各类电器，最终一定会被整合成烹饪中心和收纳中心等模块化、家居化的形式。

《设计》：以 AI 为代表的高新科技全面“入侵”人类文明，在把人类从繁重的重复劳动中解放出来的同时，也给许多行业带来了“危机”，甚至已经波及艺术创意领域，您认为设计行业该如何与人工智能共处？

刘诗锋：个人认为 AI 会极大地加速设计的效率，也会取代一部分低层级的设计岗位，比如排版、常规造型塑造等，但 AI 的算法决定了其永远不可能取代真正的创造力，因为创造是带有情感的。产品对用户的价值有两个层面：一是功能，一是认知。在认知层面，是动态的，AI 永远在学习。

用好 AI，但不要贪技，不要依赖 AI，更不用担心被 AI 抢了饭碗，能被 AI 抢了饭碗的设计师本就不该做设计。

《设计》：在当下社会，您认为设计师应该具备怎样的素质和能力以应对当今瞬息万变的商业需求？更好地和产业融合助力企业发展？

刘诗锋：首先我要强调一下基本功的重要性。现在太多初级设计师在大学本该练好基本功的时候，被外部信息引导着去追新，低年级就盲目去搞什么系统研究、服务设计、交互设计，最基本的造型能力、创新方法却没有学习扎实，眼高手低。

一个好的设计师最重要的天赋不是艺术天赋，而是对生活的感知力，对新事物的好奇心，这是很难培养的。

一个工业设计师最重要的思维是独立思考的习惯和逻辑思维，这本是小学要重点培养的，读完大学后，通常都变弱了，但还可以再培养训练好。

一个好的工业设计师必须具备 3 个层级的知识结构，我通常把它叫作三级情景论：第一级叫作产品情景，即一个孤立的产品有哪些控制、模块、结构、材料等，初级设计师把这些搞明白了，可以做好造型设计；第二级叫作使用情景，即场景、用户、使用流程等，中级设计师掌握了这些，可以做出有体验或功能创新的设计；第三级叫作经营情景，这点学校是不教甚至排斥的，即品牌定位、产品线中的定位、技术路径、销售渠道、竞争环境、传播推广等内容，掌握这些可以做产品经理，可以做出重构产品的新物种。

有一定的天赋，有扎实的基本功，有较好的设计思维，加上完整的知识结构，以不变应万变，都能游刃有余。

刘洋

刘洋，北京工业大学工业设计系主任、硕士生导师。毕业于清华大学美术学院，2007 年创办北京华新意创工业设计有限公司。现任民盟中央文化专委会委员，民盟北京市委文化专委会副主任、台湾地区金点国际设计奖亚洲区顾问、工信部国家级工业设计中心评委。曾荣获“中国设计业十大杰出青年”“中国十佳杰出工业设计师”“科技北京百名领军人才”“北京市高创计划领军人才”“北京市四个一批人才”等称号。曾主持华为、宝马、奥迪、小米、微软、北京地铁等知名企业和民政部、工信部、市科协等政府机构的重点设计项目。

工业设计师应抛弃技术去考虑人文问题

刘洋

《设计》：华新意创的发展经历了几个阶段？这些阶段反映着中国工业设计怎样的发展历程？

刘洋：第一阶段，手机设计专家。

华新意创成立于2004年，成立之初以电子产品和家电设计业务为主，尤其是以手机为代表的掌上通讯产品设计。原因有两个：一是基于我在智能手机、PDA（个人数字助理）研发公司多年的工作经历，熟悉从设计到生产的全过程；二是因为那个时代手机的工业设计有一定的技术门槛，不是哪个公司都能做。手机产品附加值大，能够运用当时最先进的生产工艺、优质的研发和生产资源，可以对工业设计有深度的认知。当时服务的客户有华为、联想、中国移动、方正、康佳、登合科技、汉王这样的国内企业，还有微软、*i-mate* 这样的国际客户。借助过硬熟练的设计能力、对生产和工艺的充分了解，加上一定程度的功能和结构创新，公司在一开始便发展得比较顺利，在业内得到认可。

第二阶段，从策划到生产的一站式服务。

2007年华新意创为微软MSN设计了Buddy Phone项目。与以往不同的是，这次开始从产品设计拓展到品牌形象设计、配件设计、周边产品设计、包装设计、促销MSN公仔设计以及广告视频设计等一系列的设计，从此逐渐形成以工业设计为核心，提供一站式服务的业务模式。在强化策划能力的同时向生产方面迈进，在深圳组建结构设计及生产跟踪团队，专门负责结构设计和生产监理业务。触及生产业务之后，积累了对全产业链更加坚实的认识，我逐渐意识到，要用创造性思维去实现卖点而不是制造的重复劳作，应该花更多的时间和精力在设计师擅长的领域，同时去整合资源。

第三阶段，以工业设计为核心的跨界设计服务。

2010 年，随着国家开始大力发展文化产业，华新意创接触到了旅游商品和文创产品。借助工业设计的功底和之前为外企提供衍生品、礼品深度开发的经验以及对传统文化与当代设计融合的思考，华新意创从参加比赛开始，介入了旅游文创产品领域。十年来对文创的喜好积累了较为丰富的经验和资源，并对整个产业有了清醒的认识。华新意创形成了以工业设计为核心，结合视觉传达设计、动漫设计、交互设计为一体的工作模式来设计文创产品。在文创产品的系统策划方面，华新意创深度参与了中国礼物、北京礼物、海淀礼物等工作，同时为颐和园、北京动物园、国家大剧院、首钢集团、北京地铁等单位设计开发文创产品，还同时推出了自己的“京华印象”文创品牌，在市场上获得成功。华新意创开发的文创产品在获得多项北京礼物金奖、华礼奖金奖以及全国旅游纪念品设计大赛金奖的同时，还获得好设计奖、金点设计奖、红星奖等奖项的认可。我同时被聘为北京礼物设计顾问、中国戏曲学院客座教授、北京理工大学硕士生导师等，同时受工业和信息化部、文化和旅游部、中国工艺美术协会、经信委以及行业协会等部门邀请，在全国举办超过百场设计讲座。

《设计》：您拥有北京工业大学艺术设计学院副教授、北京华新意创工业设计公司创始人的双重身份，集产、学、研于一身的同时，两个身份之间是如何相互作用的？

刘洋：我认为产、学、研是一种非常合理、务实的工作模式，国家大力鼓励在岗教师创业是经过深思熟虑的，我认为大学本科的教学离不开实际技能的培养，应该紧密结合社会需求和实际。通过在教学中向学生介绍设计公司接触的大量商业实践项目，促进学生的临场感和生动性。

2005 年进入高校任教以后，我把在企业和设计公司运作项目的实际工作方式经过一定的编辑带入了课堂，并推行课程群的教学模式，即将以前分散的课程按照设计流程进行分组，每个学期执行一个课程群，课程群由主干课引领，每一个子课程完成一个阶段性工作，最后

i-mate JAMA 系列智能手机设计

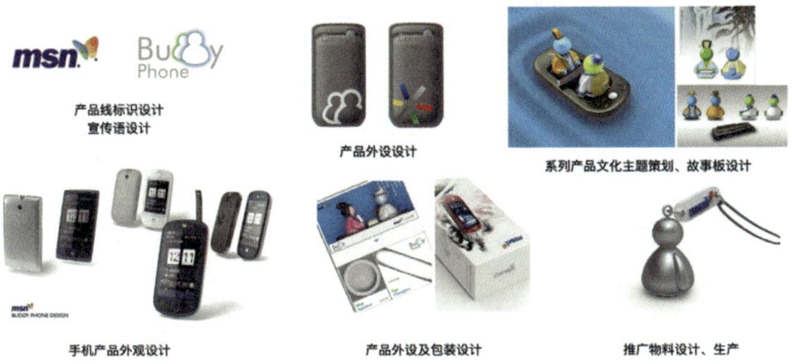

微软 MSN Buddy Phone 设计

获得国际设计奖的京华印象系列公仔

形成一个连贯的课题整体。课程注重理论与实际工作相结合，注重创新思维和实际能力的培养，先后与联想、小米、汉王等公司合作进行概念设计，取得了良好的效果。

在教学中，我喜欢用实际的案例讲述设计原理和设计方法，把学生带入一个真实的情境中。设计是在限制中产生的，也是不断进步和快速发展变化的，国外的教学模式非常重视聘请社会上设计公司和企业一线的设计总监、设计师到大学执教，这是一种非常合理的教学机制。而我们的很多院校和专业，受教师自身知识体系的局限，甚至出现了教师会什么就开什么课程的现象，逐渐脱离实际，这是我们的课程积极与优秀企业合作的原因。

同时，在学校的教学和科研工作也对实际设计实践工作有着推进作用，促进了企业和设计公司的设计师对行业发展的思考以及理念的提升，这也是很多知名企业与高等院校合作的原因。我认为大学带来研究院的一部分职能，可以为企业带动持续的创新研究。

同时我还侧重研究中国传统文化与当代工业设计结合的问题，先后负责文化和旅游部国家艺术基金、科学技术部国家重点研发计划、北京市科学技术委员会、教育委员会的研究课题，并为传统工艺美术行业、“非遗”、旅游产业、文博产业举办了大量的讲座和设计交流活动，提出了传统文化需要继承和发展，需要结合创新吻合当代人的生活等观点并付诸实践。

《设计》：近年来，中国工业设计师这个职业发生了怎样的变化？社会对设计价值的认知达到了怎样的水平？

刘洋：我认为工业设计师的待遇、工作的稳定性仍有待于提高，主要有以下两个原因：

1. 国内客户对工业设计价值的认知普遍不够，不愿意为无形的东西支付足够的设计费。10 年前我们的工业设计客户基本是华为、联想、海信、康佳、海尔这样相对成熟的企业，对工业设计的操作流程和价值非常熟悉。随着时间的推移，这些企业大多组建了自己的设计中心，与外部设计公司合作的订单逐渐减少。同时，随着大众创业、万众创新时代的到来，年轻的研发团队和中小型客户大量涌现，他们的特点是资金实力不足，尤其是对设计的价值认知不够，自身缺乏成熟的研发体系，设计价格低，做起来又非常吃力。此外，社会上还出现一些批发式的低价设计公司和设计业务线上平台，一定程度上更加扰乱了国内设计市场。在国人普遍对工业设计价值认知不足的情况下，一些线上平台将设计服务变成了快餐模式和白菜价格，其实对我们国家的设计产业来讲如雪上加霜。从整体工业设计行业来看，与15年前相比，在房租和人员工资等公司运营成本早就翻几番的情况下，工业设计的服务费用并没有显著提高，一些规模大的工业设计企业报价并不高甚至更低，对大多数非重点的业务采取快速走量的方式经营。

2. 工业设计师需要职称认证体系，对这个需要沉淀下来的行业有持续发展和稳定军心的作用。

根据我先后在设计公司、研发企业任职，后来又创业、任教的经历，我曾给相关的委办局提出建议——制定工业设计师的职称认证体系，得到北京市科学技术委员会、北京市人力资源和社会保障局的高度重视。在工作中我们不难发现，工业设计师这个职业的定位没有教授、工程师、工艺美术师那么清晰，从职业规划上看，甚至没有银行职员看上去稳定和有安全感。眼见着很多有情怀的、发烧友型的工业设计公司、设计工作室由于种种现实原因被迫转型或缩小规模甚至关门，是让人非常痛心的。很多在设计公司里的工业设计师，由于受到收入和稳定性的压力影响，被迫向往去企业任职，而只把设计公司当作毕业以后综合训练的学校和跳板，即便很多企业的工作会比设计公司单一，创新实力不足，但仍然会有大量设计师涌入企业，这种现象普遍存在。和我大学毕业那个年代的工业设计公司的特征相比，我认为有一部分是倒退的。所以我认为在这种情况下，要承认工业设计师的价值和社会地位，应该有一个职称认定的体系来形成人才阶梯以构成良好的发展秩序，让设计公司和企业的设计部交相辉映、相互补充，让工业设计师的职业生涯变为可持续和受社会承认的岗位。

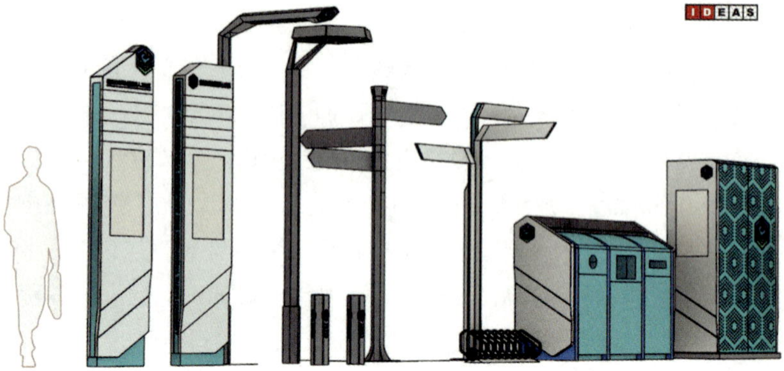

为首都国际人才社区设计城市家具

《设计》：华新意创的发展过程中是否面临过“生死存亡”的时刻？当初是如何化险为夷的？

刘洋：经过十几年的发展，华新意创经历过 2008 年的经济危机，曾出现过一定的业务危机，但由于早期定位明确，走精专路线，在掌上产品设计领域拥有固定且比较高端的客户群体，业务危机后又有多元化的组合业务模式，所以幸运的是始终没有遇到过生死存亡的危急时刻。

工业设计的设计方法、跨界能力和落地能力是非常强有力的，但很多公司老板都反映，单纯的工业设计服务的业务普遍是不赚钱的，它的用人标准很高，设计周期长而费用标价却不高。每一个项目都是从零开始，无论项目大小都要经过漫长的周期，有时胜败还不取决于设计一方，很多好设计最终都未能面市。

华新意创能够发展至今，我认为得益于运用工业设计理念既做典型的工业设计服务，同时又进行跨界。在华新意创产品设计以外的策划、品牌设计、文创产品设计、城市形象设计等业务中，无不以工业设计方法为中心思想，这自然与原有那些设计领域形成了一定的差异性和独特的优势。

《设计》：请您从自己的从业经验出发，谈一谈设计与品牌的关系。

刘洋：我认为一个品牌的成功要有自己持续的设计理念和不断创新的追求，华新意创近10年开展了很多品牌设计业务，其中包含企业品牌和城市品牌等。以城市品牌为例，华新意创先后设计了民政部“中国社区”品牌、首都国际人才社区品牌、北京市海淀区品牌，除了国家级、省级、市级、区级的品牌设计外，还设计了街道、乡镇甚至社区的品牌。在设计品牌的过程中，我始终从“重在应用”的角度进行工作和推广，强调应用的普遍性、灵活性和持续性，将城市品牌通过工业设计手法在城市家具、文创产品、城市雕塑等方面进行整体打造。

《设计》：以AI为代表的高新科技全面“入侵”人类文明，在把人类从繁重的重复劳动中解放出来的同时，也给许多行业带来了“危机”，甚至已经波及艺术创意领域，您认为设计行业该如何与人工智能共处？

刘洋：我认为当前的AI技术在一定程度上给使用者带来了便利和奇妙的体验，让我们感受到了时代技术发展的优越性。我认为人工智能会更多地成为设计师精心雕琢的作品，而并非取代设计师的工具。我日常会频繁地使用Siri、天猫精灵、小米智能家电等产品，在这些应用的背后我们看到了工业设计新的发展趋势，我们从20年前的产品研发状态发展到今天，越发注重细节和使用体验。随着技术的发展，我们看到了语音识别、无人驾驶等技术的大跨度进步。但就设计师而言，人工智能永远是设计师精心设计好的服务于人的工具，设计师应该具有以人为本的顶层设计思想，用先进的技术还原人的本质需求。也就是说，人工智能技术即便未来到了技术能力超强的阶段，也应该是由设计师来引领的工作内容，否则会出现与人类的偏离。当前能够满足艺术创意领域的一些工具还停留在比较青涩的阶段，具有很大的发展空间，在美学和技能方面与设计师的能力还是相差甚远的。我们希望未来人工智能在设计师的精心参与下能够真正地服务于人的本性，除了提高效率外，还可以张弛有度地创造更好的世界。

《设计》：您认为智能家居产业发展的大趋势是怎样的？华新意创的设计师和工程师是如何协作的？

刘洋：可以想象未来的AI技术发展是迅猛的，但像计算机一样，它提高效率的方式始终是在人的控制之下，在技术过剩的前提下就更需要用工业设计去指导和整合技术。

设计师和工程师之间有时是争执又相互协作的过程。在华新意创，我们非常鼓励设计师用创新的标准来执行设计项目，而不能只满足于美学和落地。在智能时代我们要勇于为企业提出超前的想象力和容易被忽略的细节体验，包括人文关怀的设计，我认为这是工业设计的价值。我们引导具有研发实力但在创新方面薄弱的企业，同时也和先进的企业探讨如何运用人工智能来为用户提供更加到位的体验。

在产、学、研方面，我所在的北京工业大学工业设计系常年与智米科技合作，今年的毕业设计课题就是围绕“智能”这个主题，结合小米在该领域的领先技术优势和我们消费类电子产品设计方向的积累，带领学生做了更多的生活方式设计，包括能够烹饪导航的智能电饭煲和电磁炉、饮水机与加湿器合二为一的智能装置、专门为浴室设计的智能音箱等，整体的感受是将智能作为一种工具，紧密围绕满足人的生活需求方式。

《设计》：在当下社会，您认为设计师应该具备怎样的素质和能力以应对当今瞬息万变的商业需求，从而更好地和产业融合助力企业发展？

刘洋：工业设计是一个系统的学科，我认为设计师应该在具备良好的专业知识体系基础的前提下，更多地关注设计能够为产品带来的价值，这既来自对日常生活的观察和理解，同时也需要良好的思维方式和解决问题的能力。当今的工业设计已经从最开始的技术性职业过渡到更加人文的专业领域，我认为从技术与文化融合的角度来看，文化是观察世界的角度，技术是实现的途径和方法，日常的工业设计工作是艰苦的，设计师的好想法会跟不同项目的研发实力、自身特点积极融合，将创新提升应用于产品。我认为当今的工业设计师应该从忽

为北京地铁设计系列文创产品

略技术甚至抛弃技术的层面去考虑人文的问题，这样会使观察角度更加合理。

当代的工业设计已经去掉了“工业”二字，是一个融合跨界的时代，需要与时尚和当代生活方式紧密接轨。在华新意创的文创产品设计中，运用工业设计对市场、用户的观察方法，从品牌入手建立系统。我们除了构建自己的产品以外，还参与了北京礼物、海淀礼物等系统工作。华新意创的“京华印象”系列公仔一经推出便创造出多项销售第一的成绩，在工业设计与潮流玩具、工艺美术等行业的跨界中，找到了设计方法和市场动向，准确地抓住了消费者的需求点，同时用从传统文化出发的文创产品打破以往工艺美术品的界限，获得了好设计奖、金点设计奖、红星奖等奖项的认可，同时得到北京礼物的支持与推介。这是运用中国传统文化结合当代人的生活体验、运用工业设计为主的多领域跨界设计手法打造的文创产品。在从策划到研发的过程中，我们完整地运用了工业设计流程，产品结合了模块化设计结构，体现了工业设计特点。而与市场、时代的脱节常常体现在文创产品这个行业，随着国家对文化的高度重视，中国文化受到追捧，近十年的工作中我接触了大量的工艺美术、“非遗”、老字号等行业，但发现很多过去

为国家大剧院设计 Art 鹅系列文创产品

的文化精粹已经难以吸引市场尤其是年轻群体，表现中国文化的文创产品很多是对中国文化符号的直接套用和复制，且同质化严重、内容表达浅显，很大程度上不能让公众很好地领悟和理解中国文化的精髓，也不能够将此联系到当今的生活中。怀着对中国传统文化既要继承又要结合当代设计去创新发展的思路，我先后为颐和园、天坛、北京动物园、国家大剧院、首钢集团、中核集团、北京地铁等上百家单位设计了大量的文创产品，积累了一些经验。

《设计》：您为公司遴选设计师的标准是怎样的？您最看重青年设计师哪些方面的品质和能力？

刘洋：我比较看重设计师的创新素质和审美能力两方面。华新意创在 2014 年获得中国工业设计协会授予的“中国十佳设计公司”称号，在全国十佳设计企业里有可能是规模较小的。如果说近 10 年取得了一些特色和进展，我认为得益于走追求高品质的工作发展路线，说白了就是没有将设计服务只当成生意做，这可能与我在学校任教有关，与把公司的规模做大相比，对我更有吸引力的是做出一些具有挑战性的创新型设计。我们非常注重设计师的职业修养和对设计细节的把握，华新意创设计师团队的老员工已经在这里工作了 10 年以上，带领年轻的设计师一起从变化发展的角度观察设计流行趋势和人的生活需求，跟上节拍同时又坚守设计法则，希望我们有条件将具有创造活力的工作精神持续下去。

《设计》：近年来经济形势的压力和新近疫情的压力迫使很多企业都在转型，设计公司是否也存在转型的紧迫性？

刘洋：这场疫情在一定程度上改变了人的生活方式，使人们放慢了生活的脚步，也为工业设计提供了很多机会。以往司空见惯的生活方式全都因之发生改变，大量已有或未知产品需要重新设计或创造，服务设计、工业设计既要能为防疫提供科学合理的系统性解决方案和产品设计，同时又要能在情感化方面为社会工作带来缓冲和调节，为人减压，从生理、心理等多角度来使人适应新的生活环境，并找到有效的防疫措施。我想，这是对设计公司的挑战，也是一个前所未有的工作空间。

罗成

罗成，浪尖集团创始人、董事长兼总裁。国家首批高级工业设计师，高级工艺美术师。先后荣获光华龙腾中国设计贡献奖金质奖章、“中国设计 70 人”、中国设计业十大杰出青年、中国“金羊奖”十大设计师、ICIF 文化产业英才奖、广东十大青年设计师等称号。任职光华龙腾设计创新奖委员会副主席、中国工业设计协会常务理事、中国国际设计产业联盟副理事长，受聘为重庆大学、深圳大学、武汉大学、华南理工大学、湖北美术学院、湖北大学、南京工业大学等十多所院校的客座教授、硕士研究生校外导师。

打造全产业链设计创新体系是工业设计产业化发展的必由之路

罗成

《设计》：浪尖的发展经历了几个发展阶段？这些阶段又反映着中国工业设计怎样的发展历程？

罗成：浪尖的发展经历的三个阶段：一是以垂直领域产品创新和价值深挖为特征，以产品级创新为核心的深耕式发展阶段；二是以服务领域、产业链延伸和全国布局为特征，以产业级创新为核心的开拓式发展阶段；三是以全产业链平台搭建和全球布局为特征，以社会级创新为核心的平台化发展阶段。

这三个发展阶段与同一时期中国工业设计的发展密切相关。所以，我颠倒一个顺序，先分析时代背景，再介绍和总结浪尖的阶段性发展。因为作为这个时代的一粒沙，是时代造就了浪尖。

第一个发展阶段起步于浪尖的创立期，也就是 20 世纪 90 年代末。当时的中国经济已经从 20 世纪 80 年代初以仿制和引进为主的“无设计”状态中，进入到工业设计受重视的状态，自主品牌开始诞生和壮大。尤其是家电制造业的繁荣，记录了那个阶段中国工业设计的发展和变迁。

1999 年，浪尖创立之初就提出“平衡的设计理念”，系统性地思考“人、事、理”三者之间的相辅相成，以“合理高效的解决方案”“产业链竞争的共赢模式”“平台设计的强大优势”“换位思考的共生设计”四大方法（2002 年提出）带领团队在深圳当时设计创新最活跃的家电、音频、数码等产品领域进行深耕，用设计帮助尚处在起步阶段的众多制造业品牌提供价值服务。其中有华为、中兴等后来成长为行业龙头和国际知名的企业，也有不少昙花一现的山寨产品。在服务与被服务的过程中，浪尖的团队不断成长、壮大的同时，深刻理解了制造业客

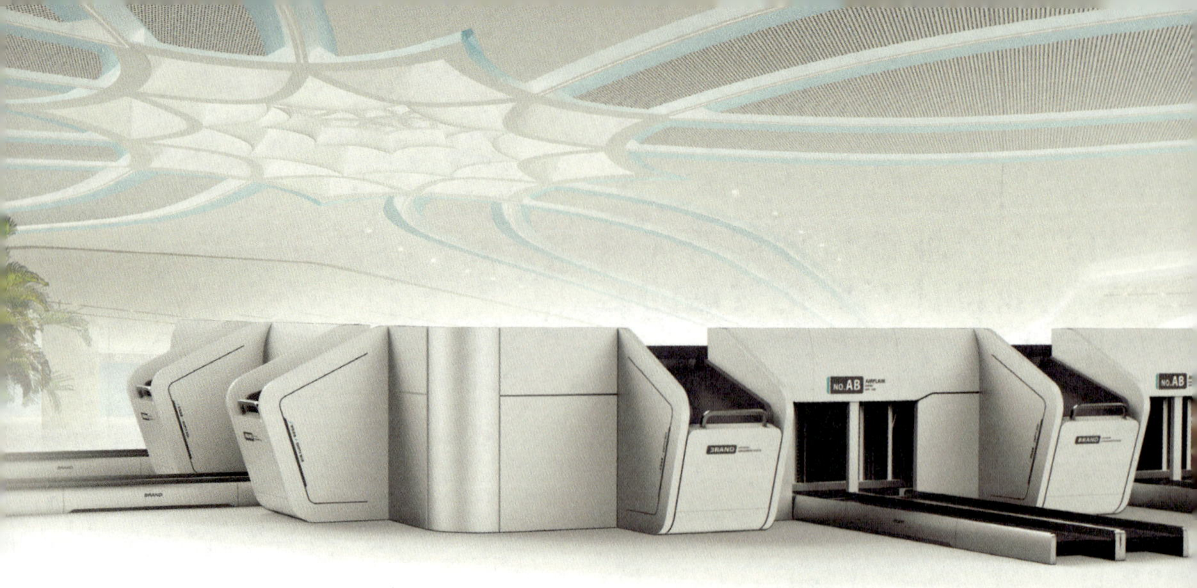

北京大兴国际机场自助托运系统

户的多维需求，洞悉了从 OEM（原始设备制造商）向 ODM（原始设计制造商）和 OBM（原始品牌生产商）转型的趋势。于是我们主动思考、探索，并着手产业链布局，于 2002 年创办了汇鼎模具。几百人的模具厂至今仍以 90% 以上的国际业务、年均递增超过 20% 的速度占据着精密模具领域的中高端市场，为浪尖的服务用户提供优质配套服务。

第二个发展阶段的时代背景是进入 21 世纪后，随着中国加入 WTO 和全球化进程的加快，本土制造业企业为了与有着优良设计、技术和品质的外国产品竞争，开始将工业设计纳入中长期发展规划与战略中，纷纷设立设计中心，或将工业设计从原来的企业技术中心独立出来。另一方面，技术型企业通过科技创新为产品注入竞争力的同时，也强化了对工业设计衔接和协助技术成果转化的依赖。与此同时，国家对工业设计的重视和在政策上的引导与支持，使深圳、无锡等各地涌现出一批工业设计园区，加速产业集聚，助推“中国制造”开始向“中国设计”转变。

在这个背景下，浪尖的设计服务也从以电子类产品为主，迈向军工、交通、医疗、文旅等众多领域，覆盖衣、食、住、行、游、娱、购等应用场景，并开始了全国布局。在 2007 年至 2015 年期间，先后在东莞、宁波、成都、香港、郑州、义乌、上海、苏州等地成立了浪尖设计机构，依托当地资源禀赋，深耕区域产业发展，迅速成长为当地具有影响力的设计品牌。在此期间，定位于产品研发和供应链服务的浪尖科技，定位于创新型复合型人才培养的浪尖学院，定位于文创和 IP 衍生品开发的浪尖文化以及定位于设计创新项目孵化和投资的浪尖 D+M 众创空间和浪尖资本等也先后创立。浪尖集团以产业链的延伸和服务领域的拓展，为下一阶段的平台化、国际化发展奠定坚实基础。

第三个阶段也是设计互联与设计文化蓬勃发展的时期，是数字化技术驱动商业模式创新和产业生态重构的重要历史时期，也是要求工业设计成为驱动制造业转型升级和高质量发展的核心动力这一重要角色的新时期。此时，中国已经从世界上最大的制造国转变为最大的消费国，工业设计的重心从产品转向消费者，强调产品的服务属性和用户体验，强调品牌价值的传递，强调工业设计的智能化和软硬件结合。尤其是在经济社会发展和公共服务领域，移动化场景的社区、旅游、医疗服务正在兴起，相关产品创新和模式创新充分体现了大数据与设计的结合。

在这个背景下，浪尖一方面积极整合国际资源，继续深挖设计价值的创造，与意大利、德国、丹麦、奥地利的家居设计、用户体验、服务设计和新材料研发等领域的全球知名机构合作，创建了包括人因工程、用户体验研究、CMFT、品牌策略等领域的实验室和专业机构，引入绿色、可持续发展理念，为设计和产业赋能；另一方面，浪尖积极践行早在 2010 年就提出的“D+”全产业链设计创新服务模式，在各地政府的引导和帮助下，于 2015 年、2017 年和 2018 年分别在重庆、深圳、武汉等地创建了 D+M 智造工场、D+M 智造体验馆和 D+M 工业设计小镇，构建了 2B、2C、2B2C 的多维工业设计产业生态。在此基础上，整合和承载全产业链的设计创新资源和服务要素，积极开展工业设计领域的基础研究、共性技术研发和设计工具开发，积极开拓产教融合领域的校企合作，积极组织创新创业活动，营造和弘扬设计创新文化，积极参与区域产业发展规划等。通过纵向和横向两个维度的拓展，产业链实现了 D+M 平台和工业服务业生态区的构建，为制造业转型升级和高质量发展提供全球优质资源联动的强大助力。由此，浪尖的定位从设计机构转变为全产业链设计创新服务运营商。

《设计》：近 40 年来，中国工业设计师这个职业发生了怎样的变化？社会对设计价值的认知达到了怎样的水平？

罗成：看待中国工业设计师这个职业的变化或者说是职业化发展，必须以中国工业设计的职业化教育和产业化进程为背景，否则就失去了参照和依据。

在教育方面，中国工业设计起步于 20 世纪 80 年代末。从 70 年代末党的十一届三中全会做出全面实行改革开放的决策开始建立物质生产体系，到 1979 年中国工业设计协会的前身“中国工业美术协会”的成立，再到湖南大学、无锡轻工学院（江南大学）、重庆大学、清华大学等高校陆续设立“工业设计”专业……应该说，是中国工业设计教育的职业化和改革开放驱动的物质生产体系建设需求催生了中国工业设计的职业化发展。

在此之后，在国家政策引导、市场需求和生活美学传播的多重作用下，众多工业设计公司和各类机构陆续涌现，各地纷纷成立的工业设计协会组织为中国工业设计人才的成长和发展提供了平台和空间，越来越多的艺术、工学、商学、管理学和信息技术等领域的人才走上工业设计的专职岗位。

尽管在中央有关领导的重视和推动下，广东省和浙江省陆续实施了高级工业设计师职业资格认定，但是，由于认定条件的设定并未与从业资格接轨，资格认定体系与基数庞大的年轻一线工业设计从业人员有很远的距离，仍然未能从根本上给广大工业设计从业人员带来自我认可和职业归属感，积累一定经验后的中坚骨干设计师转行产品开发、品牌服务或被甲方挖墙脚而结束职业生涯的比例极高。可以说，迄今为止在中国，工业设计师这个“称呼”还没有一个被广泛认可的职业背书，这已经严重阻滞了中国工业设计师的职业化发展进程。

造成这一现状的另外一层深刻原因，就是这个话题的后半部分，社会对工业设计价值认知的水平也远远未能与工业设计的产业化以及工业设计师的职业化发展相匹配。剖析其中原因，一方面是工业设计领域长期存在“三个错配”得不到有效解决，即工业设计非标定价购买与设计价值长尾显现之间的“价值错配”，工业设计在制造业环节中的非必要性角色与产业高水平发展应有的重要地位之间的“角色错

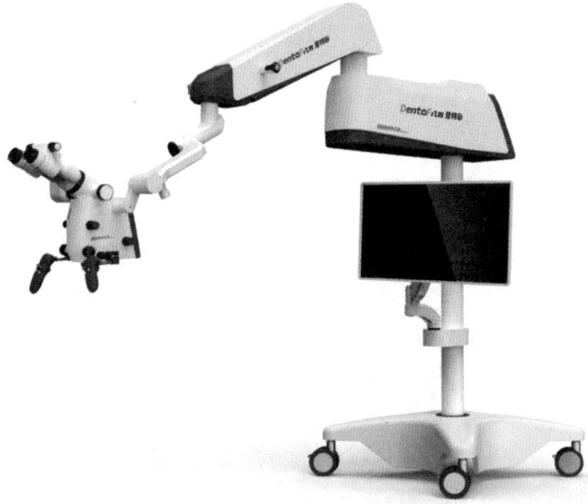

登特菲口腔显微镜

配”，教育内容、复合型人才培养理念相对滞后的现状与产业发展对高层次人才需求之间的“人才错配”，导致工业设计产业化进程滞缓；另一方面，工业设计企业和服务提供机构普遍缺少专业度和核心竞争力，缺少产业链的支撑，致使设计停留在“纸上谈兵”的层面，而无法掌控服务交易达成过程中的议价权和设计工作开展上的主动权，仍然存在为迎合客户而抄袭和提供低水平设计方案的情况；再一方面，以工业设计企业为主体的比例很低，行业力量普遍弱小，或各自为政，或依靠几个长期客户小富即安不思进取，或挣扎求存疲于奔命，且缺少组织协调，很难在可持续发展上达成共识、形成合力。以上这些都是造成工业设计产业化和工业设计师职业化发展裹足不前的原因。

早在 20 世纪 70 年代，撒切尔夫人担任英国首相期间就发出了振聋发聩的声音：“工业设计是工业的命脉。英国可以没有政府，但不能没有工业设计”。我国政府对工业设计的重视度很高，但触及工业设计产业化发展的核心和实质性问题的政策和政策传导机制还未能建立起来。工业设计在民众中的认知度很低，对于企业而言，更多的仍处在“说起来重要，做起来次要，忙起来不要”的尴尬境地。

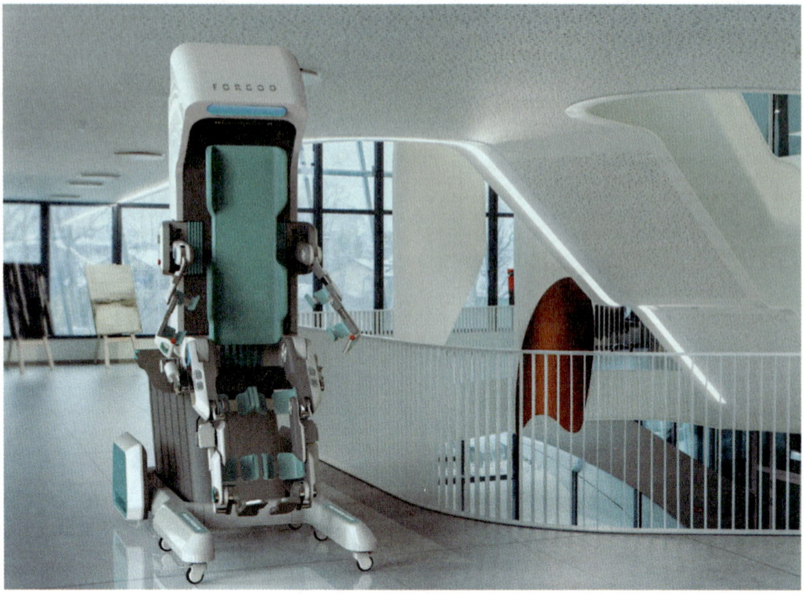

康复仪器

《设计》：浪尖的发展过程中是否面临过“生死存亡”的时刻？当初是如何化险为夷的？

罗成：作为一个经历了 20 多年发展的民营企业，不可避免地会面临很多无法想象的困境和在当时看是过不去的坎儿。庆幸的是浪尖有善于学习和思考的领导和管理团队，在危机和危险来临的时候，提前做出研判和规避。当然，也有在发展方向和战略上谋划时存在的意见相左，也有在面对是否割舍短期利益、夯实品牌基础、谋求更长远发展时候的选择分歧，但只要问一问当初创建浪尖时的“初心”，所有问题最终都能在发展的大前提下做到决策和行动的统一。

所以，我坚定地认为，沉淀和培育良好的企业文化是企业发展的“韧性”和“张力”，是得道多助和失道寡助的区别，是帮助和确保企业能够在面临“生死存亡”的时候做出正确决策，最终走出困境的依仗。它决定了你能看多远，走多远。

《设计》：请您谈谈您职业生涯中亲身体验到的市场、客户及用户的变化。

罗成：工业设计服务的主要客户是 B 端的企业，但是企业购买设计服务的目的，最终还是要满足消费端的真实需求。所以，工业设计其实是先 2C 再 2B 的行业，不仅需要关注设计细节、工具、CMF 和供应链等方面的变化，更需要关注的是整个消费场景的变迁、整个产业和社会生态的变迁。从学了专业入了行业至今，30 多年来一直没有离开工业设计的一线，也不断地从与客户、用户的接触和交流中感受市场的变化和趋势。感受较深的有以下四个方面：

1. 在市场变化方面。在从以前的“高频低价”为主向“低频高价”为主转变。本质上，这一转变是消费升级作用下的必然结果。以卖方为主导的市场阶段，产品生产和供应以满足功能性需求为主，所以标配的大批量产品流向市场，同时满足高中低端用户的共性需要。这个时期，一套模具甚至可以使用很多年。但是随着产品的丰富，供需双方地位的变化就要求供给侧在产品结构和产业结构上做出调整，以小批量、个性化来定义消费的细分市场，满足不同阶层、不同年龄层、不同文化背景、不同审美喜好的群体对产品的需求。与此同时，由于平台的存在和服务市场下沉，智能化设计、快速原型、3D 打印等技术不断完善，一些 C 端消费的个人用户开始定制化购买设计服务和设计产品，促使工业设计服务的购买主体也在从单一的企业购买向企业与个人用户同时存在转变。

2. 在设计服务购买诉求方面。从以前的追求塑造时尚外观拉动销量提高市场占有率，向追求结构更加合理、成本更加可控、应用新技术新材料、品质卓越、功能多维等方面转变。本质上，这一转变是工业设计从“营销导向”向“战略导向”过渡的必然。

3. 在设计服务购买方式方面。从以前的需求方独担风险、独享收益，向供需双方共担风险、共享收益转变。本质上，这是服务交易方式演变升级的必然结果。服务型交易和实物商品交易存在本质上的巨大差别：实物商品在交易环节中是随着物权的转移，实现“即购即获得”；而服务型商品一方面强调过程中的服务体验，另一方面服务的结果如果是长尾显现，则带来的评价和获得感也将因较长的反馈周期，而无法充分体现和反映在交易过程中进行评价。这一点在工业设计服务过程中体现得尤为典型。以往相对片面地凭借对品牌的信任和通过服务提供方机构的“卖相”来判断实力和可信度，都不可避免地导致了服务型交易结果满意度不高的状况。所以，改变现有“商品化”的工业设计服务购买方式，将设计与产品生命周期、与企业战略捆绑，创新收益分配方式，构建利益共同体关系，是服务交易模式迭代的必然趋势。

4. 在国家产业政策导向方面，从以前的培育壮大向引导和鼓励搭建工业设计的开放性平台，向加强基础研究、共性技术研究和工具开发，促进成果转化等方面协同高质量发展的方向转变。以国家工业设计研究院为例，《建设指南》中明确提出采取“公司 + 平台”的模式，由行业龙头企业牵头，以资本为纽带，整合产、学、研、资等多维资源，在制造业垂直领域构建基础研究、成果转化、人才培养等六大功能的开放式平台的要求。这一点也恰好与浪尖打造全产业链设计创新服务体系的发展战略不谋而合。

《设计》：浪尖在业内率先提出并打造的全产业链设计创新、D+等理念和平台树立了工业设计行业的创新范式，“全产业链设计创新”模式现已被业内广泛应用，在众多追随者中，浪尖如何保持领先优势？

罗成：首先，在 D+M 平台上践行的“全产业链设计创新”模式，是浪尖经过十几年的摸索，在产业实践中不断修正和磨砺出来的，绝非一朝一夕之功。这不仅需要深厚的沉淀和积累，更需要有足够的规模和资源来支撑高效协同体系的构建。

其次，这一模式从提出到践行至今，并非处于静止状态，而是处于不断调整的过程中。全产业链上的每一端，如果要做深、做实都需要大量的人力、物力和精力的投入，需要对市场、技术、人才、资本等各个方面的变化提前做出洞察和研判。

最后，也是最关键的一点，“全产业链设计创新”模式本身就是一个以产业共赢为目标、以行业共享为原则、以协同共创为手段的开放性平台。我们竭诚欢迎更多工业设计和产业链上的企业、高校、研究机构和广大从业者一起共建这个生态体系，共同推动工业设计的产业化发展进程。

《设计》：请您从自己的从业经验出发，谈一谈设计与品牌的关系。

罗成：究其根本，设计是建立在知识贯通基础上的认知赋值，无论是美学、技术、心理学，还是人因工程、材料学，都是“知识”领域的积累，输出的则是平衡各类知识后的问题解决方案。平衡这些知识的原则就是做设计的价值观，在提供解决方案的同时向客户和消费者传递文化。例如，设计解决方案中使用的是绿色环保材料，那么传递的就是“可持续发展”的理念、文化和价值观；设计中采用的线条、颜色和元素，也同样在透过产品表达着那个语境下与用户的“文化沟通”。品牌从来都不是自诩的，而是由内而外的标准所传递出的，并且能够被普世认同的价值观。所以，看待设计与品牌的关系，必须站在文化的层面上，用设计诠释品牌价值，传递品牌文化。

《设计》：以 AI 为代表的高新科技全面“入侵”人类文明，在把人类从繁重的重复劳动中解放出来的同时，也给许多行业带来了“危机”，甚至已经波及艺术创意领域，您认为设计行业该如何与人工智能共处？

罗成：科技作为第一生产力，在不断推动人类社会的进步，改变着我们的生产和生活方式。这其中，人工智能带来的变化和颠覆最为巨大。近年来，在设计和相关行业中已经有许多人工智能的应用案例，向我们展现出高效和不亚于人类的创造力。但是从事设计工作，就要求我们首先要具备很强的学习力。例如，我们几年前就开始有专人在学习和研究参数化设计，并且在员工中普及培训，确实给工作效率的提升带来很大帮助。所以，学习和借助人工智能，把人工智能能够完成的工作交给它们，把人工智能做不到的事情做好，是我们重新定位自己、定位设计师和工业设计产业的基础。

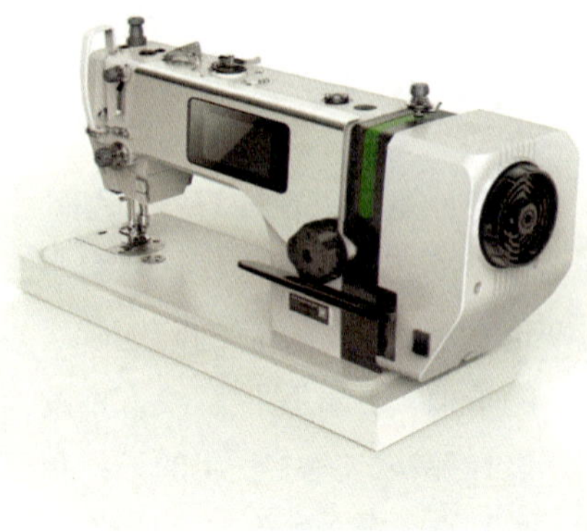

中捷直驱高速五自动电脑平缝机

《设计》：在当下社会，您认为设计师应该具备怎样的素质和能力以应对当今瞬息万变的商业需求，从而更好地和产业融合助力企业发展？

罗成：未来必然是大设计融合的时代，一个项目可能是产品、建筑、视觉、环境共同参与设计的，这个过程中需要很多基础研究和技术的支撑，并且这些研究成果是具备共性指导意义的，可以用在某个运作系统中，也可以是方法和工具应用在很多行业产品中，所以设计师必然要成为创新型、复合型的人才。

《设计》：您想给设计教育提点儿什么建议？

罗成：对教育我一直持敬畏的心态。尽管我们都受过高等教育，也受益于教育带来的知识和技能，但是教育永远面临着“用当前的课程内容培育未来的人才”的尴尬。因为，身处百年未有的大变局中，我们很难用现在的眼光和认知去准确地判断和把握未来的社会和产业发展的变迁以及会对未来的人才提出怎样的要求。

“产教融合”是工业设计全产业链体系中最重要的一环。贯彻国家“产教融合”精神，积极开展多种形式的校企合作，给我们提供了与高等教育紧密合作的机会，让我们可以将多年来积累和总结的经验、接触到的产业发展最新的需求和变化、相关基础研究领域的突破、创意工具的迭代等内容，通过“三个交互”构建“三个场景”，实现“三个融合”。“三个交互”是指交互工具、交互课堂、交互实践，“三个场景”分别是产品场景、产业场景和社会场景，“三个融合”是与价值融合、与世界融合、与未来融合。这套“浪尖交互式全景教育 TM”体系的构建，我们已经思考和沉淀多年，并且已经开始与国内一本高校开展了实质性的合作人才培养，取得了良好的成效。这也是我们对设计教育提出的建议和给出的“浪尖方案”。

罗挽澜

罗挽澜，成都意町工业产品设计有限公司设计总监。2002—2006年就职于海信集团工业设计中心。有多年实践产业经验的专业背景，能快速判断创新突破口、快速分析可行性解决方案。致力于设计领域的创新研究与实践，具有丰富的产品开发经验和审美判断力和较强的综合产品观——对产品定义、市场策略、交互逻辑，生产管控全产业链的把握。带领意町设计成为四川省省级工业设计中心，与海信、英特尔、中国民航、科龙、极米、京东方、A.O.史密斯等企业合作出上百款产品，各种专利500余项，获奖设计作品涵盖中国优秀工业设计奖、红星奖金奖、红点至尊奖、iF奖、天府宝岛特等奖、成都创意周设计金奖等。

设计是一个人的品牌，品牌是一群人的设计

罗挽澜

《设计》：意町设计的发展经历了几个阶段？这些阶段反映着中国工业设计怎样的发展历程？

罗挽澜：意町 2007 年成立的时候是成都第三家专业的工业设计公司，从业务层面分为 3 个阶段——委托设计、自主产品、研发性产品创新。经历了中国特别是西南地区的需要“好设计”“好产品”“好市场”这三个发展历程，意町坚定地以用户研究、产品定义、技术创新、产品外观和结构设计、工程开发至成品投产、全方位产品化流程的实现为目标。

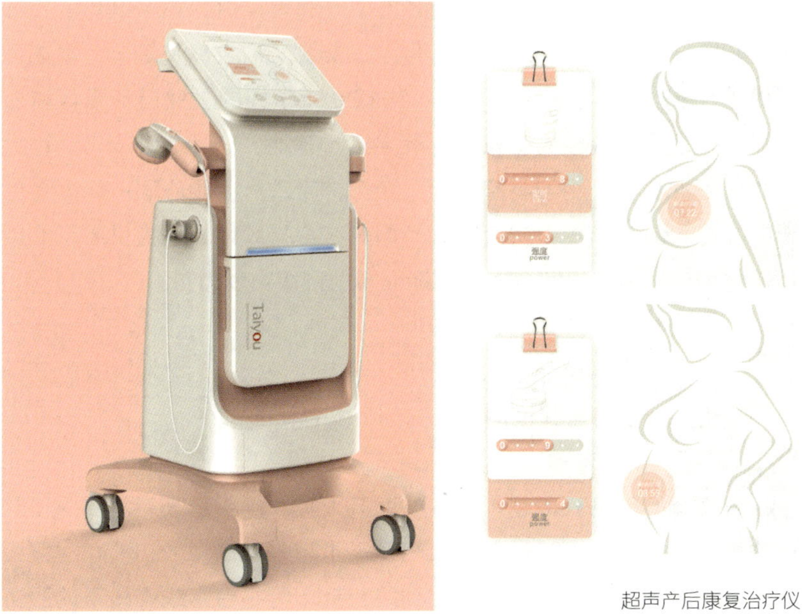

超声产后康复治疗仪

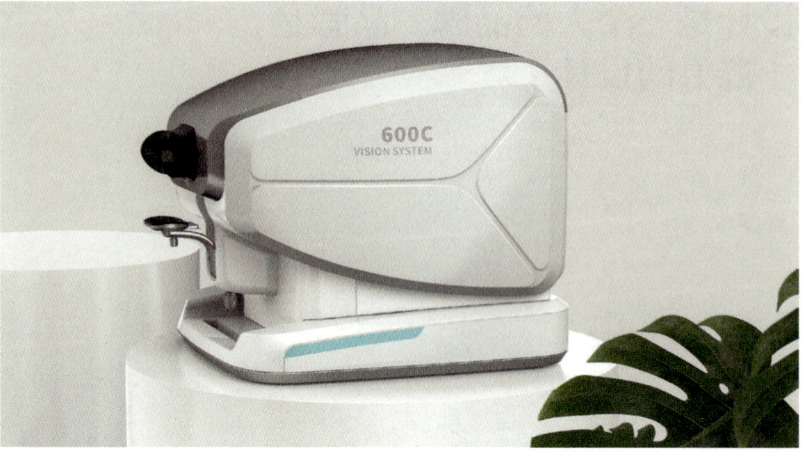

视觉测试系统

《设计》：意町设计先后于 2012 年、2013 年被认定为“成都市工业设计中心”和“四川省工业设计中心”。这对于意町设计来说意味着什么？

罗挽澜：意町一直在培养作战能力。如较强的研发力、持续的创新力、长效的学习投入力。目前各类型专利累计达到 500 余项。设计作品涵盖红星奖金奖、红点至尊奖、iF 奖、天府宝岛特等奖、成都创意周设计金奖等。同时和川内及外省 30 所学校的工业设计系保持着联动，也是多个院校的工业设计教学实习基地。有了市级和省级设计中心认可的加持，更容易整合相关资源，带动产、学、研，能力得到新的提升。品牌影响力持续增强，服务客户持续增长，提供展示空间和转化渠道，为四川和全国的制造业转型升级贡献力量。

《设计》：据您观察，近年来中国工业设计师这个职业发生了怎样的变化？社会对设计价值的认知达到了怎样的水平？

罗挽澜：信息获取越来越容易而且大量，创新越来越不局限于具体的事物，社会对设计价值的认知和需求越来越高，一切都在次方级别的日新月异变化，设计也延伸到跨行业、跨平台、线上线下的服务与内容的打通与整合，社会对跨界设计人才越来越渴望。

《设计》：意町设计的发展过程中是否面临过“生死存亡”的时刻？当初是如何化险为夷的？

罗挽澜：人生如弦，拉紧了才能弹好，任何时候都不松懈，才能拉出美妙的乐章。因为生存本来就是一种幸运，是另一种形式的海底行走和狮口夺食，美好生活，并非理所当然。保持学习，踏实地做事，做说过的，说做过的。发展过程中存在发展快慢，并没有面临“生死存亡”。有机会尝试再找个赛道挑战一下先死而后生。

《设计》：请您谈谈您职业生涯中亲身体验到的市场、客户及用户的变化。

罗挽澜：日本舞蹈家志田美代子表演过羽毛和树枝的平衡舞技——用一根羽毛的重量压住数根树枝交错搭建起来的平衡系统，其无懈可击的技术和气定神闲的专注呈现出技与艺的巅峰境界。市场、客户、用户以及加工、生产、良品率、营销、技术、外观、结构、CMF、界面、评审会、权术等，都好像是这个表演中的每一根树枝。追求各方面的平衡是我体验到的最大变化。好的产品要有平衡之美。

Z-CAM-E2 影视摄像机

无人机干扰器

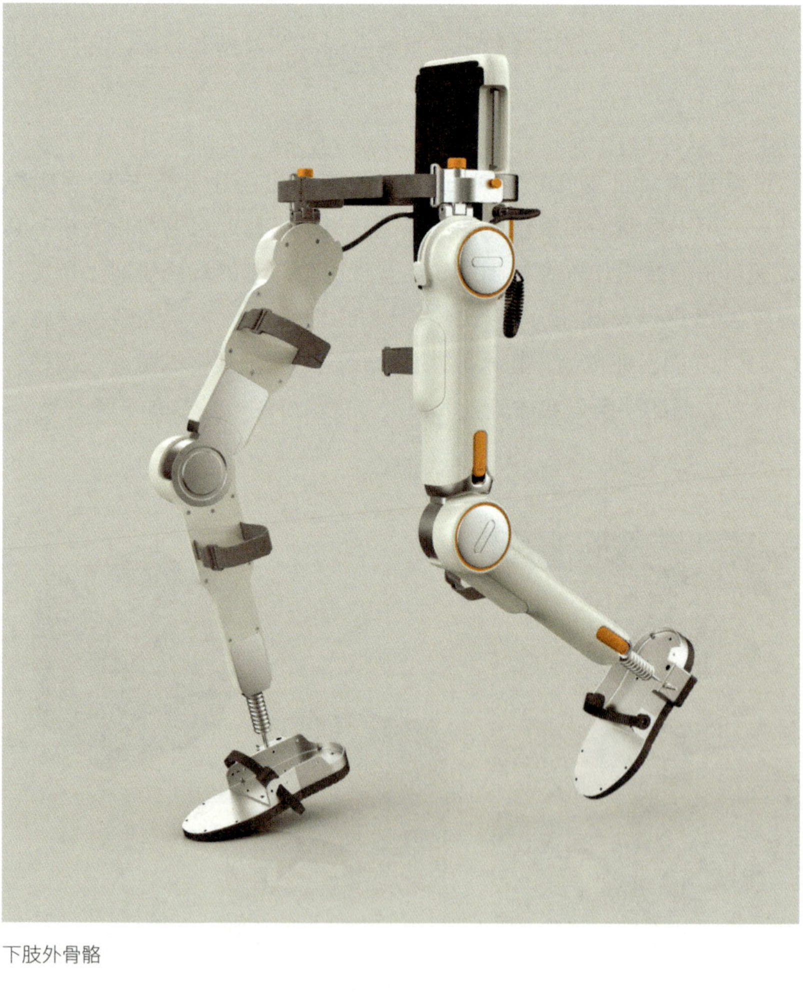

下肢外骨骼

《设计》：请您从自己的从业经验出发，谈一谈设计与品牌的关系。

罗挽澜：站在工业设计行业的角度，好的品牌能给到信任感、安全感。好设计不一定形成品牌，好品牌一定有好的设计。也有企业大咖说你愿意跟一个设计自拍那它就是品牌。作为一个在成都爱吃还不长胖的设计师，用吃火锅举例：串串是一个人的火锅，火锅是一群人的串串；设计是一个人的品牌，品牌是一群人的设计。

《设计》：以AI为代表的高新科技全面“入侵”人类文明，在把人类从繁重的重复劳动中解放出来的同时，也给许多行业带来了“危机”，甚至已经波及到艺术创意领域，您认为设计行业该如何与人工智能共处？

罗挽澜：从设计层面来看，AI自始至终都是工具，为人类服务。AI如果干坏事，那肯定是坏人在用AI改变生活娱乐、信息传播方式。AI推进了智慧城市的高速发展，常规的、重复性的工作会被取代，但也催生了新的机会，人的创造力和同理心是永远没法被取代的，这也是人类价值观的体现。刚好创造力是设计师的最强大脑，让我们很好地与AI开创新时代。

《设计》：在当下社会，您认为设计师应该具备怎样的素质和能力以应对当今瞬息万变的商业需求？怎样更好地和产业融合助力企业发展？

罗挽澜：设计师应该掌握“情趣用品”的能力。情——情感、情怀；趣——趣味、乐趣，愿意把玩；用——功能易用，好用，实用；品——品质、品相、让人愉悦。

在这里，我简单描述一下我们的创新流程来回答如何更好地融合助力。从销售终端了解市场与用户、竞品；挖掘创新点，具象并初步体现雏形；对雏形综合分析，包括技术、专利、产品线、成本控制、明确可行性方案；弄清是为成熟的品牌还是新品牌服务；洞察用户，人机工程，吸收诉求，使产品更适用用户；设计创新方案，外观设计、

巡检机器人

结构设计、制造与装配、材料与工艺、工程化分析；各领域的解决方案：硬件、软件、UI、运动机构、系统设计；产品原型制作；批量生产支持，供应商评估，知识产权、各行业的法规和标准。

对设计师要求更全面化，职业更细分。不仅要精通产品设计，还需要掌握更具有宽度与深度的跨界知识，例如商业模式、心理学、服务设计、产品策略。还要有非常强的自主思考能力，要有主动性、责任感与追求卓越的上进心。

《设计》：您为公司遴选设计师的标准是怎样的？您最看重青年设计师哪些方面的品质和能力？

罗挽澜：心有意，思无町；心中要有想法，思想没有边界，这是意町名字的含义，也是在创新层面遴选设计师的标准。如果把设计师比喻成一个智能终端，那么结构层面应该是身体健康，交互层面应该具备较强的团队合作和系统思维、逻辑能力，外观层面争取做到有个性、可塑造。至于设计能力，就像我们吃饭睡觉一样，是基本技能。多吃多练就长得好了，能力也就提高了。

希望青年设计师在意町获得的不是一份工作，而是成长与未来的可能性，有机会成为独当一面、拥有能量的人，不管在哪儿都能成就自己的一番事业。设计这个行业有了天赋之后，还得比常人努力，流年笑掷，未来可期。

《设计》：近年来经济形势的压力和新近疫情的压力迫使很多企业在转型，设计公司是否也存在转型的紧迫性？

罗挽澜：压力让人们有了更多的思考和尝试。意町目前致力于设计领域的创新研究与实践，具有丰富的产品开发经验和审美判断力，有较强的综合产品观——对产品定义、市场策略、交互逻辑，生产管控全产业链的把握。为设计研究、外观设计、结构设计、模具设计与制作、产品批量生产与质量管控做好设计服务，整合西南的配套供应商，形成了完备的创新设计战略体系。

意町会坚持通过创新型的合作开发项目模式，发挥双方优势进行全流程植入式合作，实现创意的广维度和可行性的深维度。希望将意町打造为行业领先的研发性设计公司，聚焦产品塑造、策略和服务设计的知识型创新公司，做友善的设计、性感的产品、卓越的品牌。

王少辉

王少辉，合肥启道工业产品设计有限公司创始人。作为工业设计师与产品结构设计师的王少辉，从事工业设计 10 余年，王少辉秉承工业设计基于产品链中的节点思维；坚持突出产品价值及亮点的设计手法，坚信设计创意与工程化实践相互结合的设计原则；避免设计空洞化，用设计系统化的思维来凸显工业设计价值，拥有近百项工业设计成果。

工业设计做好分内之事为品牌锦上添花

王少辉

《设计》：启道工业设计的发展经历了几个阶段？这些阶段反映着中国工业设计怎样的发展历程？

王少辉：启道工业设计也基本遵循着一个工业设计公司应该经历的几个发展阶段，在一步步地壮大自身。从单纯的工业设计服务到参与工业设计产业链的服务当中，再到启道设计目前正在推进的“打铁终须自身硬”的目标，我们成立了自己的工业设计成果快速转化机构，能将工业设计作品以最快的速度展现给第三方以及我们正在建立自己的 PLC 及单片机设计团队，希望工业设计能更加系统化地展现出其强大的生命力，真正体现工业设计之价值。

就国内的工业设计发展来说，我只能本着职业生涯的接触经验来提出一些本人的拙见。在我从事工业设计的十多年中，从前期的外观设计需求到产品品牌设计需求，再到目前国内大量的产品创造需求，这短短的时间内，国内的设计发展不言而喻，从强调美与人机工学到强调及提高产品的品牌价值，再到目前的提升产品的核心创造力，国内的设计也在遵循着从制造到创造角色的快速转换。

《设计》：近年来，中国工业设计师这个职业发生了怎样的变化？社会对设计价值的认知达到了怎样的水平？

王少辉：提到这点，作为一个工业设计从业时间相对较长或者说一个设计团队的管理者，我想我应该有些经验及见解。诚然，在 2000 年以后，中国的工业设计可谓是井喷式的发展，工业设计师被很多企业所认可。工业设计师这个职业具有其特殊性，需要积累，需要不停地学习，只有积累及学习到能够独立解决问题的阶段，才能在这个职业生涯中继续前行。可喜的是，随着互联网的高速发展，工业设计师汲取设计知识、拓宽工业设计知识面的过程变得更加迅速与便捷；优秀设计师的队伍在不断扩大，其创造的价值也得到了很多肯定。就这一职业而言，更多地体现在从事工业设计职业的相关人员得到了越来越多的重视。

在突出大众创新的时代背景下，从各方面来说，工业设计都被越来越多地推向了前台；越突出强调创新，工业设计的价值就会越得到充分的体现；在提高产品附加值，提升品牌品质以及核心研发上，工业设计师们特有的跨行业、跳跃式的思维方式就变得极为重要；再加上各级政府对工业设计行业的扶持及宣传，社会对工业设计这个行业的认知正变得越来越清晰。

当然，打铁终须自身硬，作为设计师的我们也要努力提升自身设计素养，不能让社会产生期望越大失望越大的挫败感，只有让工业设计创造更大价值，工业设计才能走得更好、更远。

《设计》：启道的发展过程中是否面临过“生死存亡”的时刻？当初是如何化险为夷的？

王少辉：启道设计作为一个合肥“出生”的设计企业，拥有从沿海回来的设计团队。在 2010 年创始之初，本地大多数企业对工业设计没有概念，我们就已经在考虑自己的“生死存亡”问题。在深度思考后，我们根据实际情况做了调整，把“立起来，活下来，好起来”作为我们的出发点。设计团队不停地跑企业、跑高校，拜访从事与工业设计相关职业的老师们。更多的时候我们是在宣讲工业设计是什么，而不是一味地去强调我们能做什么。只有耐心才能解决问题，让别人先知道什么是工业设计，才能激发他们的工业设计需求，才有了“活下来”做设计的机会。

也可以这样说，工业设计行业的企业基本上都是靠着团队及创新能力活着，能力强就能活下来、好起来，不强就反之。启道设计的同事们把每天都当作“生死存亡”的时刻，只有我们撸起袖子加油干才能不落后，才能不被淘汰。

玻璃切割设备

《设计》：请您谈谈您职业生涯中亲身体验到的市场、客户及用户的变化。

王少辉：这就好比地球、国家及家庭一样，大环境实实在在地摆在我们面前，我们的客户在这个大环境中努力地寻找着正确的契机，而用户才能更加客观地知道自己需要什么。社会的发展经历了从卖方市场到买方市场的变化，工业设计的发展进程也在变得越来越重视用户。很多企业在大的市场环境中寻找到契机后去开发产品，不再是闭门造车，而是请更多的用户直接参与产品研发的全过程，让产品围绕“用户”为核心，得到最直接的买方建议。现在的产品开发只有做到这样，才能变得更加成功，企业才能走得更好。

《设计》：请您从自己的从业经验出发，谈一谈设计与品牌的关系。

王少辉：其实工业设计涵盖的范围很广，我们作为一个纯粹的工业设计机构，也不止一次地在考虑、讨论这两者的关系。单就我个人的经验来看，设计的好坏能够对品牌产生很大影响，再好的品牌也会因为不好的设计被人诟病。而品牌的好坏是系统性的，是基于多方因素做出的综合判断。就工业设计与品牌的关系来说，我更加偏向于“专业人做专业事”，社会分工如此精细的情况下，工业设计公司与专业品牌设计公司在这一方面终归不同。我们做好我们的工业设计分内之

挂轨

事，为品牌的强大锦上添花。

设计涵盖的范围很广泛，就“综合设计”来说，能左右品牌的优劣，好的品牌必须会选择“优秀”的设计，二者荣辱与共。但我的认知是，这个设计是系统化的，有市场的设计、管理的设计、资本的设计、团队的设计、产品的设计等。当然这只是我作为一名工业设计者的浅显见解。

《设计》：以 AI 为代表的高新科技全面“入侵”人类文明，在把人类从繁重的重复劳动中解放出来的同时，也给许多行业带来了“危机”，甚至已经波及艺术创意领域，您认为设计行业该如何与人工智能共处？

王少辉：就目前的人工智能来说，更多的是在被创造，在模仿人类，还没有达到能够完全超越人类思考能力的层次。部分艺术创作因人而异，人工智能或许可以模仿一位书法家的作品，但是未必能模仿一幅充满感情的山水画作。所谓“波及艺术创意领域”，到目前为止可以理解为局部替代一些重复性、创意含量较低的领域，例如简单的 Logo 设计、非创意性画册设计、非创意性包装设计等，这些功能若让人工智能去完成，个人觉得是件非常好的事情，可以让设计师们去考虑更加具有创意或创新的事情，从而节省大量时间及成本。

人工智能的产品目前还是需要大量设计人员去设计软硬件、形态、材料等，其产业发展也将推动设计行业不断前行，二者相辅相成。只要在不突破人类伦理底线的情况下，机器永远是机器。设计这个行业也是一样，有“灵魂”的设计作品永远是人类设计师所要做的事情，当然这需要设计师具有更强的综合设计能力与设计激情，对部分设计

履带式 AVG

家用变频泵

人员来说也有着就业压力。做好自我，淬炼专业能力，就能更好地和人工智能产品和谐相处。

《设计》：启道的“基于市场 + 基于制造 + 基于原创”是怎样的企业文化？启道工业设计的设计师和工程师是如何协作的？

王少辉：启道的企业文化与我们的服务对象息息相关，我们的设计范畴主要集中在应用产品领域，属于非文创类产品。这就对如何看待产品市场、如何设计出性价比最好的产品、设计的方案是否具有原创性提出了相对严格的要求。如果我们不从这几点出发，设计的产品就会出现问题，就会导致相应的损失，而部分应用型产品价值较高，就更不容许设计方案向最终产品的转化过程中出现问题。故此，我们提出“基于市场 + 基于制造 + 基于原创”这个理念，更多的是在时刻告诉自己，应本着何种理念做好我们主要服务领域的设计。

在我们的设计团队中，综合能力较弱，如只做产品外观设计的叫作外观设计师；只做产品结构的叫作结构设计师；工作 5 年以上，能独立完成产品外观结构及后续设计的，我们才称为工业设计师。我个人理解，工业设计师被很多人自我冠名了，做个外观造型，做个颜色，这不能叫工业设计师。工业设计师需具备较强的综合设计能力与产品转化的动手能力，这需要时间的磨炼。一个成熟的工业设计师还需要具备极强的沟通协调能力，工业设计项目中的每个环节都可能会涉及一个学科，一位工业设计人员如果专业素养不够，就很难与相关专业的工程师沟通。启道设计团队目前拥有多位工业设计师，在与工程师协作时，只要提前列清问题点，提出合理见解，双方充分讨论，并就

爬杆设备

讨论结果高效执行，就能与相关工程师愉快地进行沟通协作。

《设计》：在当下社会，您认为设计师应该具备怎样的素质和能力以应对当今瞬息万变的商业需求？怎样更好地和产业融合助力企业发展？

王少辉：就专业的设计公司来说，我们希望我们的设计具备较强的综合设计素质，只有设计师的综合能力较强，设计团队的力量才能强。一个公司的设计总监固然很重要，但只有设计师团队中每个人都有较强的设计素养，才能碰撞出更多的创意火花。如若让设计流水线化，每个设计师只是流水线上的一员，每个人都各司其职，可能其在这个工位上的技能非常优秀，但长远来看，对设计师本人是不公平的，因为这会限制设计师以后的发展道路。我常和设计师同事们说，要放下你们的身段，多学习专业知识，多和客户沟通，多观察市场上的产品，多发觉用户的需求，多去工厂走动，了解一下你们的设计成果是如何被一步步制造出来的，实践才是检验真理的唯一标准，纸上谈兵永远经不起这个竞争激烈的环境的冲刷。多做些有意义的调研，多问几个为什么，设计师需要具备不断学习的精神才能基本具备应对商业化设计需求的能力。

工业设计在助力企业发展的方面，要具备“实干”精神，丢掉“假大空”。设计助力企业的产值需要客观地评价，不虚夸，作用的大小交给企业或者市场去评价和检验。能够做到接受批评、自我批评，在发挥自己创新创意才能的同时不停汲取优秀的设计经验及知识，牢牢把握设计的目的，时刻铭记企业需求的核心，交出自己满意、企业满意的设计成果，才能真正地助力企业。

《设计》：您为公司遴选设计师的标准是怎样的？您最看重青年设计师哪些方面的品质和能力？

王少辉：一名设计师加入启道设计团队，我们要考核的并不多。首先，专业技能肯定是第一关，良好的手绘表达能力是专业技能最佳的表现方式，也是能最快表达创意的手段。计算机辅助设计在加入启道设计团队后，我们会专门进行培训，所以在计算机辅助上要求并不高。其次，我们要求我们的设计师具有开朗的性格，语言表达能力要好。当然，耐得住设计之寂寞也是基本要求之一。

这里我所指的青年设计师一半是刚毕业或者毕业不久的一批设计人，精力旺盛，接受新事物能力较强，创意思维活跃，是之后设计发展绝对的中坚力量；每一家设计公司的设计偏重方向不同，可能在选拔人才的要求上也稍有不同，但是就整体而言，都看中设计师是否具有设计情怀，是否具有积极乐观的设计心态，是否具有踏实肯学的态度。只要具备这几点，再加上时间的磨炼，那么他绝对是一名合格的“设计人”。

《设计》：近年来经济形势的压力和新近疫情的压力迫使很多企业都在转型，设计公司是否也存在转型的紧迫性？

王少辉：就大的环境来说，企业的发展或者淘汰速度很快，设计公司也一样，很多优秀的研发企业都成立了自己的设计团队，设计公司靠承接设计服务发展的压力也在不断加大，很多设计公司都开始进行方向调整或者转型。不管是横向还是纵向，设计公司想要发展壮大必须考虑转型问题，只有活下来才能坚持自己的设计梦想。作为纯服务型的设计公司，本身的抗风险能力较弱，非常容易受到大环境的影响，只有拥有更多资源，才能让设计公司发展得更好。

魏民

魏民，深圳市佳简几何工业设计有限公司创始人兼 CEO，深圳市工业设计行业协会副会长，深圳市工业设计协会副会长，江西财经大学客座教授，深圳设计业十大杰出青年，2014 年成立佳简几何工业设计有限公司，6 年间魏民带领团队荣获包含世界三大设计奖在内的近百余项国内外知名设计奖项，成为该领域成立时间最短、获奖最多的中国设计团队。曾先后接受《中国文化报》《南方日报》《深圳特区报》、雷锋网等多家媒体专访，受央视之邀，参与 CCTV13 频道的《积跬步，至千里》节目采访。秉承着佳与简的设计法则，使得佳简几何成为微软、奥迪、猫王、小米、中国移动、美的、迅雷、腾讯、HKC、网易等众多知名品牌合作伙伴。

做一家可以代表中国的国际化创新设计团队

魏民

《设计》：佳简几何从 2014 年创立以来，现团队共获得 红点、iF、 IDEA、GOOD DESIGN 等国际设计大奖 70 余项，是中国工业设计历史上成立时间最短、获得国际设计大奖最多的工业设计公司。作为创始人，您认为团队的核心战斗力是什么？

魏民：其实任何一个团队都有着自己不可撼动的基本盘，我们也经常问自己，佳简几何是谁？我们的核心是什么？什么是不可撼动的？作为创始人，我认为一个人看世界的角度决定了他会创造一个怎样的世界。

创新是每一家设计团队的基础，而如何解读并践行创新则塑造了每一个创新型公司的特殊性。佳简几何所理解的创新不仅仅停留在特征层面，能否在感受层塑造新体验才算是佳简几何所认可的创新。怎

佳简几何 X 猫王——RADIOOO 积木音箱

么理解呢？我们拿汽车举个例子，雅阁和凯美瑞分别为两个大集团的主流销量车型，同为竞争车型，我认为在感受层面它们是没有区别的。这样的设计跨度我不否认它的价值，但绝不是佳简几何所要做的。我们会时常告诫自己，不做多一款不多、少一款不少的产品。至少从我们看世界的角度去解读汽车，我们认为特斯拉是创新的，mini 是独特的。这才是我们的价值，也是我们设计的标准。在实践中，我们已经走了 5 年，也创造出了猫王这样在感受层面突围红海音箱市场的品牌。以上我所提及的仅仅是战斗力，核心毋庸置疑是佳简几何每一位践行创新标准的设计师。

《设计》：“佳简”和“几何”是如何体现在佳简几何的作品中的？你们对用色是否也有所偏爱？

魏民：“佳”代表极致的好，“简”代表简约明了，“几何”代表符号化，有特征性。把无形的思考转化为有形的产品，好用，简约，独特，这就概括了我们最初对设计的理解。后面经过我们深入挖掘，其实加和减也是两个动词，是产品创造的具体行为，也就是我们的设计的法则。几何里的三角形和圆形，则代表着产品的形态和体验，就像由躯体和灵魂才构成了一个独一无二的人。如果你看过我们的设计作品，多少都能感受到佳简几何出品是一种怎样的表达。

而在用色方面，其实没有什么特别的偏爱，每一个行业、每一个项目乃至每一个具体的需求，都会做出相应的考量。但因多数客户都希望我们可以设计一些偏年轻化的设计，所以年轻化的多彩色系和纯色系在我们实际的项目过程中会多一些。

《设计》：佳简几何今年出新品的频率相当高，截至目前你们遇到过的最具挑战性的案例是哪一个？你们如何应对的？

魏民：我个人认为 DonHa 智能穿戴潮牌全案策划与设计对当初的我们是一个挑战。2018 年，我们第一次完完整整地接到了 DonHa 客户的全权委托，由我们来负责整体的品牌策划，品牌视觉、空间、展示、产品策划、产品设计、包装设计，这也是佳简几何从产品设计

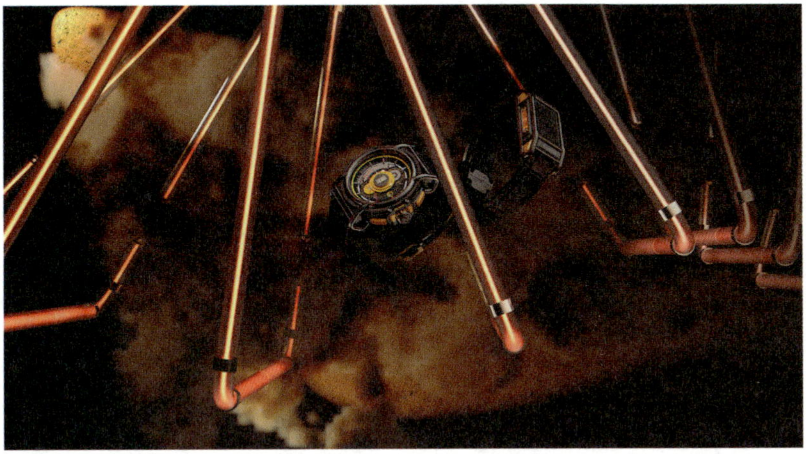

佳简几何 X DonHa ——品牌全案 + 产品系列

服务公司转型到品牌全案策划公司的一个标志性的案例。前面提到我们在感受层面的认知也决定了这次合作必然是智能穿戴领域感受层面的重新塑造。智能手环领域已基本是一片红海，在你可以想到的变量中，很难再找到任何有优势的竞争变量。成本、品控、上游供应链、渠道、功能、技术、算法等，在中国乃至世界范围都很难在以上几个维度上去和小米、华为竞争。一个全新的智能穿戴品牌只有通过设计变量，才能找到新生活方式下的新机会。

项目初期，通过对目标用户深入的访谈，我们了解到单纯工具层面的需求已经慢慢在淡化，而装饰性和性格标签已经跃升到第一需求。经过 2 个月几个团队反复的探讨，我们最终把品牌定位在年轻化街潮方向。

而真正的难题是如何具象化街头和潮流文化，确立视觉元素并且贯穿到整体的品牌空间产品上去。3 个月的时间，我们尝试了上百种不同的元素，看似已经有了多个可选方案，但无论是客户还是我们佳简几何都感觉还没有找到我们所预期的完美表达，项目几乎进入了一个停滞的状态，也恰巧赶上嘻哈文化在中国的再次流行，让我们设计团队寻求到一个关键元素——街头护栏，亮色的圆管搭配上清水混凝土的建筑，莫名的街头感扑面而来。我们的团队开始在品牌视觉及产

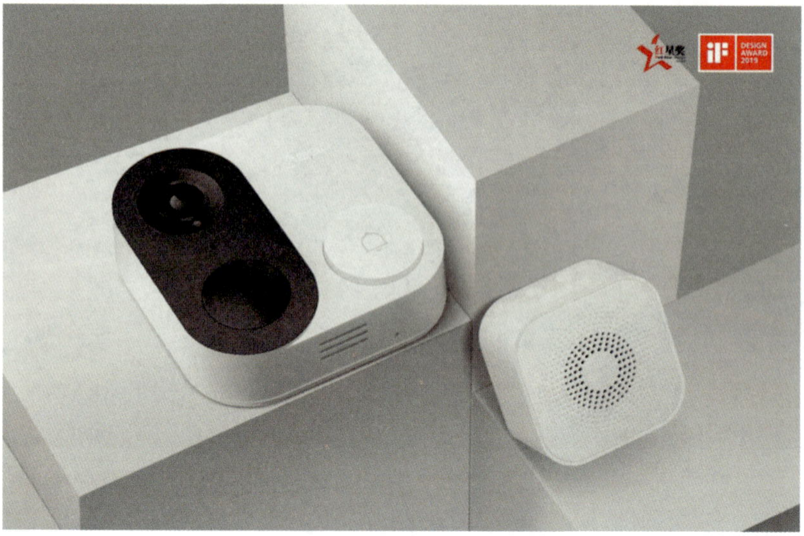

佳简几何 X 360—— 智能可视门铃

品设计中尝试这一元素，经过 3 周多次的验证和尝试，当设计团队带着满腔的热血准备再次的提案会议时，我们就已经笃定，这就是我们双方所寻求的街潮最直接恰当的表达。理所当然，提案得到了客户高度的认可，但对于佳简几何的挑战还没有结束。接下来的数月，我们一直推敲打磨产品的每一处细节，在量产中做到如何更方便的装配。在整体品牌视觉中，我们要做到更加统一和协调。整整一年，孕育了一个全新潮牌。

《设计》：在佳简几何公司官网介绍中提到“致力成为一家代表中国的全球化创新设计团队”，您认为做到怎样才算是“代表中国的”？

魏民：对的，其实这句话的中心就是在代表中国。

首先是源于内心强烈的民族认同感，相信并看好中国会成为世界强国。我们纵观历史，每一次世界强国的崛起都必然是本国文化对世界输出。就如现在的美国，美式文化去打造品牌，用品牌承载着美国文化输出到全球。耐克、星巴克、微软、苹果、麦当劳，这些都是美国人的生活方式和理念。换言之，当我们的国家强大起来，也就必然伴随着需要做中国文化的价值输出，而什么是中国文化，如何表达中国文化，我们需要深入到中国人的生活中去探究那些中华文化底层的美，发现传统形制中的特点，并用世界通用的语言和产品去表达，用中国设计打造世界品牌。

《设计》：团队中的人员配置呈现一个非常年轻的状态，这样的团队创作环境对你们的设计有着怎样的意义？或者是否存在一定的局限性？

魏民：年轻代表着无限可能，意味着梦想和希望。因为相信可以创造无限可能，所以佳简几何每一位设计师都努力前行，希望可以通过双手和设计去创造属于自己的世界，也许这就是年轻，无所畏惧，敢作敢为。任何事情都存在两面性，我认为这不算局限吧，你在获取年轻活力激情的同时，另一面必然会带来挑战，或者经验经历的不足，而这恰巧也是可以通过团队和配套供应链其他环节来进行快速补充的，所以并没有多大的局限性。

《设计》：从团队组建到设计流程，佳简几何是否有自己的设计哲学、DNA 和方法论？

魏民：佳简几何肯定有自己的设计思想和设计基因，而某种特定意义的方法论在我看来却是创新者的窘境。将通过某个方式方法获得成功后总结出来的经验或算法套用到其他项目里，这样也许快速，但很有可能收效甚微。我们不复制设计，只会通过每一个特定的项目，用佳简几何的设计思维，在不同维度寻求最优解答。

《设计》：想要创造出好的设计作品，须仰赖于设计师们的志同道合，对于佳简几何来说，设计师的什么品质或潜力是您最看重的？

魏民：10 年前，我是一个很努力、也相信自己拥有天赋的设计师，我相信只要努力和具有一定的天赋，你一定能成为一个优秀的设计师。

佳简几何 X 王者荣耀—— 王者智能机器人系列

10 年后的今天，身边有太多的伙伴因努力而获得了“天赋”，所以在我们这群人的价值观里，第一位的是努力，我们对试用期和应届生的第一要求就是你是否付出异于常人的努力。我们相信努力才能改变很多事情，从另一个角度说，我们要求自己向内求，出了任何问题首先要问自己是否足够努力，不去抱怨，不去责备他人。有句话对我影响很大，“当你还没有责备他人，就还不算失败”。

《设计》：佳简几何曾经表达过希望未来可以有选择性地针对特殊行业进行深入研究，请介绍一下特殊行业具体是指哪些行业以及具体有什么样的想法。

魏民：我们已经在特定的几个领域建立了相对聚焦的项目组，原因有两个：一个是看好这个领域的市场，想做更多的沉淀；第二就是这个领域我们已经建立了一定的优势，想要继续扩大优势，所涉行业包括儿童生活、智能穿戴、智慧家居、音乐音频、美妆美容、未来家电等。

《设计》：您认为智能硬件的发展对你们而言有着怎样的意义？

魏民：佳简几何创立于 2014 年春，这一年是互联网技术和产品结合的元年。那为什么做智能硬件的各类型企业都会找到我们呢？那是因为我们为新硬件时代建立了一套适合这个时代产品设计的新方式和新方法。我们相信构建一整套完整的从软件到硬件、从外观到结构的完美用户体验服务才是这个时代产品设计的底层逻辑，而不是单纯停留在视觉层面。我们是伴随着智能硬件成长起来的设计团队，这或许也构造着我们独有的基因。

《设计》：请介绍一下您对公司未来发展的长短期规划。

魏民：短期来说，佳简几何的目标是帮助中国更多的品牌进行年轻化的升级，从品牌策略到品牌视觉，再到产品策略和设计维度的升级，用设计把品牌拽入到一个全新的年轻化的市场中，获得价值的更大化。

长期来看，佳简几何希望做中国文化的传播者，用设计去塑造和表达中国人的生活方式，打造中国生活方式美学。通过品牌的方式向世界范围传播，做一家可以代表中国的国际化创新设计团队。

徐霍成

徐霍成，溯洄设计创始人，溯洄创新联合体集团董事长兼首席设计官，蒴果创新设计学院创始人。中国设计业十大杰出青年，上海市青年创业英才，入选教育部全国首批创新创业导师人才库，是创新创业领域资深赋能导师。企业顶层设计与品牌战略九字诀“九阳真经”的创建者。

设计师应该具备“五力一同”的能力和素质

徐霍成

《设计》：溯洄工业设计公司的发展经历了几个发展阶段？这些阶段又反映着中国工业设计怎样的发展历程？

徐霍成：溯洄工业设计公司的发展一个经历了五个阶段：

溯洄创新 1.0 阶段

时间范围：2005 年—2008 年

典型特征：坚持领域细分——工具机械设计。

以行业细分为切入口，打造以工业设计服务为核心的系统方案解决商。溯洄是中国工业设计领域内首家在创业伊始即选择在细分领域开始专注设计探索的工业设计公司。溯洄 1.0 阶段的核心特征是对朝阳产业的憧憬，对设计能改变世界造福人类的自信。

溯洄创新 2.0 阶段

时间范围：2009 年—2011 年

典型特征：致力于原创和发明的设计实践与探索。

溯洄是目前国内设计公司中历经发明专利数量最多的工业设计企业。

在设计实践中加深了对工业设计的认识：1. 设计公司只做外观设计没有未来，外观设计是设计公司走向设计纵深的开始。2. 设计公司持久生命力的源泉是研发意识与研发实践的双向结合。3. 成本控制与可实现性是设计公司必须翻越的两座大山。4. 设计需完善的设计流程及对应的内部评价体系。此阶段溯洄大量投入研发设计，申请 8 项发明专利，自主研发产品有全自动捆扎机、D300 智能锂电多功能工具、全自动磨链锯等。

溯洄创新 3.0 阶段

时间范围：2012 年—2013 年

典型特征：细分与专注成就溯洄中国工具设计领导者的行业地位。

基于前两个阶段的深化与积累，继续行业纵深的探索，2013 年溯洄一年消化的设计项目达到 95 个，并被授予“上海设计创新示范企业、上海市专精特新企业、中国十佳工业设计公司”等荣誉，囊括了红点、G-mark、中国好设计、红星奖、成功设计奖、中国优秀工业设计大奖等奖项，成功孵化 10 多款发明专利产品与 100 多款实用新型专利产品，上海市委书记、工业和信息化部总工程师等领导先后莅临溯洄考察指导。

溯洄创新 4.0 阶段

时间范围：2014 年—2018 年

典型特征：以溯洄 SDS（溯洄设计系统）体系为指导的研发全产业链模式的验证与实践。

用研发全产业链模式来进行设计实践，用合伙制的制度保障来让模式落地。溯洄通过企业转型，采用“三步走”发展战略：减少服务订单、深挖客户价值、孵化核心项目，通过实践验证有效解决设计公司的两大痛点——产值的上限和订单的不可持续。对设计有期待的溯洄，通过“1+5”战略深度合作，每年服务近 10 家战略合作伙伴，真正实现共创共赢。溯洄坚持“先有深度，再有广度”的发展理念，转型后孵化原创品牌“兜宝”，注册成立国内首家教育衍生品公司，控股一家建筑设计公司——品衡建筑设计，发起成立蒴果创新设计学院等，溯洄用减法的方式释放了创新本应有的价值。

溯洄创新 5.0 阶段

时间范围：2018 年至今

典型特征：打造溯洄创新联合体集团，致力于构建企业在业绩倍增与可持续发展阶段所需的全生命周期价值服务体系闭环。

顺应新时代企业追求业绩倍增与可持续发展的大势，在中国初次尝试以设计思维为主导的“社会化创新”，共生成就彼此，共创收获未来。目前联合体涵盖领域包括企业顶层设计，合伙制模式打造与落地，品牌定位与策划咨询，企业文化提炼与落地，工业设计，平面设计，短视频制作，手板实现与调试，供应链监理，知识产权申请和维护，企业设计 / 研发团队内训，建筑设计，互联网基础技术应用，渠道传

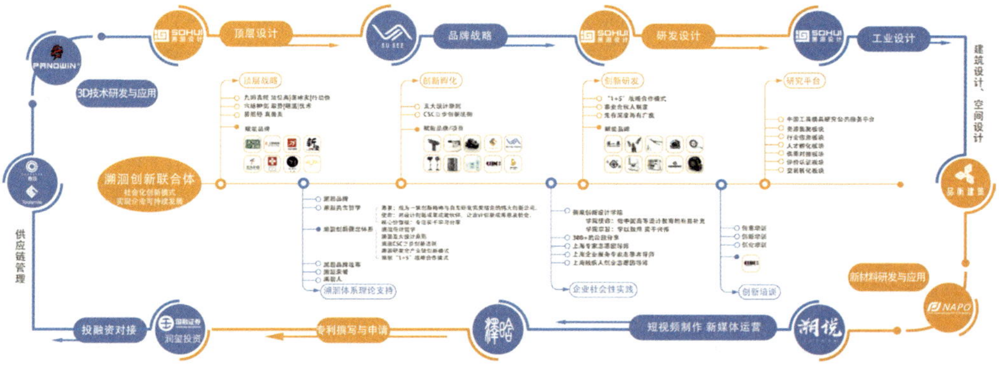

溯洄创新联合体——社会化创新模式实现企业可持续发展

播与新媒体运营，企业不同阶段资本市场对接服务等。目前溯洄创新联合体已深度赋能五分之一生活、新里、三陶教育、莘动力、溯美科技、吾爱源心教育、兜宝娃酷等多家公司和品牌。

《设计》：近40年来，中国工业设计师这个职业发生了怎样的变化？社会对设计价值的认知达到了怎样的水平？

徐霍成：这是个太宏观的好问题，我只能回答部分。

我是2005年暑期打工的时候第一次接触工业设计，随后创业，至今已有15个年头。中国工业设计近40年的前25年我没有机会参与，后15年我有幸亲历其中。王受之老师的《世界现代设计史》是我结缘工业设计时看的第一本设计类书籍，我对于设计史的了解多数来自这本书的学习，后来在创业的过程中有机会接触到很多位行业前辈大咖，从他们的口中也听到了一些老一辈设计从业者的过往。借着这个问题的机会，我尝试对中国设计师职业的变化做个简单的概括，我的概括为四个阶段。

拓荒播种阶段：以柳冠中先生、张福昌先生、李乐山先生、王受之先生等老一辈为代表的拓荒开枝散叶阶段，先生们为中国工业设计的发展倾尽全力、鞠躬尽瘁，这一阶段是最艰难、也是最辛苦的拓荒播种阶段。

探索求证阶段：以（罗成）罗总、（周佚）周总、（丁长胜）丁总、（李琦）李总等最早或较早一批的设计创业者为代表的探索求证阶段，他们都在各自的领域用行动践行着对设计的热爱与执着，探索求证设计的价值，在过程中寻找适合自己的设计体系或方法。

迭代发声阶段：以中生代的（余飚）余总、（李立成）李总、（周立钢）周总、（刘诗峰）刘总、（连振）连总、（谢玉贤）谢总等为代表的中生代设计师在用自己的努力探索设计的边界，通过作品在更广泛的领域进行发声。

百花齐放阶段：互联网的渗透与平台经济与平台模式催生了设计行业的百花齐放，设计师职业在互联网时代有了更多实现自我价值的机遇，共创共享让很多人跃跃欲试，设计师自我品牌、联合孵化品牌雨后春笋，这一阶段的热度还将会持续一段时间。

我认为现在社会对设计价值的认知达到了相对较好的阶段，我说的这个相对较好是和过去比的，但离我心中期待的社会对设计价值的认知或者是与设计发达国家比，还有不小的距离。

《设计》：溯洄的发展过程中是否面临过“生死存亡”的时刻？当初是如何化险为夷的？

徐霍成：这是个直击灵魂的问题。溯洄发展过程中肯定面临过“生死存亡”时刻，不仅仅面临过，还两次，一次是差点真死，一次是几近心死。

差点真死的这一次是溯洄转型的 2014 年，我们决绝地开始做减法，把之前每年服务上百家的客户缩减到每年只服务 10 家战略合作伙伴，因为资金储备不足，决绝的转型带来的是创业以来第一次的亏损，亏损金额高达 200 万，我当时用 11 张信用卡拉了 83.67 万元填了亏损的窟窿，我甚至做好了最坏的打工还债的准备。庆幸的是在团队共同的努力与战略合作伙伴的支持下，我们在 2015 年实现了营收持平。

几乎心死的那一次是在 2019 年的下半年，溯洄转型以后我很少到公司，溯洄不再是徐霍成一个人的溯洄，溯洄是伙伴们共同的溯洄，我们不仅仅这么说，我们还坚定地这么做。在项目推进中，我们是

溯洄企业顶层与品牌设计案例

群狼战术，大家共同努力，力争为战略合作伙伴创造最好的创新价值。溯洄事业合伙人制度推行 6 年来，我们溯洄的伙伴们绝大多数是理解并践行了我说的“我会因为你的价值创造和成长分享到收益，你会因为我的价值创造和成长分享到收益”，但一次小意外出现在某天下午。我已经记不清那天我为何到公司，当我走进办公室的时候我发现有三位小伙伴在睡觉，还有两位电脑开着，但明显不是在做项目，最靠近我的一张桌子是我们其中的一位事业合伙人的，但座位是空着的。我顺手推了我侧面一扇门，发现房门居然被反锁着，当时是下午三点左右，正是工作时间，我搞不明白一个人把门反锁着在干嘛。我非常用力地拍了几下门，屋内居然传来了吼声，但我当时很平静，内心已经下了即使公司不做了、也不能再出现这种现象的决心，结果被后来的五分钟打败了。这五分钟不是其他的，是我产生了同理心后做出的选择使我再次相信他人！其实我知道五分钟之前我的决定和决心有多坚定，不亚于我做出溯洄转型时的坚定，但最终还是让自己平静下来了。也许相信他人是我的天性，我也希望未来不再有这样的至暗时刻。

溯洄社会化创新——蒴果创新设计学院

《设计》：请您谈谈职业生涯中亲身体验到的市场、客户及用户的变化。

徐霍成：溯洄刚创业的时候，在面对客户时候，我最怕听到的一句话是“眼前一亮”，创业的前 3 年，我干得最多的事情之一就是和准客户和意向客户描述什么是设计、为什么要做设计、设计的流程是什么样的。那时候的市场对设计有需求，但客户对设计究竟能给他带来什么还不完全清晰，多数都是因为同行做了设计或者抱着试试看的心态做一次，对设计的理解也就是画画图。当时我们会提到用户的需求，但多数情况会被老板或外贸公司的建议覆盖。

溯洄创业中期的时候，市面上的设计公司也多了起来，国外很多的设计公司也慢慢地开始进入中国市场。市场对设计仍然是有需求，有想法的客户也会更多地关注到设计，寻找专业的设计机构合作，或者构建自己的设计部门。这时因为互联网快速发展普及，用户对于设计有了更高的要求和期待。

转型后的溯洄颠覆了从前的合作思维，拿客户当真正的伙伴来对待。市场对设计仍然是有需求，转型的溯洄开始贯彻“无欣赏不合作”的合作思维。过往的几年创业经历和市场经历让我明白市场对设计的需求始终不缺，要想让设计展现更多的价值，首先要调整自己、做好自己。转型是我们自己的选择，减法是我们自己的选择。刚转型的时候其实面对之前很多合作伙伴的不理解甚至责难，但我们坚持下来后，合作伙伴越来越理解我们的选择与决定，使得我们有更多的时间和精力与合作伙伴一起用在用户的观注点上，在充分研究的基础上做设计，留足思考的时间，打磨精品。

《设计》：什么是 SDS（Sohui Design System）研发全产业链创新模式？

徐霍成：溯洄的研发全产业链创新模式由“一个愿景，两个目标，三个阶段，四个保障，五个原则”五部分构成，是溯洄转型的路径依赖。SDS 的形成与我在上海交通大学的一次交流学习有关。当时有幸听到丰田家族第三代掌门人丰田章男的分享，第一次听到一个词叫“TPS”（丰田生产系统）。分享结束后我有幸获得一本《丰田精细化管理》的书，回到家快速地读完这本书，也对 TPS 有了更深的印象。当时第一反应就是，我们设计行业是否有自己的 TPS？如果有，它在哪里？想到就干是我骨子里的东西，我快速地找到在国外的朋友帮忙，请大家帮忙打听国外是否有一套类似于 TPS 的模式在行业中运用。结果朋友打听了美国、英国、德国、意大利、法国、西班牙、澳大利亚、荷兰等国家的行业朋友，给我的回复“没有”。那我们国内是否有一套属于自己的“TPS”呢？好在是国内的大部分工业设计同行我都比较熟悉，直接间接地打听了一圈，也没有找到。倔劲上来的我，脑中立刻蹦出一个念头：既求不得我就自己干一个出来。然后就有了前面所说的一二三四五。溯洄转型的这 6 年，严格按照 SDS 的路径规划践行，这是溯洄自己的小体系闭环，我们希望用实践践行我们对设计创新的理解。

《设计》：请您从自己的从业经验出发，谈一谈设计与品牌的关系。

徐霍成：设计塑造品牌，品牌推动设计！

我特别敬重柳先生在一次论坛上对品牌的解读，“先有品再有牌，三口成品，饭要一口一口吃，不要动不动就要做品牌。”柳先生的这个观点对我影响很深。

在我的设计创业经历中，经历过太多的项目，曾经参与、正在参与多个新品牌的创建与打造。设计对于品牌来说，承担的是品牌承诺的可视化、专业化的传递，因此对设计者要求的是在设计之前要了解清楚一个品牌的真正初心，并与此达成心理契约，一切背离品牌承诺与初心的设计都是对消费者的背叛，消费者会用脚投票来反对你对品牌初心的背离。所以我说设计塑造品牌。

凡是能被称为品牌并在消费者心中留下印记的，都是在消费者的内心达成过某种契合与共识的。品牌一旦成为品牌，对消费者来说“品”是已经接受过检验的，或者说是建立过信任背书的，如何使“品”继续获得消费者的检验，从而构建长久的品牌忠诚度，这就需要在设计方面不断进化、不断创新、不断迭代，跟上趋势的发展，跟上需求的变化，因此我说品牌推动设计。

《设计》：在当下社会，您认为设计师应该具备怎样的素质和能力以应对当今瞬息万变的商业需求，从而更好地和产业融合助力企业发展？

徐霍成：我认为在当下社会，设计师应该具备“五力一同”的能力和素质来应对当今瞬息万变的商业需求，更好地和产业融合助力企业发展。“五力一同”分别是：愿力、行动力、学习力、抱团能力、抗压能力、同理心。

愿力：当下社会，瞬息万变，但真正的愿力是应对变化的最好的防御武器。我所指的愿力是指我们每一位设计师都要想清楚我们究竟要什么？真正想要的是什么？找到它、坚定它并全力付出，这就是愿力。

行动力：有了愿力，还要有行动力。我所指的行动力是指作为设计师，你愿意为你的选择、为你的热爱、为你想要的付出怎么样的行动，真正地踏实地行动。想学好软件，拿出你的行动；想练手绘，拿出你的行动。真正的踏实行动，拥有行动力是面对变化的又一必备素质或能力。

学习力：学习力是让设计师可以应对变化不被时代淘汰的又一核心能力与素质。学习力不单单是学历，而是一种持续学习、快速学习、高效学习、深度学习、坚持学习、不断迭代与提升自我认知的一种能力，要始终保持对新事物的好奇心，始终保持激情，坚持阅读，坚持总结，终身学习。

抱团能力：抱团能力对当代的设计师尤为重要，这种抱团是一种基于共创、共享、共担、共赢前提下的一种分工合作，取长补短。抱团能力考验的不仅仅是设计师的专业技能，还需要设计师的情商、沟通能力、协作能力。当然还有很重要的一点——利他思维，用行动做出来的利他。我将其与抱团能力放在一起说，没有单列。

抗压能力：马云曾经说过，男人的心胸都是被委屈撑大的。对于想要成就一番事业的设计师来说，抗压能力是很重要的一种能力，但抗压值的大小因人而异。

同理心：应对变化除了刚刚分享到的五力，个人觉得同理心也是我们设计师应对变化的一个很好的工具。用好同理心，始终让自己保有同理心，学会跳出思考，学会站在对方角度思考，是我们应对变化时需要修炼的一种能力。

《设计》：您所创办的蒴果创新设计学院是国内为数不多的对在校大学生公益开放的培训机构，您开创这所学院的初心是什么？五年来的培训内容及方式的设置是否进行过调整？给学员的大学学业乃至就业带来了怎样的影响？这些年办学给您最深的体会是什么？

徐霍成：是的，我们蒴果创新设计学院坚持对在校大学生、研究生的公益赋能，我们不向学生收费。

坚持做蒴果的公益赋能已经有 5 年时间了，创办蒴果学院的初心是源于我个人对设计的小情怀。记得在 2017 年光华龙腾中国设计业十大杰出青年终审答辩现场，我说过一句：“设计于我而言已经是深入骨髓的信仰，但教育是我的终极目标。”刚创办溯洄的时候，我就发誓，用全力打造好溯洄，然后给自己留出时间办一所免费的学校，只分享失败蹚坑的感受，没有成功的传授。这是我多年的小心结，我是从农村来的，深知教育对农村娃娃的意义，深知读书对农村孩子的重要性，不说是唯一出路，但读书绝对是一条特别重要的成长路径。创业溯洄至今，我一直连轴转地奔跑，一刻不敢让自己停下来，其实就是我感觉自己不能停，我心里也清楚地球离了谁都转，但依然是为着心里的梦拼命奔跑。2014 年的坚定转型，其实和我心里想办教育也有一定的关系，转型之前的溯洄模式让我没有时间思考成长。如今看来，我们庆幸当初的转型决定，我更庆幸的是我们居然在我预想的时间之前开始了对教育的探索。

蒴果创新设计学院的使命是我写的：做中国高等设计教育的有益补充！这是我们努力的方向，也是我们的初心，我们仅有的是时间的经历。理论、研究、科研……高校的老师们、专家们已经付出了大量的心血，我们做点儿力所能及的，这就是我们创办蒴果创新设计学院时最朴实的初心。我们特别感恩柳冠中先生当时寄语蒴果的一段话："四年工业设计专业（或产品设计）没有几次全程序深入的产品设计实践，实在是设计教育中的重大失误！蒴果创新设计学院开启了以项目带头的设计实践的确是当前高校设计教育的一件值得点赞的大事！预祝'蒴果'这种'产学研'教学方式成功！"这段话成了我们坚守蒴果的强大的原动力。

五年来，我们基础的设计流程培训内容未变，但其他的培训内容在不断地打磨迭代，在保持每年创新创业特训营正常开营的条件下，2019 年我们联合合肥工业设计协会、合肥学院、合肥工业大学，在安徽举办了"校社衔接班"，为大三、大四的学生即将走出校门做好最前端的赋能；同时，我们也承接了上海市宝山区人力资源与社会保障局孵化的创赢学院，为对创新创业感兴趣的大学生进行培训辅导。

参加过蒴果特效班的同学们，如今有 2 位已经踏上创业之路，开办了自己的公司，还有 1 位即将创办自己的公司，有 10 位通过我们的牵线已经对接到了满意的工作。

在做蒴果的 5 年里，我个人也收了 163 位徒弟，其中只有 9 位不是创业者，其他的都在创业或者已经加入创业团队。我们溯洄地处宝山区，我通过蒴果的平台，也为宝山区推荐了 16 家落地注册的企业。

我感觉我们的努力坚持，对创新创业还是有正向促进作用的。

给我最深的体会就是不要管人家说什么，不要在意人家说什么，坚定自己的方向与选择。设计是有价值的，设计思维是有价值的，要跳出设计做设计，通过学习不断提升自己的认知，始终让自己保持激情，做一个对社会有用的人。多帮助他人，更多人喊利他的时候，你只需踏实地做“利他”就可以了。磨刀不误砍柴工，始终相信“相信”的力量，有些事必须有人做，比如公益教育。

杨春

杨春，华夏星光（武汉）工业设计有限公司副总经理。第八批武汉东湖新技术开发区“3551人才”，致力于机床装备行业的工业设计研究产品开发，荣获中国创新设计、红星奖、楚天杯、黄鹤杯等多项设计大奖。深入了解机床装备行业的工业设计理念、设计方法及科学的实践方法，能够准确把握设计定位和产品的设计需求，根据市场发展规律为企业设计出符合市场需求的工业产品。

设计公司的终极目标是实现终端产品的销售

杨春

《设计》：华夏星光工业设计的发展经历了几个阶段？这些阶段反映着中国工业设计怎样的发展历程？

杨春：华夏星光工业设计发展经历了“初创—纯设计—设计结合智能制造—设计带动制造”几个阶段，每个阶段都体现着中国工业设计愈发成熟的发展。从初创工业设计不被广大客户所认同，到工业设计伴随着企业共同发展，继而从国家宏观政策对工业设计愈发重视的过程。

《设计》：不同于大众设计公司，华夏星光拥有 3 个制造基地、15000m^2 的厂房。华夏星光是从何时开始建设制造基地的？最初的设想是怎样的？这种实际的产能对一家设计公司来说具有怎样的意义？

杨春：华夏星光从 2014 年开始建设制造基地，最初的设想源于客户。华夏星光最初仅为客户提供设计方案，但客户经常会反映设计方案实现为实物有难度或无法实现，给华夏星光的设计也带来了一定的困扰，因为华夏星光在设计构思时是有考虑到方案的可实施性的。因此，我们萌生了既给客户提供优质的设计方案，同时也为客户提供与设计效果图高度一致的智能制造业务的想法。这种“设计结合智造”对设计公司来说，仅依存设计业务，产能会停留在两三千万，但通过设计业务作为“导火索”，则能引发上亿制造业务的产能放大。

《设计》：据您观察，近年来中国工业设计师这个职业发生了怎样的变化？社会对设计价值的认知达到了怎样的水平？

杨春：中国工业设计师这个职业在近年来已成为很多年轻人择业的主流。不得不承认，小米对中国工业设计的变革起到了举足轻重的作用，也让更多的年轻人知道了工业设计的重要性。从纯理科的工业设计师衍生出艺术类的工业设计师，都在这个领域有着较好的发展前景。设计本身就是一个属于年轻人，属于“90后”“00后”发展的领域，将带动社会认识到工业设计对产品的重要性。

《设计》：华夏星光的发展过程中是否面临过“生死存亡”的时刻？当初是如何化险为夷的？

杨春：任何企业都会在发展过程中面临“生死存亡”的时刻，华夏星光也不例外。最初设计得不到客户认可，业务量不饱和，设计收不到回款，设计领域陌生，资金链濒临断裂……可以说每一条都是企业发展过程中的绊脚石。化险为夷的只有“坚持！坚持！再坚持！”企业在发展的每个时期都会有各种各样的困难，办法总比困难多。

《设计》：请您谈谈职业生涯中亲身体验到的市场、客户及用户的变化。

杨春：工业设计专业出身的我，经历了“设计师思维—客户思维—设计师客户双重思维”的一个过程。专业出身的我在与客户交流的过程中，更能融入对方的需求中，结合华夏星光的优势，可以精准地给客户提供所想要的解决方案。知己知彼，百战百胜。

《设计》：请您从自己的从业经验出发，谈一谈设计与品牌的关系。

杨春：麦肯锡是全球最著名的管理咨询公司，历时5年，调查了全球300家上市公司的设计战略和财务表现，为每家公司评估了一个设计指数。那些设计指数更高的公司在年收入增长方面平均要比同业

奔腾 BOLT 激光切割机

竞争者高出一倍，进一步证明了好的设计确实能带来好的商业表现，并通过观察设计指数排名靠前的公司，总结出四点设计战略建议：

1. 设计不仅仅是一种感觉，而是一种经过精心计算的领导力；
2. 设计不仅仅有关于产品，它是一种体验；
3. 设计不仅仅是一个单一部门，而且具有跨行业的能力；
4. 设计需要持续的更新。

《设计》：以 AI 为代表的高新科技全面“入侵”人类文明，在把人类从繁重的重复劳动中解放出来的同时，也给许多行业带来了“危机”，甚至已经波及艺术创意领域，您认为设计行业该如何与人工智能共处？

杨春：AI 是为了更好地提升人类而不是取代人类。设计需求、设计的灵感是需要交流的，而不是纯粹可以用机器去替代的，所以我相信设计可以借助人工智能，更快地为人类实现各种设计需求，而不是纯粹地替代。

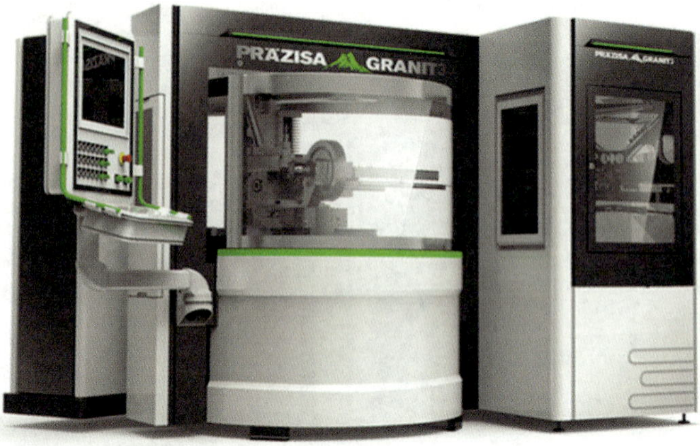

PG3 数控磨床

《设计》：在当下社会，您认为设计师应该具备怎样的素质和能力以应对当今瞬息万变的商业需求？怎样更好地和产业融合助力企业发展？

杨春：设计师要具备敏锐的洞察力，在所涉及的领域中能清楚地分析客户与对标客户之间的差异，在差异化里为客户挖掘亮点、突出产品，使品牌知名度得到提升。

《设计》：您为公司遴选设计师的标准是怎样的？您最看重青年设计师哪些方面的品质和能力？设计师和工程师如何协作？

杨春：公司遴选设计师的标准：过硬的专业出身 + 较强的沟通表达能力。如今的设计师不能仅仅坐在电脑面前画图，还需要走入客户面前，对你所设计的产品进行全方位的讲解，从构思到雏形再到最终方案。这是一个历练的过程，是一个展现自我同时得到客户认可的过程。因此，设计师不能光有过硬的设计能力，还得熟悉各个领域的工艺，具备较强的沟通交流能力，在私下还应积累大量的案例分析，随时能从设计师转变为团队管理者，促使自己走在时代潮流的潮头，融会贯通，最终引领行业设计的发展。设计师与工程师之间，从外观视觉到产品结构设计必定是有摩擦的，在无数次两部门的联合评审会上，在不违背设计原理的原则下，实现图纸与实物的高度统一。

《设计》：近年来经济形势的压力和新近疫情的压力迫使很多企业在转型，设计公司是否也存在转型的紧迫性？

杨春：华夏星光也在寻求转型，设计公司的终极目标都应该像小米一样，从设计出发，最终实现终端产品的销售。华夏星光目前还处于“设计 + 智造”阶段，还在寻求转化为华夏星光特色的终端产品。目前我们的方向是激光配套产品的研发，相信在不久的将来，能实现“华夏星光工业设计 +”，能纵深于激光领域的生态系统。

杨文庆

杨文庆，龙域设计（LOE DESIGN）创始人，同济大学设计创意学院副教授，上海国际设计创新学院教授（长聘轨、设计实践型）。曾获中国工业设计十佳杰出设计师称号，多次获得国际设计大奖。担任过 iF 设计大奖的中国评委、金点设计奖评委和香港智营设计大奖评委。1995 年创立龙域设计 LOE，目前已成为集设计研究、设计策划和设计服务于一身的专业设计咨询公司，曾获评“中国工业设计十佳设计服务机构”和“上海原创大师工作室”称号，是上海最具规模和活力的工业设计公司之一。多年来曾为英特尔、雀巢、飞利浦、三星、华为、海尔、中车、腾讯等国内外企业提供设计和咨询服务。

“目前 LOE 不再去想做大、做全，而是思考怎么做自己。什么才是客户未来需要的？我们的服务与其他的设计公司有什么差异？如果大家都能做的事情，那为什么还要我们去做？”杨文庆表示，现在的 LOE 更想去做一些比较有趣的事、有挑战性的事、有意义的事，来体现存在的价值。“或许每家设计公司都在想这样的问题，虽然各自的经历不同，但都渴望用差异化的服务作为自身的特色，来回馈这个时代给予我们的厚爱，推动和完善工业设计在产业创新中的领导力。”

用差异化服务推动和完善工业设计在产业创新中的领导力

杨文庆

《设计》：龙域设计的发展经历了几个阶段？这些阶段反映着中国工业设计怎样的发展历程？作为中国成立最早的工业设计公司之一，龙域设计的设计方法论、设计流程以及研发战略经历了怎样的迭代？

杨文庆：虽然我们很多时候会把公司的成长归咎于自己的努力，但其实机遇有时候更为重要。工业设计的发展和制造业密不可分，和产业的兴衰休戚相关、共生共荣。离开了产业作为基础，工业设计也就失去了存在的价值。LOE 非常幸运，成长于中国经济和中国制造飞速发展的阶段，也很荣幸见证了中国改革开放后走向工业化、信息化的历史进程。LOE 的发展也正是中国工业设计发展的一个缩影。中国工业设计的发展大致可以分成 3 个阶段。20 世纪 80 年代末至 90 年代是工业设计的萌芽期。很多企业不知道什么是工业设计，企业的产品开发大多为模仿甚至抄袭，对设计的需求很少。2000 年至 2009 年是工业设计的成长期，处于中国制造业迅猛发展的阶段，是工业设计发展最迅速的 10 年。这 10 年完成了对工业设计的教育和普及，设计需求广泛，设计从业人员和设计公司暴增，一些企业尝试建立内部设计团队。2010 年至 2019 年是工业设计的平台期，设计需求进一步得到释放，企业对设计的要求开始多元化，设计研究、设计策略成为部分企业产品开发的重要手段，有更多企业倾向于组建自己的设计团队。

LOE 建立在中国工业设计的萌芽期（20 世纪 90 年代），所以我们对设计的认知也是从刚开始懵懵懂懂到现在相对比较全面，经历了一个逐步发展和完善的过程。2000 年之前，产品设计的需求很少，我们的业务也比较多元，有产品设计、视觉传达设计、空间设计和展示设计。公司创立之初，业务最为重要，只要和设计有关，有什么就做什么，这也得益于同济的工业设计（原来在建筑城规学院）沿袭包豪斯体系的教育模式，教授的设计学科相对全面，产品、视觉传达、建筑、室内都要学一点。工业设计的项目主要就是做产品造型，基本上也没有什么方法，只要做出美观、具有竞争力的形态客户就满意了。因为业务类型比较多元，好的一点就是对产品的理解不仅仅会局限于产品本身，也会考虑产品所处的空间环境、在商场里的陈列方式；在做空间设计时会深入到细节和节点的处理，而展示设计则集视觉、产品、空间于一体。

2000 年以后，我们很有幸遇到了像松下、Intel（英特尔）这样对设计要求较高的国际客户。他们对设计的要求不仅仅是好看，还要有道理、有创新。松下 PDC（设计中心）落户上海，需要本土设计公司帮助他们整合国内产品的工业设计。首先要做的就是了解中国的市场和用户，所以每次提案都需要有前期的分析，松下也会提供他们的产品策略、产品形象、通用设计原则等一系列标准和要求，从那时候起 LOE 就开始注重一些研究工具和方法的使用。Intel 则完全是技术创新的公司，设计是为下游品牌公司服务的，目的就是要把 Intel 的芯片推销出去。项目一般都比较开放，最极端的一个项目的要求就是：我们不知道要做什么产品，但一定要用到 Intel 的计算机芯片的计算能力。那次设计犹如大海捞针，通过前期分类排查和多轮创新预案，最终设计的个人导航产品在 CES 展会上得以亮相。另外一款笔记本电脑的创新设计获得了企业内部的 Intel Achievement Award 奖，也是对 LOE 设计能力最好的肯定。

2005 年开始，我们尝试着把前面积累的一些设计研究和产品形象策划（PI）战略推广到更多本土的客户中。如果客户还不能理解和接受的话，我们会尝试在前期做一点初步的研究，帮助客户理解我们的设计提案。这一个方法取得了比较好的效果，前期在和华为的合作中，双方就建立了比较良好的合作基础。2005 年华为调整产业战略，进军 2C 的消费电子产品领域，需要做 PI 时就想到了 LOE。LOE 联合美国西雅图的 Teague Design 以及华为设计团队，三方共同研究、策划和设计，最终在 2006 年完成了华为消费类电子产品 PI 形象手册，这可以看作 LOE 发展道路上的一个里程碑。令人感到欣慰的是，这

HUAWEI 华为消费端 PI 整体形象

份手册即使放到现在来看也还不算太过时。这更加坚定了我们做研究、做策划的信心，也把 PI 设计的理念推广给更多的客户。设计业务发展得一帆风顺的同时，LOE 在这期间也曾尝试开发自己的产品业务，但由于经验不足，都以失败告终。

2010 年开始，由于自己的产品没有做成功，LOE 决定专心做设计咨询业务，把市场研究、趋势研究、用户研究整合在一起为企业提供设计洞察，与一部分企业建立长期的战略合作关系。趋势研究方面会采用 PEST（宏观环境分析）结合市场报告提供较为宏观的设计背景；用户研究则倾向于采用用户访谈和焦点小组等定性研究手段，为企业描绘出目标人群的人群画像。通常企业都是销售导向，比较迷信定量研究，希望通过市场数据，结合大数据的分析去了解产品发展趋势。投资领域有个后视镜效应，大部分人希望总结过去的经验来预测未来，却发现总是适得其反。因为理论上所有的数据都是来源于过去，即使分析正确其结果也是过去式了。所以光靠定量的市场分析是无法推导出未来的趋势的，需要结合定性研究来弥补其不足。一般会根据预测时间以及技术迭代的速度作为依据采用不同的研究策略，越是未来的

DOAS 目的层派梯数字产品创新解决方案

研究或者技术发展迅速的领域，定性研究的主导成分就越高。这就是为什么乔布斯不做市场研究，而是更愿意相信自己的经验和直觉，因为在快速发展的消费电子领域，他自己作为一个最有代表性的 KOL（关键意见领袖）用户，才是未来真正的代言人。

2015 年前后，随着互联网经济的发展并占据主导，“互联网 +”成为社会的共识，O2O（线上线下）、IOT（物联网）等数字经济模式也更为多元化，产品设计开始与屏幕交互、系统软件相互融合。LOE 也组建了交互设计团队，将软硬件一体化设计作为产品设计中提升用户体验的重要手段。服务设计和商业模式创新也常常被广泛提及，我所理解的服务设计是从系统中更高一层级的角度来探讨新的商业可能，也就是人们常说的“降维打击”，或者从原来制造销售硬件的模式转变为提供“产品 + 服务”的新模式。但要改变商业模式并不容易，简单的模式创新并没有能够带来颠覆性的革命，即使有创新也无法受到法律保护，不能作为企业的“护城河”。LOE 在共享单车领域先后合作过 Mobike（摩拜单车）、Ubike（优拜单车），模式的竞争很快就回到了资本的角逐，只有资本的推动和支撑才能保持行业中的领先位置。2019 年，LOE 再次和 Hellobike（哈啰单车）合作，从人、社区、政府三位一体的系统角度重新审视这“最后一公里”经济模式，制定新的共享单车 2.0 战略，让创新重新恢复到理性的框架之下。

LOE 经历了一系列的变化，目前有产品创新定义与设计、市场与用户洞察、设计与系统战略咨询、数字产品整合创新、品牌策略体验重塑五项业务，对设计的认知也更为全面。套用一句俗语：“设计不是万能的，但是没有设计也是万万不能的。”我们更倾向于站在企业的角度去了解企业的需求，首先要去定义问题，而不是急着去解决问题。哪些问题是企业自身的问题？它必须靠自己来解决。哪些问题是设计的问题？需要设计公司来负责。LOE 运用“设计思维”作为协同设计的基础，将“沟通 + 同步”作为设计管理的手段，首先需要双方在前期进行充分的沟通，明确双方的职责和预期的成果；项目开展后需要双方保持同步，同步设计理念，同步设计进程，同步设计阶段成果。双方协同共进才能保证设计项目的最终质量，设计管理也将成为企业经营管理中不可或缺的重要组成部分。

目前 LOE 不再去想做大、做全，而是思考怎么做自己。什么才是客户未来需要的？我们的服务与其他的设计公司有什么差异？如果大家都能做的事情，那为什么还要我去做？因为设计公司不止一家，没有自己的特色，也不能够给企业带来增值服务，那你存在的意义就不大。现在的 LOE 更想去做一些比较有趣的事、有挑战性的事、有意义的事来体现存在的价值。或许每家设计公司都在想这样的问题，虽然各自的经历不同，但都渴望用差异化的服务作为自身的特色，来回馈这个时代给予我们的厚爱，推动和完善工业设计在产业创新中的领导力。

《设计》：龙域设计一直坚持设计是一个系统化、多学科协同的创新整合范式，致力于推动设计研究与实际设计项目的结合，不断推动和完善工业设计在制造企业中领导地位的提升以及设计思维核心价值的体现。近年来，中国工业设计师这个职业发生了怎样的变化？社会对设计价值的认知达到了怎样的水平？

杨文庆：工业设计这个专业非常特殊，它天生就具有交叉学科和跨学科的属性，内含不确定性的开放基因。我读书的时候工业设计就被描述为技术与艺术的交叉学科，到现在工业设计会融合更多的学科，如人类学、社会学、心理学、管理学、经济学、统计学等。相较于其他学科清晰的定义，工业设计的定义就显得比较尴尬。工业设计脱胎于第一次工业革命的产业细分，它完全依附于产业的发展和技术的升级。国际工业设计协会理事会（ICSID）每过若干年就会对工业设计作新的定义以适应时代新的变化，如果说 1980 年的定义：“就批量生产的工业产品而言，凭借训练、技术知识、经验及视觉感受而赋予材料、结构、构造、形态、色彩、表面加工、装饰以新的品质和规格，叫作工业设计。”相对来讲，比较清晰地聚焦在批量生产的工业产品上，那么 2015 年的最新定义：“工业设计旨在引导创新、促发商业成功及提供更好质量的生活，是一种将策略性解决问题的过程应用于产品、系统、服务及体验的设计活动。”就显得更加宽泛和模糊，它的外延拓展到了系统、交互、服务、体验和商业等更加综合的领域。因此我更倾向于把“工业设计”（Industrial Design）翻译成“产业设计”，因为它不只关注设计的结果“产品”，也关注需求、制造、流通、回收等整个产业流程。

一般人们在碰到复杂问题时喜欢把问题用减法进行拆解，化繁为简，通过分别解决简单问题来解决原有的复杂问题，各类专业和学科就是这样建立起来的。我们也常常把人进行分类和标签化，比如某个领域的专家。用专家标签的方式好处就在于比较简单明了，处理问题效率高、可操作性强。但是这种方法的弊端在于难以判断综合性问题的实质，面对更为复杂的创新问题显得无从下手。有个企业要转型做家用种菜的设备，老板召集了一众专家，有种植专家、营养专家、生产制造专家、技术专家和工业设计专家（我），一起分工合作来开发这个产品，最后的结果却很不理想。原因是在合作过程中只有分工没有整合，分工越是精细，对项目管理的要求也就越高，仅靠老板拍脑袋已经无法驾驭这样一个“0 到 1”的创新项目。设计公司也同样会受到刻板印象的限制，很多人认为你是一家专业的工业设计公司，做品牌、交互、软件、空间、企划等设计肯定不专业。正如前面讲的，他们会倾向于找各类专业设计公司来解决不同的问题。这种模式要求公司内部有很强的管理设计的团队，来协调和把控所有的设计问题，能拆解复杂的问题，也能整合、还原问题的本质，否则就会造成推诿和扯皮，浪费时间和精力。

反观工业设计多年来一直在做加法，设计思维喜欢把问题复杂化、系统化、综合化，这在众多学科中显得尤为特别。技术推动社会变革，互联网、物联网、大数据、人工智能让世界变得越来越复杂，我们需要不断融合新的知识、新的理念，创造新的工具和新的方法来应对新的复杂问题。常用的方法就是组建跨学科的团队，共同研究和分析。对于每个团队成员来讲，并不是要对所有的知识都精通，而是需要你具备“T”字形人才的素质。也就是说你要有很宽泛的知识结构，同时你至少得有一个出类拔萃的专长，像钉子尖一样能够扎得很深的能力，成为自己在团队中立足的资本。这个跨学科团队和前面提到的专家团队的差异在于：在强调自己专长的同时，也强调有相同的知识结构和协同能力。

工业设计自身多变的特点，使得社会上对设计以及设计价值的认知也较为混乱。大部分人认为工业设计就是产品外观设计，常和画画、艺术创作混为一谈。多数人对设计师的刻板印象是你们做设计就是凭感觉，说你像艺术家应该是对你设计能力的肯定，长头发、大胡子、光头的形象会增强客户对你的信赖。也有人会把设计和创新、发明混为一谈，觉得设计光好看没有用，要有突破和创新的专利，设计要解决开发中的所有问题。行业内虽然也有不同的声音，有时会对设计师误导，夸大设计的作用，但总体上比较接近。一些头部企业对设计的认识会比较准确，理解设计在企业当中所起的作用和担当的角色，这和企业自身在设计上的投入以及创新管理模式有关。没办法要求社会对设计有一个统一的认知，即使是像欧美这些发达国家的企业对设计认知也不是完全一致，隔行如隔山是正常的现象。

中国的工业设计师经过这 30 多年的历练已经非常成熟。很多设计师都有海外留学工作的经历，从设计能力来讲并不弱于其他国家的设计师，但很多公司的管理者还是坚持认为国外设计师的能力更强。很多韩国、日本、欧洲的设计师，甚至中国香港、台湾的设计师在大陆反而有更多的机会和更高的待遇。主要原因在于国内的企业缺少设计管理的能力，管理设计人员能力的低下造成他们倾向于寻找“最好”的设计师，而“最好”在社会上通常等同于发达国家的设计师。同理也存在于对设计公司的选择，会倾向于寻找“最好”“最大”“最国际化”的公司，潜台词就是“我已经找来了最好的公司/设计师，那么做不好就不是我的责任了。”有的企业花费数倍的高价请国外公司做设计，但对国内公司则采用完全不同的价格体系，结果却要抱怨国内的设计质量。这会造成设计行业的恶性循环，优秀设计人才的流失。反而是很多国外的企业会更倾向于与中国的设计团队合作，他们会认为本土的设计师更了解中国的消费者。中国已经有很好的设计师，但我们还缺乏好的设计管理者。设计师的成长需要好的机遇，好的项目需要不断磨砺，但我们的企业却将机会拱手让人。从企业的角度虽然无可厚非，但从长远的角度看，企业管理者对设计的认知偏差和设计管理经验的缺乏已经抑制了中国设计行业进一步提升，最终受损失的肯定不只是中国的设计师们。

《设计》：龙域设计的发展过程中是否面临过“生死存亡”的时刻？当初是如何化险为夷的？近年来经济形势的压力和新近疫情的压力迫使很多企业都在转型，设计公司是否也存在转型的紧迫性？

杨文庆：设计公司做设计服务，输出的是设计师通过设计转化的商业价值，商业模式决定了设计公司一般不会遇到所谓的生死存亡的时刻。我觉得对 LOE 打击比较大的事情，是自己生产销售的产品以失败告终。因为我们当初三个合伙人在创建 LOE 时合作的初衷，就是为了做自己的产品。在前期积累了一段时间的经验和资金后，在 2015 年我们决定自己开发产品。先后开发了三款产品，其中两款最后进入了市场。其中一款产品蓝牙耳机，是我们和一家海归技术公司合作开发，共同投资模具和生产的。对方负责的海外市场销售得不错，而我们负责的国内市场却做不起来。

我们自己独立开发的浴室取暖器是我们投入最大的项目，有自己的品牌，自己做销售，走国美、永乐、苏宁这样的电器超市渠道，第一款产品的设计就得了 iF 设计奖，定价也是当时行业里面最高的。但为了适应电器超市的销售模式，一款产品是不够的，LOE 前后共开发了 9 款产品上市。当时我们天真地认为，只要设计好、产品好，就可以回家数钱了。但现实是我们销售的那块板太短了，我们并没有能够凭借在电器超市中建立起来的一点点品牌度快速发展出我们的代理商体系。当时虽然已经有了淘宝，但还没有成为销售的主流渠道，所以代理商模式应该是当时最为正确、也是唯一的机会，可是我们并没有及时地意识到这点。只顾在电器超市里面售卖，成本非常高，而销量却不足以支撑，后来才知道几乎所有的品牌在电器超市里一开始都是亏钱的。2005 年至 2009 年我们苦苦支撑了 4 年，最后不得不把剩下的库存都当作废品卖掉，前后共亏损了 200 多万，而当年上海房价已经从 1 万左右涨到了 2 万多。

我们后来也在反思，假如我们能够勉强撑到线上销售，可能没有这么快就死掉，但是毕竟我们的兴趣和特长都不在销售，应该也做不长。这件事情让我们彻底清醒，我们的优势是在设计，其他方面并不是我们擅长的，也不是我们熟悉的，甚至都不会感兴趣，这样的话其实是没法做好的。在设计外包服务模式下，设计师很难得到甲方的尊重，身心疲惫之下，就很想自己做产品来赚钱。但需要明白一点，做自己的产品光靠设计是不行的，至少我们没做成。后来线上销售平台逐渐成为主流，特别是前两年创新创业大潮下诞生了众筹共创等很多新模式，很多设计师和设计公司都在转型做自己的产品。即使是相对于我们那时，目前的大环境都还比较友好的前提下，我还是会劝他们要想清楚。最好的方式就是要寻找合适的合作伙伴，在营销、技术等领域弥补自己的不足，各自做自己擅长的事情，只有这样才有可能成功。

虽然做产品失败了，但这让我们对产品开发、产业制造、商品销售全流程有了全新的认识。在以后的设计当中，我们就比较容易理解客户，理解为什么成本、产品定位甚至是售价都会对产品的成败产生直接影响。我们很容易和客户产生共鸣，不会坚持设计至上的原则。设计只是产品创新商业化流程中的一个重要环节，但是它不代表一切，需要产业的配合和协同。尤其是设计服务的目的还是要为企业增强创新能力，符合企业品牌和经营的发展战略。所以设计公司除了要考虑产品用户与最终用户的利益，也还要考虑企业客户的利益。设计和企业应该是一种平等的合作关系，虽然很多企业还是把设计公司当作普通供应商来对待，但这种先天不足的合作关系很可能为产品最终的成功埋下隐患。

目前设计公司的发展不能一概称为转型，设计本身就是一个在不断重新定义自身领域的学科，顺应产业发展而变化是设计的一种常态。我们很多客户从原来比较单一的“生产制造＋销售”的模式升级为以品牌为导向、更加系统和综合的经营体，他所面临的问题也更为复杂和综合。LOE不断拓展自己的综合能力，以适应企业在新场景、新用户、新技术等大环境下的转型和升级。从用户研究、市场趋势、设计洞察到产品创新、服务设计、品牌整合、交互体验等不断拓展设计的疆域。但这不代表所有的设计公司都要走相同的路，每个设计公司都会找到合适自己的定位。有的可以只做外观设计，有的可以做趋势研究，有的可以做更综合的设计咨询服务，还是需要根据自身的团队组合、地理位置、资源链接、客户积累、行业优势等特点来决定自己的业务模型和发展方向。盲目的转型并不一定能够带来好的结果。

《设计》：请您谈谈职业生涯中亲身体验到的市场、客户及用户的变化。

杨文庆：设计市场我觉得比较简单，它是随着中国改革开放后经济发展而成长壮大的。特别是工业设计本身就是工业革命的产物，和工业产业的发展紧密相连，制造业的兴衰也会决定工业设计的兴盛和衰落。20世纪80年代工业设计在中国萌芽，90年代设计公司开始出现，30年的时间工业设计获得迅速发展的契机，为中国成为世界的制造工厂发挥出巨大的作用。一个企业从OEM、ODM、OBM发展到OSM（原始标准制造商），在不同的发展阶段所面临的设计问题也会不尽相同。对应设计需求，我把它们简单分成了三大类：第一类要好看的设计，第二类要有道理的设计，第三类要有创新的设计。

早期的客户比较简单，只要把设计做得好看，就具有了竞争力。随着企业的发展，有了自己的品牌，有了自己的定位和战略，设计的需求也会变化。目前国内客户的层级比较多元，有只做外观设计的、结构设计的，也有需要你做市场和用户研究的，还有针对未来场景推演出前瞻性产品与服务新模式的。LOE的服务也从最开始的外观设计发展到目前为企业提供全领域的设计服务，主要业务包括5个方向：1. 产品创新定义与设计，基于企业品牌和技术优势，提供差异化且具落地性的创新产品方案，实现新经济下体验驱动的产品创新；2. 市场与用户洞察，重构产品与用户的连接方式，将用户需求、市场机遇转化为有意义的价值；3. 设计和系统战略咨询，结合企业市场战略、技术趋势及商业布局，制定系统化设计战略，提升企业前瞻性战略视角；4. 数字产品整合创新，融合数字和物理的用户体验，运用数字化设计解决方案，提升多场景连接的整合价值；5. 品牌策略体验重塑，结合用户触点和体验旅程，重新构建新场景下全方位一体化的品牌体验，把用户从消费者变成参与者。

像华为、海尔、美的、联想等头部企业很早就建立了自己的设计团队，设计公司作为企业设计团队的有效补充，共同推进了工业设计在国内的发展。最近五年越来越多的头部企业建立了自己的内部设计团队，不仅要解决当下的实际需求，还要引领未来的发展趋势。设计的地位在这些企业中得到显著提升，越来越多的企业从市场导向的创新转向用户导向、设计导向的创新，设计的价值也在产业、社会中获得越来越多的认可。

在和客户的合作过程中，我们会寻找一种动态的平等。设计公司跟企业通常都是乙方、甲方的关系。但实际操作中，如果不能做到平等对话的沟通合作，很大概率会导致项目结果的不确定性。所谓的平等是指双方对设计的认知是基本一致的，对整个项目的需求、设计最终的目标以及双方的分工协同也是明确的。只有在这样的前提下，双方的合作才会比较顺畅。因为设计服务是个协同的过程，它不像买东西或者采购零部件，直接对预制的产品付费，你觉得不好可以不付钱。设计更像是在理发店理发，需要你给出自己的明确要求，并对理发师的工作（劳动）支付费用，这个费用应该包含了结果，也包含了理发的过程。还是有人会错误地认为你的设计结果我不满意，我为什么要付钱。听上去也很有道理，所以如何保障好的设计结果是问题的关键，这需要双方的智慧。成熟的甲方不但给出要求，也会在设计的过程中共同付出时间、精力和创造力。因为设计的实施和转化无法脱离企业的能力而独立存在，在很多方面都需要企业来提供保障和支持，单靠设计公司一方是不可能完成所有的工作的。很多企业并没有意识到这一点，还是把设计当作采购一个简单的外包服务，而自己内部缺乏设计管理和组织能力。

另外工业设计的收费，由于认知偏差的原因目前还是会比较混乱。

一个设计可以是20万，也可以是5万，甚至5000也能做。刨去地域、成本等客观因素，主要是由于设计公司对同一个项目需求的投入很可能是完全不同的；另一方面这也取决于甲方按什么标准来评判设计的成果。假设你按照高标准花了很大精力去做的设计，有人5000元设计出来的结果也能满足甲方的要求，那没有甲方愿意花20万用你的设计。这至少说明你和甲方对这个设计项目在认知上面是有偏差的，换句话说他也可能不是你真正的客户。

我们会复盘自己的项目，同样的团队、同样的设计师，为什么有的项目完成得很顺利，甲方也非常满意；有的项目则步履蹒跚，往往以失败告终。有自身团队的问题，更多的是合作方对设计理解不同的问题，这就体现出双方对设计理念、设计流程、设计方法要“门当户对”的重要性。每个设计公司都可以依照自己的定位来寻找与自己相对应的客户，只有这样才能充分展现自己应有的价值。中国的市场很大，需求也比较多元，每个公司都可找到适合自己的生存空间，制定自己的商业模式来服务不同层级的客户，协同企业共同打造良好的设计生态环境，来帮助制造产业完成工业化的进程。

《设计》：请您从自己的从业经验出发，谈一谈设计与品牌的关系。

杨文庆：要理清楚设计与品牌的关系，首要明确什么是品牌。大部分设计师想到的可能是Logo、VI手册、平面物料和视频广告等很多可视化的东西。Brand（品牌）一词源起始于挪威语“brandr”，意指“烧烙”，用于给自己家的牛群烙上一个可辨识的符号，也代表着品牌最原始的含义——标识。品牌最基础的作用可以说就是区分不同厂家的产品，让消费者在购买的时候不会搞错。工业革命以后，随着竞争的出现，品牌又多了一层差异化的作用。品牌的目的，除了区别不同厂家外，还要让消费者明白产品定位和特色，所以品牌慢慢地有了自己的设定。但品牌跟用户的关系还是非常弱的，品牌属于企业，而消费者只是根据品牌和产品特点，进行挑选和购买。20世纪80年代发生了一件比较有意思的事，有人把品牌纹在了身上，这个品牌叫作Harley-Davidson，这个传统一直流传至今，这应该就是我们现在所说的“粉丝”以及粉丝经济的雏形，至今你还能看到骑着笨重机车，有一头飘逸长发的壮汉。从第一个人把品牌纹在身上开始，品牌就代表了新的概念和意义，它也构建了品牌与消费者的新关系。品牌演变成为一种身份认同，成为人们定义我是谁、过着哪一种生活方式的媒介。所以品牌从开始用于区别，到后来进行差异化设定，到最后它代表着一种身份认同，现代的品牌定义也变得越来越明确：它是一系列的期望、感受、体验、记忆的组合，它会影响消费者购买产品或者服务的决定。而品牌设计或者品牌管理就是对这一系列期望、感受、体验、记忆的创造和管理。

所以品牌除了有形的视觉外化的符号、产品、服务外，也可以是无形的概念、意义和体验。对于这些无形的东西，企业就失去了原有对品牌绝对的掌控力，或者说企业需要用新的手段来主导和管理品牌。现在品牌特点已经发生了很大变化，从原来由企业所有、企业定义，变成了企业和消费者共建的模式。从更严谨的角度讲，品牌更多地存在于消费者的大脑里，是对企业和产品理解与感知的集合，而且是消费者群体意识的集合。换句话说，品牌是什么不是企业单方面来决定，而是消费者脑子里面觉得你是什么你就是什么。这就对品牌设计和品牌管理带来更大的难度，因为品牌虽然是归属于企业，但是并不受企业的完全控制。品牌的建设也不是一劳永逸，它是一个动态发展的过程。品牌在消费者大脑中的印象，会随着新的感知变化而不断调整对品牌的原有看法，需要不断地维护才能巩固自己的品牌在消费者头脑里的印象。这就要求企业一定要从消费者角度来思考品牌，在企业的经营中导入以用户为中心的思想。

设计除了能够应对复杂问题，另外一个特质就是用户思维。推动创新的三驾马车——技术、商业与设计，技术发展是为了满足对世界的探索；商业经营是为了谋求更大的财富；而设计考虑的是更加美好的生活。这三者之中只有设计站在人的角度、消费者的角度在考虑，什么才是人们真正的需求？怎样的生活才是美好的？设计师常常运用设计思维中的共情手段来了解用户的真实需求；通过用户旅程地图（journey map）工具来梳理全流程中用户与品牌接触的所有触点，包括 logo、新闻、广告、门店、包装、产品、客服、售后等一系列用户了解品牌、了解产品的可能，以此帮助企业打造符合消费者利益的品牌设定和形象。其中最为重要的还是产品本身，是否真的能够帮消费者解决问题，是否真的能够为消费者打造自己理想的生活。真正为消费者用心打造的产品，靠产品本身就能打动消费者，形成口碑和自发的传播效应，产品本身就是最好的品牌宣传工具。只有在产品无法形成真正有效竞争力的时候，设计师才会挖空心思地为了差异化而“打造”出差异化来。所以我一直对广告抱有“偏见”，因为很多广告的设计，为了打动消费者可以说不择手段。什么“草本杀菌”“蓝硅内胆”“羽裳内筒”等一堆消费者听不懂的高大上的广告词，唯一的作用就是把消费者搞蒙，帮助企业乱中取胜，而消费者在这个过程当中是相当无助的。从法律的角度来讲，广告公司和品牌企业是属于利益相关者，所以由广告公司策划的东西很难保证真实性。广告策划的目的是帮企业把产品推销出去，当企业和消费者的利益发生冲突时，广告公司不会站在消费者的角度去思考，广告的真实性就很难保证。

设计虽然也和企业有利益关联，也有和广告公司类似的情况存在。但不同的是：第一，设计中以用户为中心的基因不会消失；第二，设计的表现形式也会更诚实些。2017 国际设计联合会（ico-D）发布了蒙特利尔设计宣言：要求“设计师从生产商的仆人，成为最终用户的使者”，也是强调了以用户为中心的思想，希望设计师坚守自己的责任。我们有时候也会说设计其实有两个客户：一个是企业，一个是最终用户（End user），其中有一个不满意，你的设计也是不成功的。即使你为了讨好企业做的设计，企业也生产了，但最后消费者不满意还是不会买单；只为消费者着想，企业这关都过不去，生产就没有可能性。这两种情况都无法实现设计的终极目标：更美好的生活（Better life）。

Brand 中文翻成“品牌”，我觉得特别准确，但我们很多企业是有“牌”无“品”。对于企业来讲，做品牌不是起一个名字，设计一套 VI 和广告就好了。这个只解决了牌子的问题，但不能叫作品牌。“品”才是品牌的核心，才是消费者真正关注的重点。很多企业宁愿花费上千万请明星代言，但在设计研发上的投入却十分吝啬，完全没有理解品牌的价值所在。做品牌是长线投资，所有的设计都是为品牌服务的，帮助品牌在消费者大脑里建立稳定的形象，换来的将是消费者对品牌的忠诚和信任。可能有人会说，近两年有些新的品牌横空出世，仅靠品牌营销就做得非常成功，那我只能说我们对“成功”的定义不同。

靠忽悠消费者可能短期内会获得巨大的利益，但不会长久。消费者选择这个品牌，就是选择了安心、放心，没有后顾之忧。如果品牌企业辜负了消费者的信任，那么消费者也会毫不犹豫地抛弃这个品牌。

《设计》：以 AI 为代表的高新科技全面“入侵”人类文明，在把人类从繁重的重复劳动中解放出来的同时，也给许多行业带来了“危机”，甚至已经波及艺术创意领域，您认为设计行业该如何与人工智能共处？

杨文庆：相比我们以前做设计，采用草图、工程制图以及手工模型这样的手段，现在的设计师可以用三维设计软件、工程设计软件，结合 VR 等各种设计辅助工具，更加高效、更加直观、更加逼真地去表达自己的设计和想法，也可以和后期生产制造进行无缝对接。但是从设计的创意过程来讲，设计并没有变得更加容易。技术可以让设计变得更加直观和便利，但如何做设计以及解决问题还是需要依靠设计师的智慧。

AI 技术近年来有了突破的发展，主要原因在于它明确了计算机的优势在于海量的计算能力，并通过机器学习提升自身的算法和逻辑，而不像以前试图去模仿人的思维方式和感觉。通过结构化、数据化变量，把研究对象纳入逻辑算法中，并得到最优结果。类似阿里巴巴的“鹿班”设计系统在 Banner 设计中的运用，对比较简单的设计可以完全替代，但对于更具创造力和想象力的感性化设计目前还无能为力。工业设计领域也在尝试对产品外观和产品局部细节的设计中运用参数化生成设计的方式，但是这个方法目前的局限性还比较大。

互联网、物联网新场景下，技术类新产品更新迭代的速度非常快，在市场主流品牌(Apple、小米等)的推动下，消费者更注重产品的体验，对产品风格的关注度相对弱化。设计风格趋于相对理性的极简风格，奉行密斯的“Less is more”的理念，在工业设计领域成为一种“新国际主义风格”。产品的造型主要取决于功能、结构、材料以及工艺等设计相对比较理性的要素，由于设计逻辑比较明确，造型难度不高，相对其他的产品风格来讲，设计师比较容易驾驭，也是最有可能被 AI 取代的设计风格。

机器人专家汉斯·莫拉维克（Hans Moravec）提出的“人类能力地形图”的概念比较形象地描绘了 AI 技术和人类能力之间的关系，其中低地代表着“算术”和“死记硬背”，丘陵代表“社交”和“驾驶”，高耸的山峦代表着“艺术”“科学”“AI 设计”等。海拔代表这项任务对计算机的难度，不断上涨的海平面代表计算机现在能做的事情，人工智能完全赶上人类只是时间问题。当然也有人不同意这个观点，认为机器不可能完全替代人的智慧，海平面上升到一定程度就会停止。不管最后是否会被淹没，我们都希望自己所处的行业是处在山峰之上。有一次碰到前谷歌的 Network 部门的 CTO（首席技术官），向她请教了在未来什么样的工作不会被 AI 取代，她给出了三个可能的答案：第一是 Programming（编程），未来还是需要大量的“码农”，这个比较容易理解，其重要性和现在对农民的依赖差不多；第二是 Data Science（数据科学），数据采集的量已经不是问题，但需要对海量的数据进行有效的研究和分析，来指导机器人深度学习、计算，完成人们期望的工作；第三就是 Creativity（创意），类似艺术、设计这样融合了人类感性思维的创造性工作。前面两项工作都是为了机器人变得更加智能，更有效地完成人类赋予的职能。而第三个工作，除了创作更多的精神食粮，也需要我们更多地从人类的角度去思考我们希望机器做什么、机器到底要多智能？人类如何才能与机器和平共处，为人类的未来指明方向。

从设计角度来看 AI 的发展，我们的感性特质、处理复杂问题的能力反而在未来会有优势，至少不会太早被“海平面”淹没掉。虽然设计中有一部分相对比较简单、可计算、可复制的工作会逐步被机器取代，但更为复杂、更感性、综合性更强的设计仍然是设计中的主要部分。但这不代表设计师可以高枕无忧，如果要长远发展，不能止步于满足市场、满足现状的简单设计语言。要更多考虑运用设计的综合能力和整合能力，把设计变得更“复杂”、更有创造性。这就要求设计师养成终身学习的习惯，不断融合新的知识、处理新的问题，发挥人类的优势。AI 的发展也同时会对设计提出新的需求，设计如何帮助机器处理简单的设计需求，如同“鹿班”系统一样，消除设计当中简单无趣的重复性工作，把设计中有乐趣、有挑战、有创新的部分交给设计师来完成。这就要对设计本身进行研究，对设计的标准、设计的

全新楼层登记系统解决方案 -UX 体验

流程、设计的程序进行设计，成为设计“设计”的设计师。

可能自己是理工科出身的原因，一直对技术抱有好感，对未来充满好奇。工业设计本身就是工业化的产物，把技术进行合理转化，成为人造世界的组成部分，一直是工业设计的使命。AI 作为未来发展的主要技术，需要更多的设计师投身这个领域，进行质性研究和精益设计，探索人工智能和人类社会多元组合的可能性。作为设计师，我们可以用“匠心”缅怀过去，但更应该用智慧拥抱未来。

《设计》：您为公司遴选设计师的标准是怎样的？您最看重青年设计师哪些方面的品质和能力？您认为设计师应该具备怎样的素质和能力以应对当今瞬息万变的商业需求，从而更好地和产业融合助力企业发展？

杨文庆：对于真心喜欢设计的设计师朋友，只要愿意来 LOE，我们有能力接纳的话都非常欢迎。对于选择年轻设计师的标准，我没有太多的发言权，因为目前设计大环境都比我们当年要好太多，设计行业的变化又非常快，每一个设计师的成长路径也不尽相同，没有办法给出什么标准的答案。就像设计一样，我们没有必要追求一个统一答案，我们只会尝试更多的可能性。反而我们会思考，怎样把设计师的喜好以及他们想发展的方向整合到我们提供给客户的业务中去。

我一直觉得设计这个行业有点儿类似宗教。一旦你入了这一行，设计就应该成为你的信仰，相信设计的力量，相信设计能够让世界变得更美好。你会无时无刻不在思考设计，不管你是上班还是下班，是在休息还是娱乐。你看到设计得好的东西，会去细心观察由衷钦佩；看到设计得不好的东西，总想着如果是我做，怎样能做得更好。无论是商场陈列的产品、网红餐厅的装修、时尚服饰的色彩、影院大片的场景，还是和朋友间的聊天话题、网上浏览的时事新闻、看病时的就医体验、路演现场的创业模式都是你思考设计、连接设计的触点。索尼、东芝等很多日本企业的研发部门和工厂都设在离城市较为偏远的郊区，但设计师并没有和工程师放在一起，设计中心和企划、市场等企业核心部门一起放在企业总部办公楼，位于寸土寸金的东京市中心的商业区。因为他们非常注重设计师的Skin Touch（皮肤触觉），强调设计师要接触市场、接触新鲜事物，保持敏锐的设计感知力。而东京作为最为先锋的时尚之都，是地处偏远地方的工厂所无法替代的。虽然现在网络提供了更多的便利，很多设计师会在网上浏览设计网站，收集设计信息，但这并不能代替线下的亲身感受。实物的触感、色彩、尺度、体量、临场感等更为全面，也更能打动人，这也是世界上大部分的优秀设计师都集中在大都市的原因之一。

对于设计师而言，把设计当作一份工作，还是把设计当作自己的信仰，是完全不同的。靠设计服务这样的Case by Case（逐个案例）的模式，其实赚不了什么大钱。如果是为了赚大钱的话，很多行业都会比设计行业更容易赚钱。部分设计师去做自己的产品，其实是利用了生产复制的能力去盈利，而不是设计服务。把工作和喜好分开，上班工作、下班生活是一种模式，我更倾向于把喜好当作自己的职业，学习、工作、生活合而为一，这样比较有效率。只有你真正热爱一个东西，你才愿意为它花时间，废寝忘食地工作，换回来属于自己的快乐。这点很像年轻人打游戏，有的时候设计也需要这样一种游戏精神，最关键的还是要在过程当中获得乐趣，无论游戏还是设计都是一样。

我觉得设计比较有意思的地方主要有三点：第一就是造物的无中生有。能够亲手创造出世界上不存在的东西，这本身已经很神奇了；还能通过使用这东西帮助人们改善他们的生活，这更让我觉得无比荣耀，有一种天降大任的错觉。第二是设计的新鲜感，也是设计最有魅力的地方，它让人们喜新厌旧的天性有一个正当的借口。设计一直在求新求变，不走寻常路，喜欢面对新的问题，这些都是设计师能保持激情，并付诸全部精力的重要原因。第三点是面对未来的挑战。设计有怀旧和人文的一面，但更重要的是顺应技术的进步面向未来。随着人工智能的发展，重复性的、相对理性、逻辑严密的工作将会被机器逐一取代，而人类特有的非结构化的感性特质却具有更为特殊的意义和使命，设计需要在更高的层级上去探讨人机、脑机新的平衡。

最后我想谈一下设计师的心态。设计师首先要有一种谦卑之心，我喜欢把设计师比喻成上帝的助手。虽然设计师表面上能够“天马行空”地创造，但我们毕竟不是上帝。对世界也好，对自然也好，都要满怀敬畏之心，慎用自己的设计，真正去服务人、去影响人们的生活。其次设计师要有包容之心，理论上设计师在审美和创新的专业素质上会优于一般人，但我们的设计需要面对企业的评审、消费者的选择。设计不同于技术具有硬性指标，常常会遇到对你专业能力的挑战。我们倡导不同专业的协同设计，但“人人都是设计师”的说法会让人们对设计师的专业度产生误解，我更倾向于“人人都可以参与设计”。对于积极和善意的意见，设计师需要理解，并做出具有专业水准的反馈和调整。设计师的目的是服务他人，而不是证明自己，这也是设计师特别重要的一种品质。有了这两个心态作为基础，其他的能力包括沟通能力、执行能力、学习能力、创新能力等也都会迎刃而解。总之设计师要能够仰望星空，更要脚踏实地，希望以此共勉。

如果一定要对设计师提出要求的话，第一要“热爱”，第二要“热爱”，第三还是“热爱”！

周立钢

周立钢，杭州博乐工业设计股份有限公司创始人、董事长，第五届杭州市上城区政协常委，荣获“中国设计业十大杰出青年”“中国工业设计十佳杰出设计师”，浙江省首批高级工业设计师（高工）。曾担任国家级工业设计中心评委、光华龙腾奖评委、中国优秀工业设计奖评委，受聘浙江大学国际设计研究院特聘导师、北京服装学院客座教授，兼任全国工业设计产业创新联盟副主席、浙商研究会副会长、浙江省工业设计协会副会长。

三方有利的发展模式是可持续的商业方向

周立钢

《设计》：博乐工业设计公司的发展经历了几个发展阶段？这些阶段又反映着中国工业设计怎样的发展历程？

周立钢：杭州博乐工业设计股份有限公司从成立至今已经走到第17年，主要经历了单纯的产品设计服务阶段、整合设计服务阶段、自主品牌孵化阶段和现在的设计驱动型品牌生态发展阶段，也有序反映了工业设计专业在中国所特有的市场机遇和经济环境下的成长路径，从单一的设计服务向设计产业化模式的渐进式发展历程。

《设计》：近40年来，中国工业设计师这个职业发生了怎样的变化？社会对设计价值的认知达到了怎样的水平？

周立钢：工业设计师职业的定义取决于其专业的定义，我们早期学习该专业的时候更多把它定义为外观造型设计，停留在美学层面，其经济价值和社会效益相对狭窄，所以讲得最多的是用工业设计提升产品附加值。但随着行业专家不懈努力与政府领导的大力推进，尤其是在温总理的重要批示“要高度重视工业设计”之后，中国的工业设计开始了迅猛发展，国家工业和信息化部开始在全国评定国家级工业设计中心、在各行业培育建设工业设计研究院，各部委开始联合发文推进设计与制造业深度融合发展等文件，工业设计已经发展成为国家重要的创新动力，越来越多的工业设计师创业，成为很多知名企业的创始人或创始合伙人。所以我个人对工业设计的最新认知与理解为：以美学、工学、经济学为基础，关注用户与场景，进行产品定义、设计和转化，从而创造商业价值与社会价值的行为。我们公司也是以这样的价值观创新产品和孵化一个个品牌的。

《设计》：博乐的发展过程中是否面临过“生死存亡”的时刻？当初是如何化险为夷的？

周立钢：博乐从成立到今天已经是第17个年头了，也算是穿越了一两个经济周期，在发展过程总会碰到各种各样的问题，虽然称不上生死存亡，但也走过了不少弯路和不少的坑，交了很多的学费。就比如说做自主品牌，其实也没那么容易，趋势定义、产品落地、模具生产、仓储物流、渠道营销、品牌建设等这些都不是可以凭着一个设计师的一腔热情就能完成的。我们在做第一个品牌时其实也没成功，但发现问题后能快速应变去改善是非常重要的，很快我们就转向创新设计与优势制造深度融合的品牌发展模式，发挥各自优势，大大提高了品牌孵化的成功率。

《设计》：请您谈谈职业生涯中亲身体验到的市场、客户及用户的变化。

周立钢：企业的本质就是能够持续不断地为用户提供优质的产品与服务。可以说就在过去10年中，中国经济发展速度太快了，市场与客户已经发生了很大的变化，整个市场环境发生变化，客户关系发生变化，用户的需求也在变化。设计公司应结合发展趋势和自身优势，顺势而为，制定正确的发展战略的大方向非常重要，而不断修正与适时调整优化也非常重要，尤其是自身、客户、用户三者之间的关系变化，最高效的方法就是缩短三者之间的关系，进行无边界合作。

《设计》：博乐是一家拥有“设计服务、设计品牌、设计生态”三大板块协同发展的集团化创新设计公司。作为一家设计公司，博乐是如何成为“国家级高新技术企业”的？

周立钢：国家级高新技术企业是一个企业持续进行研究开发与技术成果转化，形成企业核心自主知识产权的企业。在这点上工业设计

70°C均匀加热
锁住我萌新鲜滋味
kalar-kitchen 开咯品牌的吃饭鸭电热饭盒

邦先生电动晾衣机

公司还是有优势的，尤其是除了设计服务之外，还在做自主产品开发和品牌发展的设计公司。博乐从最早的单纯设计服务到自主品牌发展过程中，积累了大量的自主知识产权，每年花在申请专利和商标的费用就有几十万元。到目前已经拥有了 300 多项专利与商标的知识产权。一家创新型公司，对知识产权的重视与持续的投入是非常必要的。

《设计》：请您从自己的从业经验出发，谈一谈设计与品牌的关系。

周立钢：更准确的表述应该是产品与品牌的关系，我觉得产品是 0，品牌是 1，一个创业公司的初创阶段首先靠的是产品力，后续发展靠的是品牌力，最终企业还是靠系统力。所以博乐提出的价值理念是“始于爆品、忠于品牌”，把产品做到极致，不管是功能、颜值还是价格，首先把产品从销售的角度打爆，再在这个基础上来谈品牌，来关注心智和文化，两者有一定的先后共生关系。

橙舍竹品 1

《设计》：近几年，博乐把不少甲方客户变成了生意合伙人，像和竹品制造企业创办“橙舍”，和厨具制造企业创办“kalar（开啦）”，和智能家居生产企业创办“邦先生”，这是否代表着工业设计公司未来的一个发展方向？

周立钢：应该说这是非常好的发展方向之一，也是工业设计在中国特有的发展机会。因为一方面有中国制造的巨大优势和很多优质生产企业的存量市场，另外是 14 亿人口消费升级的增量市场，如果设计师能从两端发现机会、整合资源，就能获得非常大的商业机会，当然这就需要设计公司有很强的资源整合能力和上下游的管理能力，更要有对趋势的判断和产品定义能力。它不是一个简单意义上的产品设计范畴。博乐在创立第一个品牌“橙舍竹品”时，首先整合了优秀的竹品制造企业味家集团，其负责打样、生产、仓储、物流等工作，而博乐来负责品牌策略设计、产品规划设计、渠道、传播、销售等系列工作，双方优势互补，强强联合，既让一个新品牌快速孵化成长，使一个设计公司实现创新升级，也推动了传统制造企业转型升级与创新发展，我相信这样一种三方有利的发展模式一定是可以持续发展的优秀的商业方向。

《设计》：以 AI 为代表的高新科技全面“入侵”人类文明，在把人类从繁重的重复劳动中解放出来的同时，也给许多行业带来了“危机”，甚至已经波及艺术创意领域，您认为设计行业该如何与人工智能共处？

周立钢：AI 的发展恰恰是给设计师带来了最好的机会，一方面是能够帮助我们设计师快速高效地把创意概念快速落地实现；另外一方面，什么事情是机器人和人工智能无法完成的？那就是对于文化和创意的整合，对于人性和精神需求的判断，对于商业模式的思考等等这是机器人无法在短期内完成的，但这却是设计师发挥价值的最好机会，也是设计未来最好的发力方向。设计师应该把握趋势和整合最前沿的技术，把市场用户需求与创新技术的连路打通，就是创造商业价值和社会价值的最有效手段。

《设计》：在当今社会，您认为设计师应该具备怎样的素质和能力，以应对瞬息万变的商业需求，更好地和产业融合助力企业发展？

周立钢：首先要区分产品设计师和设计管理者。产品设计师更重要的还是对产品的认知理解和技术整合能力，要对用户需求的洞察很敏锐，对竞品的分析很精准，对视觉趋势判断很到位，也要对成本和价格的把控很清晰，再结合自身修炼的设计力把产品完整表达出来；而设计管理者就要从设计师思维跳出来，可能对于商业模式，企业管理、资源协同等方面要有更多的知识与人脉积累，才能从产品设计向更高的设计产业化方向发展。

橙舍竹品 2

《设计》：博乐依托 17 年丰富的品牌孵化经验，打造了一套完整的“品牌孵化内功心法——0—1 七步法”，为制造型企业孵化品牌提供从方法论培训到落地执行的一揽子支持，助力制造型企业通过品牌化实现产业升级。请您详解“品牌 0—1 七步法”。

周立钢：“品牌孵化 0—1 七步法”也是博乐从产品设计到整合设计到品牌孵化实战 17 年来自主总结形成的方法论，为自主品牌和客户企业孵化品牌提供从方法论到落地执行的一揽子支持，助力制造型企业通过品牌化实现产业升级。“0—1”品牌孵化七步法主要包含“顶层设计、BP 验证、组织保障、爆品设计、渠道建设、互联网营销、用户运营”。

第一步【顶层设计】：定义企业发展愿景和战略，提炼核心竞争力、找准机会市场，精准匹配资源，帮助企业明确战略目标，指导有效资源发挥最大价值。

第二步【BP 验证】：最低成本向渠道方传达产品优势、描绘商业前景、获得支持，以可控的最小成本赢得打造爆款的机会。

第三步【组织保障】：通过帮助制造企业构建品牌型组织架构、导入运营团队管理经验和财务系统、引进高端人才，实现从传统制造企业向品牌商转型，是新品牌持续发展的基础。

第四步【爆品设计】：以渠道用户需求为中心的商品设计，包括品牌定位、传播形象、造型及交互设计等。通过单品快速打爆，帮助新品牌聚拢种子用户、获得销售收入、积累渠道资源和团队经验，同时收获元产品、奠定品牌风格，顺利解决生存问题。

第五步【渠道建设】：精准定制个性化营销方案，有效提高渠道营销能力，包括代运营 / 营销团队代管、仓储物流基础建设等服务，共同构建爆品开发流程。

第六步【互联网营销】：定义、覆盖关键人，通过关键人向目标人群传播品牌，多阶传播，聚合用户；通过关键人突破品牌与目标人群之间的围墙，向目标人群传播品牌。

第七步【用户运营】：粉丝经营，客户服务，用户关系管理；实现企业客户从 B 端向 C 端延伸，并构建累积优势，打造制造业品牌化业务管理闭环。